Die Fünfte

Die Fünfte

111 Jahre 5. Division

Herausgegeben von
Divisionär a D Pierre-Marie Halter
(Kdt F Div 5 1978–1985)

Verlag Sauerländer

Pierre-Marie Halter / Bruno Nüsperli (Hrsg.)
Die Fünfte – 111 Jahre 5. Division

Umschlaggestaltung: Sutter und Maurer, Aarau

Herstellung: Sauerländer AG, Aarau

Printed in Switzerland

ISBN 3-7941-2836-2
Bestellnummer 08 02836

CIP-Kurztitelaufnahme der Deutschen Bibliothek

Die Fünfte:
111 Jahre 5. Division/hrsg. von Pierre-Marie Halter u. Bruno Nüsperli. –
Aarau (Switzerland): Sauerländer, 1986.
ISBN 3-7941-2836-2

NE: Halter, Pierre-Marie [Hrsg.]; Schweiz/ Felddivision ‹05›

Inhalt

Jean-Pascal Delamuraz

Vorwort

Die Idee der Felddivision 5, durch namhafte Fachleute aus den eigenen Reihen Rückblick auf die Vergangenheit halten zu lassen und Einblick in die Gegenwart zu gewähren, verdient rückhaltlose Unterstützung. Mit Recht nämlich wird nicht selten bemängelt, es gebreche den Verbänden unserer Armee an verbindender, motivierender Tradition. Sicher, ein Buch wie das vorliegende allein schafft diese Bindung noch nicht. Aber die Besinnung auf gemeinsame Werte kann doch sehr wohl zum Ausgangspunkt für eine vertiefte Pflege des Zusammengehörigkeitsgefühls in einer Heereseinheit werden.

Darüber hinaus hat die Felddivision 5 guten Grund, in einer solchen Publikation auf ihre Schlüsselposition im Rahmen unserer militärischen Landesverteidigung hinzuweisen. Als Wächterin am Nord- und Osteingang zum Feldarmeekorps 2 hält sie wichtige Zugänge zum zentralen Alpenraum und zu unserer Bundeshauptstadt. Sie hat sowohl Angriffe aus Norden durch das Aaretal als auch aus Osten über die Limmat abzuwehren, und sie ist sich bewusst, dass das Mittelland von der Grenze her nirgends so rasch erreicht werden kann wie über das legendäre Wasserschloss.

Schliesslich erfüllt diese Heereseinheit eine wichtige staatspolitische Funktion als «völkerverbindendes» Element. Sie vereinigt in ihren Reihen Aargauer und Stadt-Basler, die allein schon geographisch durch die Jurahöhen getrennt sind und darüberhinaus unterschiedliche Lebensgewohnheiten haben. Dass eine Mischung von so verschiedenartigen Miteidgenossen viel Positives zuwege bringen kann, beweist das hier vorliegende Buch: der Aargauer Verbundenheit mit allem Militärischen dürfte es sein Entstehen verdanken; bei der Wahl des Publikationstermins schimmert indessen der Basler Sinn für das leicht Skurrile durch. Und wer sonst, wenn nicht eine von einem Walliser kommandierte Aargauer-Basler-Division, würde sich zum 111. Geburtstag eine so schöne Jubiläumsschrift bescheren?

J.-P. Delamuraz

Bundesrat
Vorsteher Eidgenössisches Militärdepartement

Pierre-Marie Halter

Zum Geleit

Das vorliegende Buch befasst sich mit der Geschichte der Fünften Division seit ihrer Gründung 1874. Eine Division wie jede andere? Was ist an ihr Besonderes?

Wer sich ohne Vorkenntnisse an die Geschichte dieses militärischen Verbandes heranwagt, stellt vorerst einmal eine grosse Vielfalt und auch das scheinbare Fehlen einer strengen Linie durch die Jahrzehnte hindurch fest. Dies drückt sich schon in den verschiedenen Bezeichnungen aus: nach der Gründung 1874 5. Armeedivision genannt, hiess sie von 1912 bis 1937 4. Division, anschliessend Neue 5. Division, dann Grenzdivision 5 und schliesslich, seit 1981, Felddivision 5. Auch die Kommandanten kamen oft von weit her, aus verschiedenen Kantonen. Ihre Herkunftsregion reicht von Genf über Bern, mit Abstecher ins Wallis, und weiter über Basel–Olten–Aarau–Zürich bis nach Herisau. Und was schliesslich die eingeteilten kantonalen Truppen der Infanterie anbetrifft, so findet man im Laufe der Zeit ausser den Aargauern Verbände aus den Kantonen BS, BL, LU, SO, OW/NW und ZH. Allerdings: der Kanton Aargau hat während der ganzen 111 Jahre ohne Unterbruch den Hauptharst gestellt. Auch das Einsatzgebiet der Division lag vorwiegend im Aargau, mit gelegentlichen Verschiebungen nach Osten (Zürich) oder Westen (Solothurn). Deshalb ist es gerechtfertigt, von der 5. Division als der *Aargauer Division* zu sprechen, nicht ohne sofort auf die treue Gefolgschaft der Stadt Basel hinzuweisen, welche beinahe immer mit einem eigenen Regiment vertreten war. Einzig in den Jahren vor, während und nach dem Zweiten Weltkrieg traten an die Stelle des Basler Regimentes die Zürcher Infanterieregimenter 4 und 27.

Gerade das Zusammenleben und Zusammenkämpfen von Menschen eines doch so verschiedenen Menschenschlages wie von Basel-Stadt und dem Kanton Aargau gibt der 5. Division ein besonderes Gepräge: hier die beharrliche Zuverlässigkeit, dort die städtische Weltoffenheit, eine wahrhaft gute Mischung! Das Besondere an der 5. Division wird auch an der Topographie sichtbar. Schon ein rascher Blick auf die Karte zeigt die charakteristische Gliederung des Aargaus: im Norden begrenzt durch den Jura, entlang dem Südfuss das dominante Tal der Aare und bei Brugg deren Vereinigung mit Limmat und Reuss. Diese Stromlandschaft, nach Süden erweitert durch zahlreiche Richtung Nord–Süd verlaufende Täler, prägt auch den Infanteriekampf dieser Division und dürfte manchem Wehrmann Erinnerungen an entsprechende Manöverübungen wachrufen. Dass das Wasserschloss, wie der Raum beim Zusammenfluss der drei grossen Wasserläufe treffend genannt wird, schon immer eine grosse militärgeographische Bedeutung für das ganze Land besass, wird in einem Artikel dieses Buches besonders hervorgehoben.

Die Geschichte der 5. Division ist ein kleines Kapitel in der schweizerischen Militärgeschichte seit der Gründung unseres Bundesstaates. Wir wollen mit ihr aber nicht nur historisch Interessierte ansprechen. Vielmehr sollen alle, die jemals bei uns Dienst geleistet haben oder dies noch tun, beim Lesen an gemeinsame Erlebnisse erinnert werden; das soll ihnen Dank und Anerkennung bedeuten. Darüber hinaus wollen wir einen Einblick geben in das Wesen unserer Milizarmee, gedacht für alle Männer und Frauen, welche in unserem Staate leben und dessen höchstes Gut in Anspruch nehmen: die verfassungsmässig garantierte Integrität des Einzelnen – ein Leben in Frieden und Freiheit.

Wenn dadurch das Verständnis für unsere gemeinsamen Verteidigungsanstrengungen in der Vergangenheit und der Zukunft etwas gefördert wird, ist der Zweck dieses Buches vollauf erfüllt.

Divisionär a D Pierre-Marie Halter
(Kdt F Div 5 1978–1985)

Verzeichnis der Mitarbeiter

Herausgeber

Halter Pierre-Marie, Divisionär a D,
Kdt F Div 5 1978–1985, Worb
Nüsperli Bruno, Oberstleutnant i Gst,
Astt 220.0, dipl. Ing. ETH, Aarau

Vorwort

Delamuraz Jean-Pascal, Bundesrat,
Vorsteher Eidg. Militärdepartement, Bern

Marketing, Werbung

Widmer Alex, Oberleutnant, Füs Stabskp 60,
Dr. oec. HSG, Zurzach

Finanzen

Rasi Roland C., Major i Gst, Stab F Div 5,
Dr. iur, Bankdirektor, Bottmingen

Autoren

Brunner Dominique, Oberst i Gst,
Kdt Inf Rgt 22, Direktor Dr. Rudolf Farner
Public Relations Agentur, Küsnacht

Heller Daniel, Leutnant, Pz Hb Bttr III/15,
Student phil. I, Erlinsbach

Hemmeler Hans, Brigadier a D,
Dr. iur., ehem. Vorsteher der Aargauischen
Industrie- und Handelskammer, Aarau

Huber Hans-Jörg, Brigadier, Kdt Gz Br 5,
Dr. iur., Regierungsrat, Zurzach

Jeker Robert A., Oberst i Gst, Stabchef F Div 5,
Präsident der Generaldirektion SKA,
Bottmingen

Koblet Hans, Oberst i Gst, Astt 110.0,
Prof. Dr. med., Institut für Medizinische
Mikrobiologie der Universität Bern, Burgdorf

Linder Arnold, Major, Stab Mob Pl 208,
Dr. phil. hist., Turnlehrer, Aarau

Matter Martin, Oberleutnant, Stab F Div 5,
Dr. phil., Redaktor Basler Zeitung,
Reinach/BL

Nüsperli Bruno

Rauber Hermann, Wachtmeister, Stab F Div 5,
lic. phil. hist., Redaktor Aargauer Tagblatt, Aarau

Reck Oskar, Hauptmann a D, Dr. iur. h. c.,
Publizist, Basel

Stüssi-Lauterburg Jürg, Hauptmann,
Kdt Ls Kp IV/25, Dr. phil. hist., Direktor
Eidg. Militärbibliothek Bern, Windisch

Walde Karl J., Divisionär a D,
Kdt Gz Div 5 1963–1969, Dr. phil., Conthey

Widmer Hans-Peter, Wachtmeister,
Stab F Div 5, Stellvertretender Chefredaktor,
Hausen

Wittlin Felix M., Brigadier a D,
Dr. iur., Rüstungschef, Ennetbaden

Wyss Paul, Oberst a D,
Nationalrat, Dr. rer. pol., Vizepräsident und
Delegierter der Basler Handelskammer, Basel

Weitere Mitarbeiter

Angehörige der F Div 5 im Rahmen
von Dienstleistungen

Koordination und Gesamtherstellung

Sauerländer Hans Christof, Major i Gst,
Stab F Div 5, lic. iur., Verleger
Verlag Sauerländer AG, Aarau

Hans-Peter Widmer

«Barbarossa»: Weisst Du noch?

Eine Reportage über die Divisionsmanöver 1968

«He! Die Panzer kommen ja querfeldein direkt auf uns zu!» rief ein Füsilier halb erstaunt, halb erschreckt aus dem Beobachtungsstand am Rande eines Feldgehölzes mitten im Suhrental, in der Nähe von Punkt 519 östlich von Staffelbach. Der Unteroffizier, ein Wachtmeister, der mit seiner Gruppe den Geländeabschnitt vom Wäldchen bis zur nächstgelegenen grösseren Hecke zu sperren und zu halten hatte, zögerte keinen Moment: «Raks in Stellung, Distanz zwohundert Meter, Feuer frei!» befahl er.

Unter den Augen von Korpskommandant Alfred Ernst, Kommandant des Feldarmeekorps 2, nahm die Füsiliergruppe den Kampf auf. Ernst war im rechten Augenblick an der «Front» erschienen; als Übungsleiter wollte er sich selbst ein Bild machen, wie die Truppe in einer realistischen Abwehrsituation reagierte.

Die beiden Raketenrohre feuerten die erste Ladung ab – da drehte der vorderste der drei aus dem Raum Kirchleerau vorstossenden Panzer bereits auf die Abwehrstellungen zu. Den «Einschlag» der Granaten im Gehölz markierten Artillerie-Petarden. Es war Dienstag, der 5. November 1968, gegen drei Uhr nachmittags. Der Angriff von «Schwarzland» gegen «Orangeland» hatte begonnen. Staffelbach fiel nach zweistündigem Kampf, im Laufe des Abends jedoch wurde es von den Verteidigern wieder zurückerobert.

Die Grenzdivision 5, verstärkt durch das Dragoner-Regiment 2, das Flab-Regiment 6 und das Genie-Regiment 2, verteidigte die Souveränität von «Orangeland» – ein Gebiet, das begrenzt wurde durch den Rhein, die Aare–Reuss-Linie im Osten und die aargauisch-luzernische Kantonsgrenze im Süden. Der Truppenübung lag die einfache allgemeine Lage zugrunde, das Verhältnis zwischen «Orangeland» und «Schwarzland» sei sehr gespannt; um den Anspruch von «Orange» auf die Gebiete südlich der Aare zu markieren, habe die Grenzdivison 5 ihr überdehntes Dispositiv bezogen.

Während Tagen bereitete sich die 5. Division, letztmals unter dem Kommando von Divisionär Karl Walde, mit umfangreichen Stellungsbauten und einexerzierten Aktionen auf die Abwehr des «schwarzen» Gegners vor – dargestellt durch ein Infanterie-Regiment der F Div 8, das ad hoc Infanterie-Regiment 105 der Grenzbrigade 5 und drei mechanisierte Bataillone.

Übungsleiter Korpskommandant A. Ernst: «Im grossen und ganzen bin ich zufrieden.»

Kampf der verbundenen Waffen: Infanterie im Sturm, gedeckt durch Panzer im Hintergrund.

Am Montag, den 4. November, im Laufe des Nachmittags und Abends, kam es zu ersten Grenzverletzungen. Sie häuften sich und arteten in eigentliche Kampfhandlungen aus. Am 5. November um 14 Uhr erachtete sich «Orangeland» im Kriegszustand mit «Schwarzland»; eine Stunde später waren auf dem ganzen südlichen Abschnitt der Grenzdivision 5 bereits grössere Kampfhandlungen im Gang. Zwei feindliche Kompanien bereiteten einen Angriff auf den südlich von Dulliken gelegenen Stützpunkt Gulachen vor. Auch der Stützpunkt Mosersagi südwestlich von Wiliberg, eine Art Drehscheibe zwischen Suhren-, Uerke- und Wiggertal, geriet unter Druck. Um 15.45 Uhr wurde er überrannt. Einem Angriff auf Meisterschwanden um 16 Uhr dagegen hielt «Orange» stand, eine Stunde später wurde auch eine Attacke auf das benachbarte Sarmenstorf abgewiesen.

Nach 18 Uhr beruhigte sich die Lage an der westlichen Flanke. «Schwarz» gruppierte seine Truppen um, die im Laufe des Nachmittages alle «orangen» Aareübergänge durch Artilleriefeuer zerstört hatten und im Wynental bis Oberkulm vorgestossen waren. Unterkulm behauptete sich; der Stützpunkt Sod fiel allerdings zu zwei Dritteln aus.

In der Nacht auf Mittwoch infiltrierten «schwarze» Einheiten ins Seetal und Bünztal. Ein ganzes gegnerisches Regiment stiess bis in den Raum Villmergerwald–Ammerswil–Othmarsingen–Mägenwil vor. Durch A-Einsätze machte der Feind den Oberen und Unteren Hauenstein sowie die Saalhöhe unpassierbar. Die Sperre Birrwil am Westufer des Hallwilersees wurde am Mittwochmorgen, um 9.15 Uhr, durchstossen, um 9.30 Uhr gelang es, die Sperre Bünzen im oberen Reusstal zu öffnen.

Angesichts der schwierigen Situation entschloss sich der Kommandant der Grenzdivision 5 zu Umgruppierungen. Das Infanterie-Regiment 23 bekam den Auftrag, wenigstens den Abschnitt Schönenwerd–Kölliken–Schöftland zu halten, das Infanterie-Regiment 22 die Front Teufenthal–Seon. Das neu gebildete ad-hoc-Regiment Walo (Teil des Infanterie-Regimentes 22) wurde als Divisionsreserve in den Raum Kestenberg–Lenzburg befohlen, während das Infanterie-Regiment 24 mit seinen Sperren im Bünztal und Reusstal den gegnerischen Aufmarsch zu verzögern hatte. Bei Schönenwerd und Wildegg erstellte «Orange» zwei 50-Tonnen-Schwimmbrücken sowie eine Behelfs-DIN-Brücke in Aarau. Am späten Mittwochnachmittag wurde für die Grenzdivision 5 der Rückzug über die Aare in den Jura angeordnet. «Schwarz» vermochte die grosse Verschiebung nicht zu verhindern. Seine Luftlandeaktion auf der Staffelegg ging am Donnerstagmorgen, um 9 Uhr, im Kommando: «Halt! Übung abgebrochen!» unter.

Das dritte Element der verbundenen Waffen, die Artillerie, wurde mit grossem Aufwand markiert.

Das Pontonierbat 26 mit der 50-Tonnen-Schwimmfähre, Aare unterhalb Wildegg.

Die Manöver 68 sprengten den gewohnten Rahmen. Es gab keinen Wettkampf zwischen zwei gleichartigen und gleich starken Parteien, am Schluss zählte nicht der Geländegewinn. Korpskommandant Ernst hatte zum voraus erklärt, es gehe nicht darum, dass die eine Seite die andere besiege. Massgebend sei, wie die beübten Truppen bestimmte, von der Übungsleitung herbeigeführte Situationen meisterten. Erfolg oder Misserfolg der Verbände hange von der Zweckmässigkeit ihres Handelns in der gegebenen Lage ab.

So wurden in diesen Manövern keine supponierten Schlachten ausgefochten, sondern ver-

Der Auftrag der Gz Div 5

- **Bezieht nach Massgabe der Bereitschaft der Truppen auf den Mobilmachungsplätzen ohne Verzug das vorbereitete Grenzsicherungsdispositiv.**
- **Führt den Kampf im vorbereiteten Dispositiv und widersetzt sich einem feindlichen Vorstoss an die Aare.**
- **Hält zwischen Olten und Brugg Aareübergänge offen, davon mindestens einen mit einer Tragkraft von 50 Tonnen.**
- **Plant den Einsatz mechanisierter Kräfte in ihrem Kampfraum.**

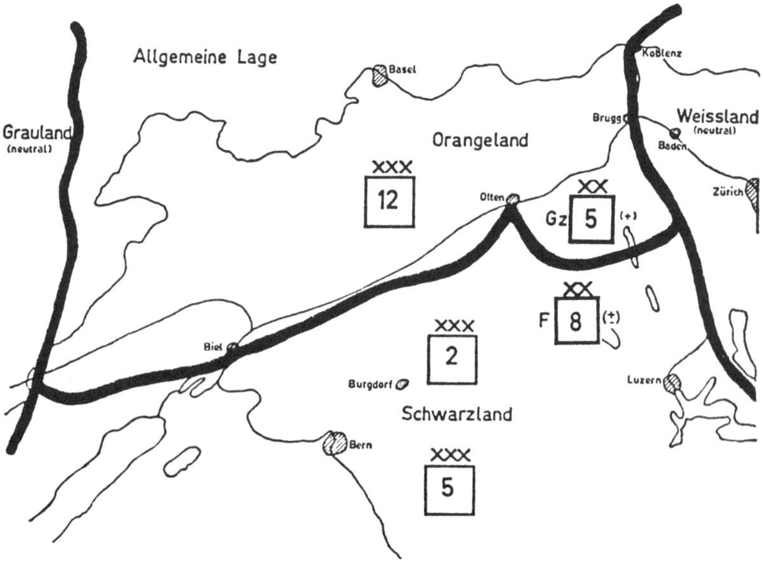

Ausgangslage Grenzdivision 5 (Orangeland)

schiedenartige, begrenzte und überschaubare Kampfhandlungen unter möglichst kriegsähnlichen Bedingungen durchexerziert. Zu diesem Realismus gehörte, dass Panzerangriffe querfeldein über Äcker und Wiesen abrollten und nicht nur mit Attrappen auf der nächstbesten Ortsverbindungsstrasse vorgetäuscht oder durch verbale Gefechtsschilderungen wie: «Brrrr, Panzerlärm kommt näher...» simuliert wurden.

Angesichts der tatsächlich auf ihn zurollenden Panzer eröffneten sich manchem Infanteristen neue Perspektiven. Die Division lernte die Schützenlöcher mit allem Drum und Dran kennen; in diesen Manövern wurden die Feldbefestigungen im Massstab 1:1 erstellt und nicht – wie es in der Hitze des Gefechts sonst üblich war – lediglich durch ein paar Spatenstiche markiert. Wie Maulwürfe gruben sich die «Orangeländer» in Stützpunkten und Sperren ein. Ihre mannstiefen Laufgräben durchzogen Felder und Wälder, Unterschlupf boten Wellblechunterstände mit der Grundfläche von Doppelschlafzimmern.

Die zehn ersten WK-Tage dienten dem Stellungsbau. Es beeindruckte die Truppe, dass man ihr dafür ungewöhnlich viel Zeit liess. Je länger sie an ihren Feldbefestigungen schliffen, desto besser erfassten die Verteidiger auch die Besonderheiten des Geländes. Sie merkten, wo es ihnen Vorteile und dem Angreifer Nachteile bot. Solche elementaren Erkenntnisse kamen in Manövern alten Stils selten zum Tragen – da wurde oft mehr mit blindem Eifer und noch lieber mit viel blinden Patronen gekämpft. In den Manövern 68 genügte dies nicht. Um «Orange» die Wirkung eines gut

«Wie Maulwürfe gruben sich die Orangeländer in Stützpunkte und Sperren ein».

Manöver in der Hochkonjunktur: Der Zusammenprall von «Krieg» mit zivilem Alltag ist unvermeidbar.

ausgebildeten Gegners spüren zu lassen, bekamen die «schwarzen» Angreifer vor Übungsbeginn Gelegenheit, die fixfertigen Abwehrstellungen zu erkunden.

Auf besonders eindrückliche Art glückte der Versuch, den Kampfhandlungen eine möglichst realistische Note zu geben, bei zwei Aktionen auf die Aarebrücke Schönenwerd SO sowie bei dem auf Biegen und Brechen geführten Kampf um die Sperre Villmergen. Aktionen, die das Kommando «Schall und Rauch» mit Zentnern von Knallpetarden und Vernebelungsmitteln begleitete.

Schönenwerd, 18 Uhr: Als die mehrhundertköpfige Bally-Belegschaft nach Feierabend dem Ausgang des Werkgeländes zuströmte, geriet sie wenige Schritte ausserhalb der Fabriktore in ein Chaos. Detonationen übertönten den Verkehrslärm, Rauch quoll von der Aare herauf – die abendliche «Blechlawine» kam ins Stocken. Auf Brücke und Strasse lagen 90 «verletzte» Zivil- und Militärpersonen, Opfer eines «schwarzen» Anschlages, der die Bevölkerung von «Orangeland» verunsichern sollte.

Der neu formierte koordinierte Sanitätsdienst erlebte eine seiner ersten Bewährungsproben. Die Figuranten – viele waren Angehörige von Samaritervereinen im solothurnisch-aargauischen Grenzgebiet – wurden nicht nur an Ort und Stelle «verarztet», nein, Ambulanzfahrzeuge brachten etwa drei Dutzend Personen in Spitäler nach Aarau und Liestal, wo sie während 18 Stunden weiterbetreut wurden.

«Manövergeschichte» machte sodann der «schwarze» Überfall auf die von «Orange» gehaltene Sperre Villmergen, am Mittwoch, den 6. November. Um 11 Uhr griff das Füsilierbataillon 59, das sich in der Nacht von Schongau über Niesenberg in die Nähe Villmergens durchgekämpft hatte, die Ortschaft an. Durch das Gelände begünstigt, drang der Feind schnell bis zu den ersten Häusern unterhalb des Waldrandes vor. Dann kämpfte er sich von Gebäude zu Gebäude, von Strasse zu Strasse weiter. Es war eine Lektion in Orts- und Häuserkampf, wie sie die wenigsten Beteiligten bis anhin erlebt hatten. Ein Grenadierzug stürmte schliesslich den Kommandoposten der Verteidiger: die Sperre fiel am Spätnachmittag.

Der Einsatzwille, den die Truppe in den Manövertagen 1968 zeigte, war beeindrukkend – aber auch die Gelassenheit, mit der die Zivilbevölkerung die unvermeidlichen, durch

Auch ein Manöverbeobachter

die Manöver bedingten Störungen ihres Alltags hinnahm. Für beide Haltungen gab es wohl die gleiche Erklärung: Zweieinhalb Monate vorher, am 21. August, hatten 20 russische Divisionen die Tschechoslowakei überfallen und einen hoffnungsvollen Demokratisierungsprozess in diesem Land zermalmt. Die Okkupation bewegte auch in der Schweiz die Gemüter ausserordentlich. Man bedauerte die CSSR, dass sie sich nicht nachhaltig mit militärischen Mitteln wehren konnte, aber gleichzeitig bewunderte man das tschechoslowakische Volk, die Art, wie es inneren Widerstand leistete. Die Kommunikationsmittel Presse und Radio erwiesen sich dabei als wirksame Waffen.

Das färbte auch auf die Manöver ab. Die Bevölkerung solidarisierte sich mit den Verteidigern von «Orangeland». Eine feindliche Kompagnie erlebte es, als sie die «orangen» Abwehrstellungen in einem Suhrentaler Dorf auskundschaftete. Einer Schar Buben versuchten die Aufklärer die Würmer aus der Nase zu ziehen. Da tönte es schon aus einem Haus: «Haltet das Maul, denkt an den Zettel!» «Was für ein Zettel?» fragte ein «schwarzer» Zugführer zurück. «Wissen Sie», wurde er belehrt, «der Kommandant, der mit seiner Kompanie in den letzten Tagen in unserem Dorf die Stellungen baute, hat an alle Haushaltungen ein Flugblatt verschickt. Darauf stand, man solle den ‹Schwarzen› keine Auskunft geben. – Wir sagen nichts!»

Die Information, nicht nur der Zivilbevölkerung, sondern auch der Truppe, erhielt einen neuen Stellenwert. Die Manöver 68 waren die Geburtsstunde der «Divisions-Nachrichten». Darin wurden die Soldaten ausführlich über den Sinn und Zweck der Übung sowie ihren Ablauf orientiert. Von WK-Beginn bis Übungsabbruch erschienen drei Nummern – und dabei blieb es nicht: die Truppenzeitung entwickelte sich zu einer Institution, zu einem Bindeglied innerhalb der 5. Division, wie es sich der abtretende Divisionskommandant im Begleitwort zur ersten Ausgabe gewünscht hatte.

Die Manöver 68, von Realismus geprägt, standen auch im Zeichen des Wechsels: Korpskommandant Alfred Ernst und Divisionär Karl Walde verabschiedeten sich sozusagen an der Front von der Truppe. Ein standesgemässeres Finale hätte man sich kaum vorstellen können für die beiden ausgeprägten Troupiers: den temperamentvollen Taktiker Ernst und den konsequent-strengen Ausbildner Walde. Dessen Nachfolger, Divisionär Hans Trautweiler, wurde vom Bundesrat knapp 24 Stunden vor Übungsabbruch gewählt. Trautweiler rüstete sich gerade zu einem Besuch im Feld, um die letzte Manöverphase zu verfolgen, als er die Nachricht von der Wahl vernahm …

Jürg Stüssi-Lauterburg

Auen, Jura, Rhein

Eine militärgeographische und militärhistorische Betrachtung

Die fünf Jahrtausende, mit denen sich der Historiker im besten Fall befasst, wiegen erdgeschichtlich gesehen wenig: Berge und Täler verharren unverändert am selben Ort; selbst das Klima unterliegt nur vergleichsweise geringen Schwankungen. Vor dem 18. Jahrhundert sind in der Schweiz nicht einmal grössere Flusskorrekturen zu verzeichnen. Einzig die landwirtschaftlich genutzten Flächen, der Wald, das Siedlungs- und das Strassenbild veränderten sich in nennenswertem Umfang. Allein, auch wenn der Raum derselbe bleibt, ändert sich doch seine Bedeutung.

Solange der politische Horizont mit den Grenzen von Stämmen, Dörfern, Städten oder Talschaften zusammenfällt, reicht auch der militärgeographische nicht weiter als bis zur Abwehr unmittelbarer Bedrohung, bis auf eine Passhöhe etwa oder an ein Engnis. Erst in dem Mass, in welchem Kaufleute oder Pilger ausserhalb des eigenen politischen Bereichs zu reisen beginnen, Verkehrswege eine Rolle spielen, erweitert sich der geographische Horizont. Die Fähigkeit und der Wille, Krieg auch in fremdem Land zu führen, grössere Heere und längere Feldzüge öffnen den Blick für eine Militärgeographie im weiteren Sinn: Gewisse Schlüsselzonen erhalten eine Bedeutung, welche ihnen kleinräumiges Denken versagen *musste*. Konkret gesagt: Das helvetische Oppidum Vindonissa, auf dem Sporn zwischen Aare und Reuss, lag für die Nahverteidigung recht günstig, war aber lediglich ein Oppidum unter vielen. Das römische Legionslager Vindonissa dagegen, im «Wasserschloss» des Mittellandes, an der Basis des Durchbruchs der Aare zum Rhein gelegen und damit für Handelsleute auf dem Wasserweg gut zu erreichen, war der rechte Angelpunkt der römischen Rheinverteidigung: neben der Aare durch ein zweites Wasserhindernis militärisch gegen Norden geschützt, fand es seinesgleichen erst in Argentorate (Strassburg) und Mogontiacum (Mainz) wieder.

Der Rhein tritt als Grenzfluss in die Geschichte ein: Gaius Iulius Caesar schreibt in seinen Commentarii Belli Gallici über das helvetische Gebiet: «Id hoc facilius iis persuasit quod undique loci natura Helvetii continentur [una ex parte flumine Rheno latissimo atque altissimo, qui agrum Helvetium a Germanis dividit; altera ex parte monte Iura altissimo, qui est inter Sequanos et Helvetios; tertia lacu Lemanno et flumine Rhodano, qui provinciam nostram ab Helvetiis dividit].» [1, 2]

Caesar erkannte die potentielle Gefährdung des schweizerischen Mittellandes durch Vorstösse aus dem Schwarzwald in Richtung Südwesten und sicherte die bedrohte Flanke seiner gallischen Eroberungen entsprechend ab: Nach Bibracte hatten die Helvetier in ihre alte Heimat zurückzukehren, und zwar ausdrücklich, damit das Mittelland gegen germanischen Zugriff geschützt sei [3]. Als Rückversicherung – auch den Helvetiern war nie ganz zu trauen, 52 v. Chr. etwa beteiligten sie sich am Aufstand des Vercingetorix – schloss Caesar den einen Ausgang aus dem Mittelland durch die Veteranenkolonie Colonia Iulia Equestris (Nyon)[4], sein Nachfolger Lucius Munatius Plancus den anderen durch die Colonia Raurica (Augst oder ein Vorläufer davon)[5].

Die helvetische Wacht am Rhein wurde nach dem Alpenfeldzug des Jahres 15 v. Chr. durch die römische überlagert, so dass in unserem Raum helvetische und römische Truppen *nebeneinander* in Dienst standen. Ein erster römischer Versuch, Germanien zu unterwerfen, stützte sich u. a. auf den schweizerischen Raum als Basisgebiet (Stützpunkte in Vin-

Karte des unteren Freiamtes aus den Beständen der Eidg. Militärbibliothek

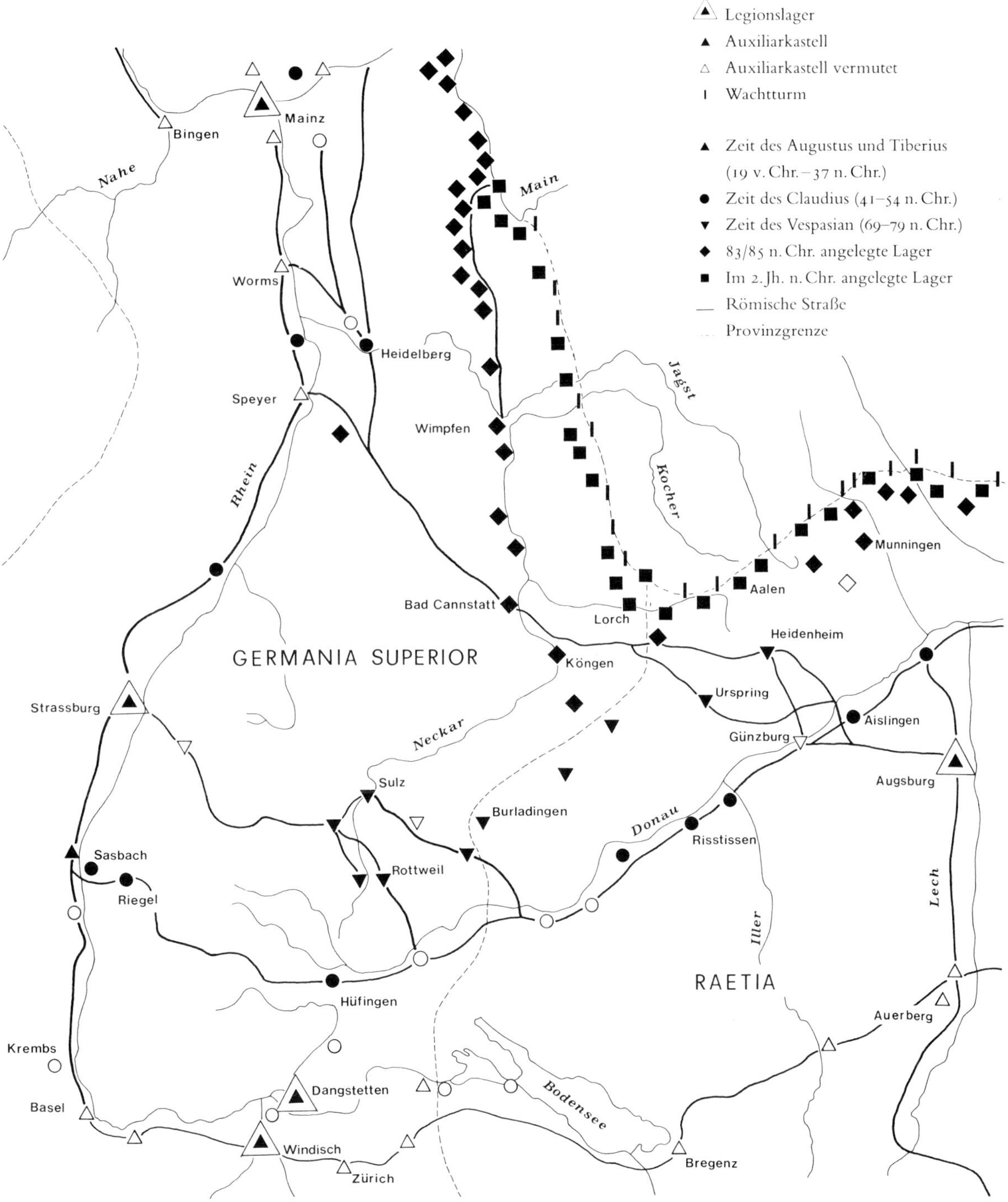
Legionslager
Auxiliarkastell
Auxiliarkastell vermutet
Wachtturm
Zeit des Augustus und Tiberius (19 v. Chr. – 37 n. Chr.)
Zeit des Claudius (41–54 n. Chr.)
Zeit des Vespasian (69–79 n. Chr.)
83/85 n. Chr. angelegte Lager
Im 2. Jh. n. Chr. angelegte Lager
Römische Straße
Provinzgrenze
Mainz
Bingen
Nahe
Main
Worms
Heidelberg
Speyer
Wimpfen
Jagst
Kocher
Rhein
Munningen
Aalen
Bad Cannstatt
Lorch
Heidenheim
GERMANIA SUPERIOR
Köngen
Urspring
Strassburg
Aislingen
Günzburg
Neckar
Augsburg
Sulz
Burladingen
Donau
Risstissen
Sasbach
Rottweil
Riegel
Lech
Iller
RAETIA
Hüfingen
Auerberg
Krembs
Dangstetten
Bodensee
Basel
Windisch
Bregenz
Zürich

Im Rahmen der 2000-Jahr-Feier von Vindonissa wurde 1986 das Westtor des Legionslagers von Wehrmännern der Genie-RS Brugg neu aufgebaut.

donissa, Turicum, Vitudurum u. a. m.) und auf das vorgeschobene Legionslager von Rheinheim–Dangstetten gegenüber von Zurzach[6].

Nach der Schlacht im Teutoburger Wald (9 n. Chr.) wurde der Rhein wieder klar zum Grenzfluss; Rom ging in die strategische Defensive. Man verschanzte sich *hinter* dem Rhein, im Fall des Legionslagers Vindonissa (vor 20 n. Chr.[7]) noch zusätzlich hinter dem Jura bzw. hinter Aare und Reuss, um von solchen Basen aus die «alten Schutzwehren des Reiches», wie Tacitus später einmal sagt[8], halten zu können. Dass man 60 n. Chr. das zwischen Vindonissa und Mogontiacum (Mainz) liegende Legionslager Argentorate (Strassburg) aufgab und dem einen Heer mit Oberkommando in Mogontiacum eine derart ausgedehnte Grenze anvertraute, lässt sich nur mit Mittelknappheit erklären. Die gewaltige Lücke wurde später dann durch die Neugründung des Lagers von Argentorate entsprechend verkleinert – aber erst, als turbulente Ereignisse in den Jahren 68 bis 70 die Mängel der Verteidigung unübersehbar gemacht hatten[9], und wenige Jahre bevor das strategische Problem ganz anders und viel grossräumiger, durch den Vorstoss nach Süddeutschland bis zum Limes, gelöst wurde.[10]

Etwas nach diesem erneuten Einbezug von Argentorate in das römische Rhein-Dispositiv erhielt Aventicum seine Stadtmauer[11]. Nun trifft zwar zu, dass es kaum je eine Befestigung gegeben hat, die nicht zu umgehen gewesen wäre, und Aventicum ist keine Ausnahme von dieser Regel. Daraus zu schliessen, ein Feind habe sich demzufolge jeweils schnell zur Umgehung entschieden, wäre jedoch falsch; in einer Flanke oder im Rücken eine ständige Bedrohung der eigenen Operationslinien zu wissen ist beunruhigend. Darin liegt denn auch der Wert von Festungen, besonders von solchen an Hauptverbindungswegen, auch von Vindonissa. Dieses liegt ausserordentlich günstig, im Schnittpunkt der grossen Routen von Mogontiacum über Augusta Raurica und Turicum zu den Bündnerpässen und vom oberen Donauraum über Aventicum und den Summus Poeninus nach Italien. Die Zentralalpen wurden vom grossen Reichsverkehr nicht traversiert; der Gotthard hatte im Altertum – tausend Jahre vor dem Stiebenden Steg – höchstens lokale Bedeutung.

Die für eine Betrachtung der aargauischen Militärgeographie exemplarische Bedeutung der römischen Epoche liegt einerseits darin, dass der Rhein Grenze war, andererseits in einem damals vorhandenen Mass an Staatlichkeit in der Region. Was hingegen das Früh- und das Hochmittelalter betrifft, so galt weder das eine noch das andere. Für den Bau von Burgen

Schloss Habsburg mit dem erhaltenen Teil (links) und seiner in den Grundmauern rekonstruierten Hälfte (rechts). Als Abschluss ist rechts der Burggraben erkennbar.

und Städten – militärischen Zentren im weitesten Sinn – waren hauptsächlich lokalgeographische Erwägungen massgebend: Brücken, Fähren, Furten, Pässe, und dann natürlich die Sicherheit, die starke Lage. Zu dieser Zeit decken sich Verkehrsgeographie und Militärgeographie: Wo die Handelsströme durchziehen, lohnt es sich zu sein, dort aber ist man auch besonders gefährdet, muss man sich also militärisch besser sichern. Zwei Beispiele: Zürich verhindert gewaltsam das Anlegen einer Limmatbrücke oberhalb von Wettingen und zerstört 1267–68 die zu diesem Zweck gegründete Stadt Glanzenberg[12]. (1799 ist unweit von Glanzenberg Massena mit den Franzosen über die Limmat gezogen ...) Bern zerstört 1298 die Stadt Bremgarten (BE)[13], weil es keinen befestigten Aareübergang in seiner Nähe duldet, und gleichzeitig geben sich Bern und Zürich imposante Mauerringe, um den dank der Brückenlage gewonnenen Reichtum vor unerwünschtem Zugriff zu schützen.

All das ist kleinräumig gedacht. Erst der Versuch der Habsburger, in unseren Landen zur Territorialmacht zu werden, und die Abwehr dieses Versuchs durch die Eidgenossenschaft zeigen wieder einen Stil, der es erlaubt, von Militärgeographie zu sprechen.

Zu allen Zeiten bestand ein innerer Zusammenhang zwischen Verkehrsaufkommen, Reichtum und Macht. Für den Aufstieg des Hauses Habsburg war die Lage der gleichnamigen Burg und des Eigenamtes beim Zusammenfluss von Aare, Reuss und Limmat mitbestimmend. Auch die Wahl des Tatortes für den Königsmord (1308) durch Johann von Schwaben und seine Mitverschwörer war nicht zufällig: die Reuss schützte sie vor den Verfolgern, da die Windischer Fähre nur wenigen die gleichzeitige Überfahrt gestattete; den Tätern aber standen mehrere Strassen zur Flucht offen. So sagt es Werner Stauffacher in Schillers Wilhelm Tell:

Der König ritt herab vom Stein zu Baden,
Gen Rheinfeld, wo die Hofstatt war, zu ziehn,
Mit ihm die Fürsten, Hans und Leopold,
Und ein Gefolge hochgeborner Herren.
Und als sie kamen an die Reuss, wo man
Auf einer Fähre sich lässt übersetzen,
Da drängten sich die Mörder in das Schiff,
Dass sie den Kaiser vom Gefolge trennten.
Drauf, als der Fürst durch ein geackert Feld
Hinreitet – eine alte grosse Stadt
Soll drunter liegen aus der Heiden Zeit –
Die alte Feste Habsburg im Gesicht,
Wo seines Stammes Hoheit ausgegangen –
Stösst Herzog Hans den Dolch ihm in die Kehle,
Rudolf von Palm durchrennt ihn mit dem Speer,
Und Eschenbach zerspaltet ihm das Haupt,
Dass er heruntersinkt in seinem Blut,
Gemordet von den Seinen, *auf* dem Seinen.[15]

Was den Königsmördern von Nutzen war, diente auch dem Fürstenhaus: Seinen Niedergang im Jahrhundert von Morgarten und Sempach zu verzögern wäre selbst einer Königin Agnes andernorts schwerer gefallen.

Die Eidgenossenschaft entstand – von der Habsburg, von Königsfelden oder von Baden aus gesehen – an der Peripherie. Um nicht dauernder Gefahr ausgesetzt zu sein, musste sie ihr geographisches Zentrum, das «Wasserschloss», in ihren Besitz bringen. Was 1415 in der Eroberung des Aargaus geschah, war die notwendige geographische Abrundung im Norden, wie es analog im Süden durch die Sicherung der Gotthardroute geschehen sollte – wo aber 1422 vor den Toren von Bellinzona die Niederlage von Arbedo die Ausführung aller Pläne um fast ein Jahrhundert zurückwarf. Im Osten ist der territoriale Abschluss durch die Appenzeller Freiheitskriege (1405) einerseits und die Eroberung des Thurgaus (1460) andererseits bezeichnet, im Westen durch die bernische Eroberung der Waadt (1536). Wie in der Waadt hat Bern im Aargau visionär nach dem Jura, der «uralten Landmarch der uralten Eydnossschaft»[16], gestrebt und dessen Höhen auch erreicht. Zur Rheinlinie vorzustossen erwies sich als wesentlich schwieriger, und so blieb es bis 1690 militärgeographisch bei der Grenze von 1415. Nach 1690 gehörte auch das Fricktal *militärisch* gesehen zur Eidgenossenschaft, weil seine österreichischen Herren beim alten Erbfeind Schutz gegen den neuen, Frankreich, suchten und fanden[17].

Angesichts der schwierigen Grenzverhältnisse im Zipfel von Basel kam es dort wiederholt zu unerlaubten fremden Truppendurchmärschen. Auch anderswo ereigneten sich immer wieder Grenzzwischenfälle[18]. Die Eidgenossenschaft als Ganzes und auch einzelne ihrer Orte, vor allem Bern, besetzten daher wiederholt die Grenzen. Dass die Eidgenossenschaft nicht mehr in europäische Kriege verwickelt wurde, ist sehr direkt dieser immerwährenden militärischen Bereitschaft im Gelände zuzuschreiben. Ausserdem wirkte die Vorstellung vom starken Schweizer Terrain und von der Wildheit der Einwohner unseres Landes dissuasiv[19]. So beeindruckte der Übergang von Eglisau[20], das Waldenburgertal bei Waldenburg[21] oder die Klus bei Balsthal bzw. Oensingen[22]. Das Gelände erhöhte den Wert der militärischen Vorbereitungen der Eidgenossen, und die Schweiz galt noch während des ganzen 18. Jahrhunderts bis zur Französischen Revolution als militärisch stark. Der Zusammenbruch von 1798 ist viel mehr ein politisches denn ein militärisches Phänomen: Einerseits waren die Regierungen der eidgenössischen Orte nicht in der Lage, innert vertretbarer Frist (1789–1798) ihre Staatswesen zu reformieren, sondern gingen viel zu bedächtig an die dringende Aufgabe, andererseits gab es zahlreiche Schweizer, die aus Idealismus oder auch aus nicht ganz so edlen Beweggründen die Sache des revolutionären Frankreich zur ihrigen machten. Die Niederlage im Grauholz vom 5. März 1798 sagt über die Qualität der militärischen Bereitschaft Berns und der Eidgenossenschaft *vor* der Französischen Revolution genauso wenig aus, wie die Niederlage von Jena vom 14. Oktober 1806 die preussische Armee Friedrichs des Grossen zu diskreditieren vermag. 1798 hat die Eidgenossenschaft eine *politische*, nicht eine *militärische* Lehre teuer bezahlt. Sie besteht aus den zwei Worten des Denkmals am Grauholz: Seid einig!

Noch einmal: das Militärwesen der Eidge-

Flussübergang von Massena
bei Dietikon am 25./26. September 1799
(Ausschnitt aus Karte Nr. 6,
Schweizer Kriegsgeschichte, Heft 8)

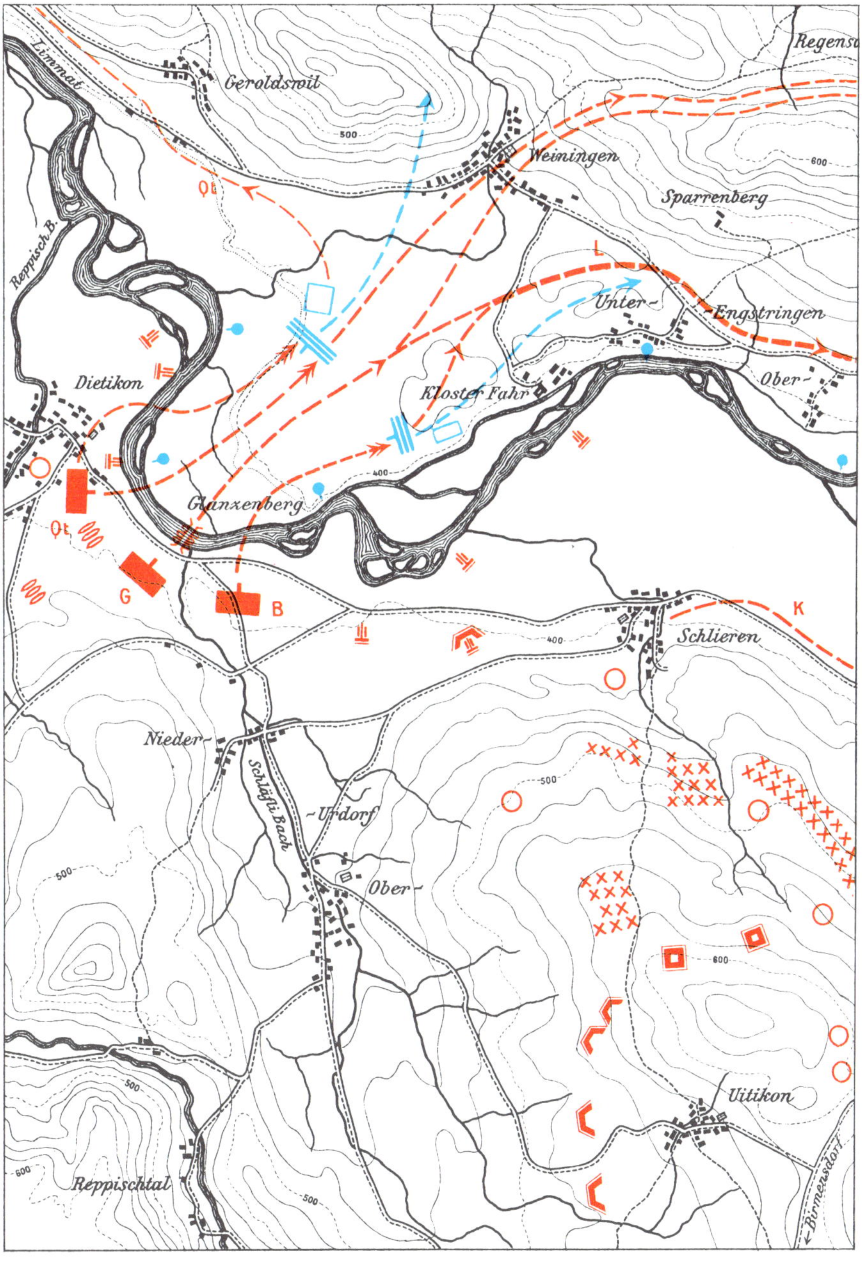

nossenschaft galt im Europa des 16., 17. und 18. Jahrhunderts als weitgehend intakt und erfüllte recht gut den Zweck, dem Land den Frieden zu erhalten. An inneren Gegensätzen entzündeten sich die kurzen Kriege, welche die Schweiz 1531, 1653, 1656 und 1712 heimsuchten; konfessionelle und gesellschaftliche Differenzen schieden das Land in feindliche Lager.

Der Verlauf der Kriege des 17. und 18. Jahrhunderts wird von der Geographie recht eigentlich geprägt. Die beiden Villmerger Kriege sind durch den schroffen Gegensatz zwischen katholischen und reformierten Ständen bestimmt. Die in einem Bürgerkrieg mögliche Front verlief vom Sustenpass, wo Uri und Bern aneinandergrenzen, über die bernisch-unterwaldische, die bernisch-luzernische, die bernisch-freiämtische und die bernisch-badische Grenze bis an die Aare bei Stilli. Von Osten her erstreckte sich das Gebiet des mit Bern befreundeten eidgenössischen Vorortes Zürich stellenweise bis an die Reuss und bis in die Nachbarschaft von Baden. Begreiflich, dass die katholischen Orte der Urschweiz alles daran setzten, den katholischen Korridor offenzuhalten, der ihnen im Norden Anschluss an vorderösterreichisches Gebiet, im Süden an das konfessionsverwandte Mailand gewährte. Zum Schutze dieses Korridors entstanden Befestigungen unterschiedlicher Grösse, von der Meienschanze, die oberhalb Wassen einen bernischen Stoss ins Reusstal aufhalten sollte[23], bis hin zur Stadtbefestigung von Baden[24].

Die reformierten Orte Zürich und Bern versuchten in beiden Kriegen, den Riegel zu durchbrechen und ihrerseits zu einer territorialen Verbindung zu gelangen, die sie im Frieden von 1712 durch Ausschluss der katholischen Orte von der Mitregierung in Baden auch erreichten. Mit zu diesen Bemühungen gehören verschiedene Befestigungsprojekte wie diejenigen von Brugg aus den 1620er Jahren und von 1638 und 1657[25].

Ein besonderes Problem war für die protestantischen Orte die bernische Wespentaille zwischen St. Urban und Olten, ausgerechnet am Schnittpunkt der wichtigen Ost-West- und Nord-Süd-Strassenverbindungen der Schweiz. Die Festung Aarburg, in verschiedenen Anläufen ausgebaut und mit einer permanenten Wache versehen, sollte die Verbindung offenhalten[26]. Dadurch sah sich nun Solothurn von seinen Konfessionsverwandten in der Urschweiz abgeschnitten und erachtete es als unumgänglich, sich durch eine moderne Stadtbefestigung (ab 1667) vor Bern zu schützen[27]. Die territoriale Trennung von Zürich und Bern einerseits, den Inneren Orten, Solothurn und Freiburg andererseits stimulierte die Entwicklung militärischer Kommunikationsmittel: Luzern, Solothurn und Freiburg legten Geheimcodes fest, damit auf Berner Boden abgefangene Briefe nicht von Unbefugten gelesen werden konnten[28]. Zürich und Bern hinwiederum vereinbarten eine Verbindung ihrer beiden Hochwacht- (Chuzen-)Systeme. Die Konvention von 1657, an die der berühmte Kartograph Hans Conrad Gyger in technischer Hinsicht den entscheidenden Beitrag leistete, legte die Alarmverbindungen fest: vom Uetliberg auf den Rietenberg, von der Lägern auf Brunegg und auf den Rietenberg und umgekehrt[29]. So konnte *ein* Ort einen andern nicht nur mahnen, sondern dort sogar eine Mobilmachung auslösen, in dem Sinn, wie es heute noch die zwar archaisch anmutenden, aber dennoch gültigen Bestimmungen der Bundesverfassung gibt, die einem bedrohten Kanton

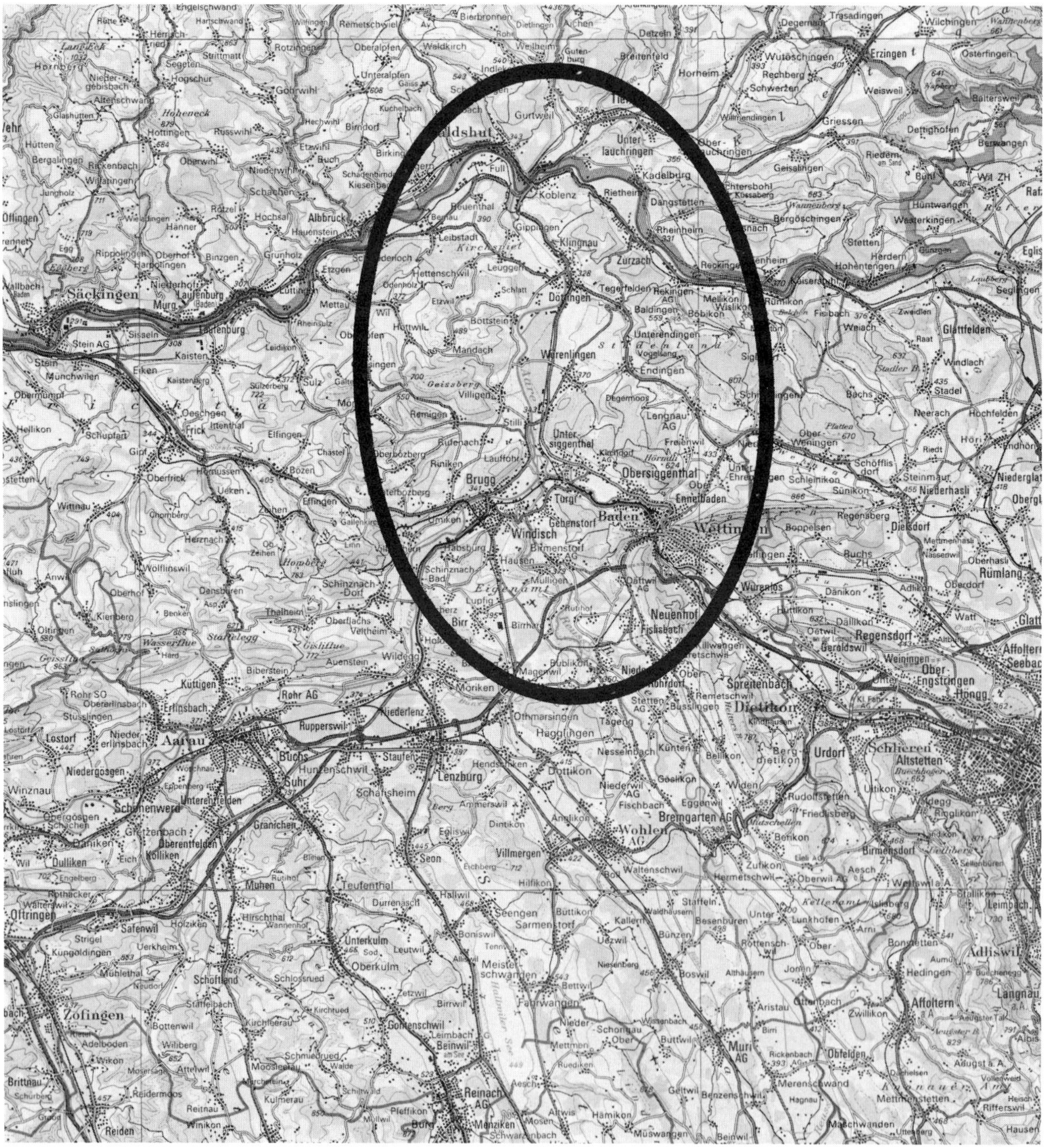
Säckingen
Laufenburg
Waldshut
Koblenz
Leibstadt
Leuggern
Klingnau
Döttingen
Zurzach
Kaiserstuhl
Tegerfelden
Würenlingen
Endingen
Lengnau AG
Villigen
Remigen
Stilli
Untersiggenthal
Obersiggenthal
Rüfenach
Lauffohr
Riniken
Brugg
Windisch
Gebenstorf
Turgi
Baden
Wettingen
Ennetbaden
Birmenstorf
Hausen
Habsburg
Schinznach Bad
Schinznach Dorf
Birr
Lupfig
Birrhard
Mellingen
Neuenhof
Fislisbach
Würenlos
Spreitenbach
Dietikon
Schlieren
Altstetten
Urdorf
Regensdorf
Otelfingen
Dielsdorf
Niederhasli
Rümlang
Glattfelden
Stadel
Weiach
Frick
Aarau
Buchs
Suhr
Rupperswil
Lenzburg
Othmarsingen
Hägglingen
Dottikon
Wohlen AG
Bremgarten AG
Villmergen
Seon
Schöftland
Zofingen
Oftringen
Reinach AG
Muri AG
Affoltern a. A.
Adliswil
Tiengen
Erzingen
Wutöschingen
Geissberg
Eigenamt
Kirchspiel
Surbtal

gestatten, ja ihn unter Umständen gar dazu verpflichten, andere Kantone zur Hilfe zu mahnen[30].

Den grössten Beitrag zur Entwicklung des Militärwesens leisteten die Spannungen innerhalb der Eidgenossenschaft, indem sie zum Aufbau einer modernen Militärkartographie anspornten, deren Anfang untrennbar mit dem Namen des bereits erwähnten Hans Conrad Gyger verknüpft ist. Seine Zürcherkarte von 1667 ist recht bekannt[31], weniger hingegen die etwa gleichzeitig entstandene, bestechend genaue Aufnahme des «Wasserschlosses» der Schweiz[32]. Sie bildet den Beginn einer langen Reihe von Karten für den militärischen Gebrauch, deren Thema stets die Korridorfrage ist.

Niemand entsinnt sich gern alter Gegensätze, und es ist ein Segen, dass wir in Zeiten des modernen Bundesstaates leben dürfen. Dennoch zeigt die Geschichte der Militärgeographie im 17. und 18. Jahrhundert deutlich, wie Gegensätze unter bestimmten politischen und geographischen Bedingungen auch anspornend wirken können. Die kurzen Kriege bedeuten, bei all ihrer unbestreitbaren Schrecklichkeit, wenig gegenüber dem, was fremde Eroberer angerichtet hätten. Möge uns stets vergönnt sein, solche von Jura, Rhein und Alpen, von der uralten Eidgenossenschaft uralter Landmark fernzuhalten!

Der Begriff «Wasserschloss» steht für den Raum um Brugg, in welchem der Grossteil des Wassers aus der deutschen Schweiz zusammenfliesst: Rhein, Aare, Limmat, Reuss. Es versteht sich von selbst, dass solche Räume schon immer eine Schlüsselstellung einnahmen, sowohl in der Bedeutung für den Handelsverkehr, noch mehr aber aus militärisch-operativer Sicht. Europäisch betrachtet, kam dem «Wasserschloss» in historischer Zeit sogar strategisch Bedeutung zu, stellte der Korridor Aaremündung-Reusstal doch die direkteste Verbindung zwischen den deutschen Landen und Gotthard-Italien her (Anmerkung des Herausgebers).

Truppenordnung 1875
(Stand 15.3.1893)

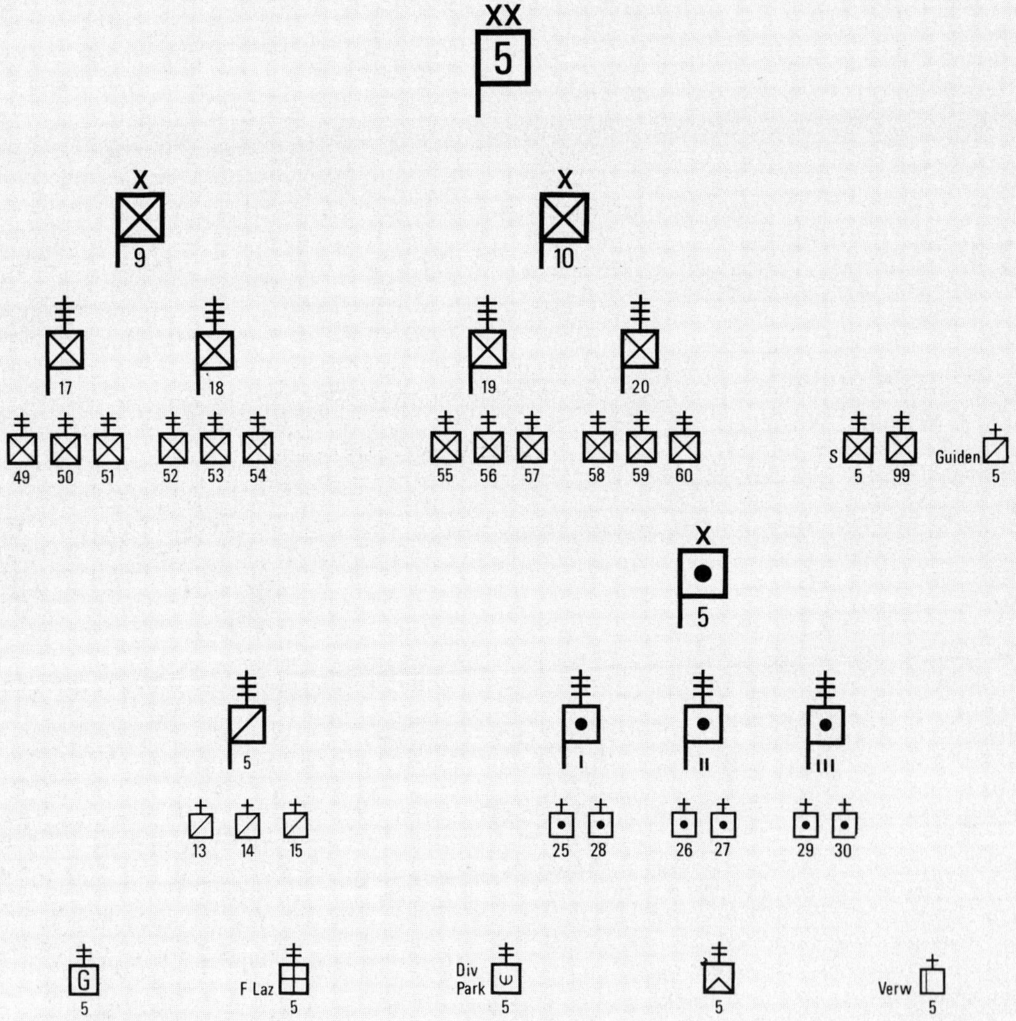

Arnold Linder

Jahre des Aufbaus

1874–1911

Vorbetrachtung

Gemäss der Bundesverfassung von 1848 behielten die Kantone zahlreiche Befugnisse und Kompetenzen im Militärwesen. Der Bund erliess die allgemeinen Vorschriften über Organisation, Bewaffnung und Ausrüstung. Er war auch zuständig für die Ausbildung der Spezialtruppen (Kavallerie, Artillerie und Genie). Dagegen blieb die Instruktion der Infanterie und ein Grossteil der Verwaltungsaufgaben Sache der Kantone.

Die Ausführung dieser Verfassungsaufträge war im Gesetz über die Militärorganisation von 1850 geregelt (MO 1850). Dieses hatte gegenüber dem Militair-Reglement von 1817 keine wesentlichen Neuerungen erbracht. Demnach besass die Schweiz nach wie vor ein Bundesheer, bestehend aus den Kontingenten der Kantone. In den Auszug mussten drei Bevölkerungsprozente eingeteilt werden, in die Reserve halb so viele. Dem Verfassungsgrundsatz der allgemeinen Wehrpflicht wurde in den Kantonen recht unterschiedlich nachgelebt.

Diese Wehrverfassung hatte verschiedene Ernstproben zu bestehen, denn der junge Bundesstaat sah sich mehrfach veranlasst, zum Schutze seiner Unabhängigkeit und Neutralität Truppen aufzubieten. Unruhen in Norditalien und in Süddeutschland erforderten bereits 1848 und 1849 die Besetzung von Teilen unserer Landesgrenzen. Eidgenössische Truppenaufgebote erfolgten dann 1856/57 während des Neuenburger Konfliktes, 1859/60 wegen der Savoyer Frage sowie 1866 und 1870/71 während der Kriege Deutschlands gegen Österreich und gegen Frankreich. Die aufgebotenen Truppen wussten im allgemeinen die ihnen gestellten Überwachungsaufgaben gut zu erfüllen.

Nach 1848 begannen sich in verschiedenen Bereichen Entwicklungen abzuzeichnen, die gebieterisch eine Anpassung der schweizerischen Wehreinrichtungen forderten. Mängel in der Heeresorganisation und im Mobilma-

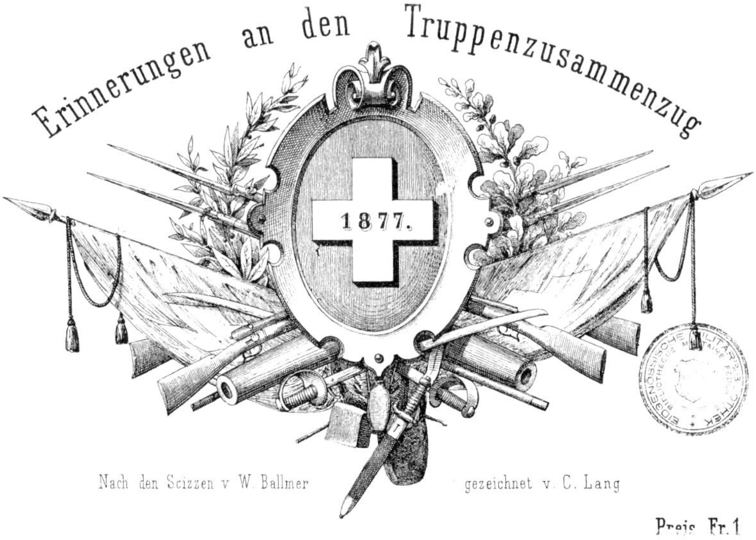

Ramlinsburg.

Atta

chungswesen waren besonders in der Grenzbesetzung 1870/71 offen zutage getreten und von General Herzog scharf kritisiert worden. Daneben brachte der wirtschaftliche und technische Fortschritt gerade für den Kleinstaat militärische Möglichkeiten, aber auch Gefahren. Die Heere der europäischen Staaten wurden personell stark ausgebaut und laufend mit schwereren und weiterreichenderen Waffen ausgerüstet. Der Ausbau der Strassen- und Eisenbahnnetze erschloss ungeahnte Kapazitäten für die Verschiebung militärischer Kräfte. Verbesserungen auf dem Gebiete des Fernmeldewesens und der Kartographie erleichterten die Führung in Operation und Gefecht.

Verschiedene bedeutsame Veränderungen jenseits der Landesgrenzen wirkten sich deutlich auf die strategische Position der Schweiz aus. Die Einigungsbestrebungen Italiens waren in der Schweiz mit Sympathie beobachtet worden, brachten jedoch an ihre Südgrenze eine Macht von beachtlicher militärischer Stärke, die zudem im Rufe stand, die italienisch sprechenden Teile der Schweiz zu beanspruchen. Die militärisch ohnehin bereits ungünstige Grenze zu Frankreich erfuhr durch den Übergang Savoyens an unser westliches Nachbarland eine Verlängerung bis zum Mont Dolent. Sie wurde 1871 durch den Anschluss von Elsass-Lothringen an Deutschland nur unbedeutend verkürzt, wohingegen im Norden mit der Gründung des deutschen Kaiserreiches eine weitere Grossmacht zum direkten Grenznachbarn wurde.

Die politischen Gegensätze zwischen Deutschland und Frankreich, wie auch zwischen Italien und Österreich-Ungarn brachten die Schweiz in unmittelbare Nähe zweier Konfliktherde, welche dem Land bewaffnete Auseinandersetzungen mit den stärksten Militärmächten der Epoche bringen konnten.

Nun wäre es durchaus ungerecht zu behaupten, die verantwortlichen Instanzen hätten bei der wachsenden Bedrohung die Hände in den Schoss gelegt. Politiker, Beamte und Offiziere unternahmen unermüdliche Anstrengungen zur Stärkung der Landesverteidigung. Es spricht für ihre Fachkompetenz und Energie, dass sie auch bei einem rückständigen Wehrsystem zahlreiche Erfolge errangen.

Die Infanteriewaffen sowie die Geschütze der Artillerie wurden modernisiert und vereinheitlicht. Gezogene Rohre und Läufe brachten präzisere Schiessresultate; die Einführung des Hinterlader-Systems erhöhte die Schusskadenz und ermöglichte dem Schützen, seine Waffe liegend zu laden. Nach 1869 verfügte unsere Infanterie als erste in Europa über ein Repetiergewehr.

Die Pontoniertruppen wurden 1862 vollständig mit dem fortschrittlichen Birago-Material ausgerüstet, das mit geringfügigen Veränderungen jahrzehntelang seinen Dienst versehen sollte.

Buchs.

Schönenwerth.

Nach Abschluss der Arbeiten an der Dufourkarte begann das topographische Bureau mit der Herausgabe des Siegfriedatlasses im Massstab 1:25000.

Seit 1858 wirkte der Basler Hans Wieland an der neu geschaffenen Stelle eines «Adjunkten des Militärdepartements für das Personelle, gleichzeitig Oberinstruktor der Infanterie». In seinem gewaltigen Aufgabenkreis wurde er seit 1866 durch das «Stabsbureau» entlastet, das unter der Leitung von Hermann Siegfried stand, der auch die topographischen Arbeiten überwachte.

Versuchsweise für drei Jahre nahm 1871 eine «Eidgenössische Montierwerkstätte» in Bern ihren Betrieb auf. Aus ihr ist später die Eidgenössische Waffenfabrik hervorgegangen.[1]

Noch immer trugen Schweizerbürger wertvolle Impulse aus fremden Kriegsdiensten ins Wehrwesen ihres Vaterlandes hinein. Aus dem hier zu beschreibenden Divisionskreis sei Heinrich Wieland, der spätere Korpskommandant,

Am 16. September 1897 defilierte die 5. Division in Dottikon vor dem Chef EMD, Bundesrat Müller. Die ganze Nacht hatte es wie mit Kübeln gegossen, die Defilierstrecke war ein einziger Sumpf. Bei den hinteren Bataillonen blieben die Schuhe buchstäblich im Dreck stecken! Der Anlass ist als «Dreckdefilee» in die Geschichte eingegangen.

erwähnt. Er hatte sich 1860 im Dienste des Königreichs Neapel ausgezeichnet. Auf der Gegenseite, unter Garibaldi, standen gleichzeitig die Wahlschweizer Rüstow und Hofstetter, die ihre Offiziersausbildung an deutschen Akademien erworben hatten. Im amerikanischen Sezessionskrieg focht der Basellandschäftler Emil Frei, in den neunziger Jahren Vorsteher des EMD. Der spätere Korpsarzt Heinrich Bircher sammelte als Freiwilliger 1870 in einem deutschen Feldlazarett wertvolle Kriegserfahrung.

Zur Beobachtung von Kampfhandlungen oder zur Ausbildung wurden Offiziere ins Ausland abkommandiert. Der Zofinger Hermann Siegfried, erster Chef des Stabsbureau, hatte sich in Paris und in Karlsruhe vorbereiten können, Emil Rothpletz, später Kommandant der 5. Division, reiste 1864 auf den deutsch-dänischen Kriegsschauplatz. Die eindrucksvolle Liste der Abkommandierungen [2] und die detaillierten Berichte [3] lassen erkennen, dass der Bundesrat sich sorgfältig und umfassend über die Entwicklung des Militärwesens zu informieren wusste.

Nicht vergessen seien jene Wehrmänner, die in Publikationen und an Versammlungen unermüdlich Verbesserungen auf dem Gebiete der Landesverteidigung anregten. [4]

Militärorganisation der Schweizerischen Eidgenossenschaft (vom 13. Wintermonat 1874)

Sollten die gewonnenen Erkenntnisse Früchte tragen, so musste die zentrale Leitung der Landesverteidigung mehr Gewicht bekommen. Die innenpolitischen Verhältnisse lagen jedoch nach 1848 so, dass wenig Neigung bestand, die Kompetenzen des Bundes auszudehnen oder seinen Beamtenapparat zu erweitern.

Dies änderte sich mit der Teilrevision der Bundesverfassung im Jahre 1874, welche in ihren Art. 18–22 die Voraussetzungen für eine in Aufbau, Ausrüstung, Ausbildung und Führung einheitliche Armee schuf.

Knapp ein halbes Jahr darauf wurde im

Christian Emil Rothpletz, von Aarau
1874–1883 Kdt 5. Div

21. 2. 1824–13. 10. 1897

Gerichtspräsident, Kunstmaler, Dozent für Militärwissenschaften ETH

Grundwaffengattung Kavallerie
1860 Major, 1863 Oberstlt, 1867 Oberst, Adlatus OB, 1875 Oberstdivisionär

Rothpletz war ein äusserst vielseitiger Mann. Trotz nicht abgeschlossenem Jurisprudenz-Studium wurde er Gerichtspräsident und später als Oberrichter Präsident des Kriminal- und Schwurgerichtes. In der Politik brachte er es über den Aarauer Stadtrat bis in den Grossen Rat (AG). Ein Jahr lang versuchte sich Rothpletz als Maler, eine Erfahrung, die ihm später als Präsident der Eidgenössischen Kunstkommission zugute kam. Seine eigentliche Berufung fand er in seiner Professur (1878–1897) für Militärwissenschaften an der ETH.

Erste offizielle AK-Manöver im September 1893: Batterie 28 in Stellung bei Ettingen gegen das Bruderholz …

Parlament das Bundesgesetz über die Militärorganisation verabschiedet.

Es sei vorweggenommen, dass es sich dabei um ein äusserst treffliches Gesetz handelte. Bundesrat Welti und seine Mitarbeiter hatten die Erkenntnisse und Erfahrungen der vergangenen Jahre ausgewertet und dabei auch verschiedene, aus dem Milizsystem heute nicht mehr wegzudenkende Massnahmen gesetzlich verankert: So etwa die seinerzeit fast revolutionär wirkende Forderung über die sportliche Ausbildung der Jünglinge. Ferner schrieb man grundsätzlich die ausserdienstlichen Pflichten fest, betreffend die Pflege der Ausrüstung, die Inspektion, das Schiesswesen und die private Mitarbeit der Offiziere.

Durch massvolle Erweiterung der Bundeskompetenzen konnte Einheitlichkeit in Organisation, Ausrüstung, Ausbildung und Führung der Armee erwirkt werden. Ein sinnvoller Einsatz kantonaler und kommunaler Amtsstellen stellte eine bürgernahe Administration und eine dezentralisierte Vorratshaltung sicher. Unter anderem hatten die Kantone für die Ausrüstung der Mannschaften und für die Kontrollführung der sich aus ihrem Gebiete rekrutierenden Einheiten zu sorgen. Sie hatten ebenfalls notleidende Angehörige diensttuender Wehrmänner zu unterstützen. Weitere Aufgaben übernahmen sie später im Rahmen der Mobilmachungsvorbereitungen (seit 1884) und beim Aufbau der rückwärtigen Dienste (seit 1887). Die Gemeinden hatten einerseits die ihnen von den Kantonen delegierten Aufgaben zu erfüllen, andererseits waren sie in Friedens- wie in Kriegszeiten verpflichtet, die sich auf ihrem Gebiet aufhaltenden Truppen unterzubringen, zu verpflegen und für sie die notwendigen Fuhren zu leisten. Schliesslich wurde ihnen auch mit der Pferdestellung eine Hauptrolle bei der Kriegsmobilmachung übertragen. Trotz dem sinnreichen Entschädigungsverfahren waren die Pannen vorprogrammiert, da die wenig ausgebauten Kantons- und Gemeindeverwaltungen diesen Ansprüchen beim besten Willen gelegentlich nicht zu genügen vermochten. Jedoch blieb die Aufteilung der Kompetenzen im Militärwesen zwischen Bund und Kantonen praktisch unverändert. Der Versuch eines Ausbaus der eidgenössischen Militärverwaltung «bis zum untersten Beamten» wurde von den Stimmbürgern im Jahre 1895 wuchtig verworfen.

Das Militärorganisationsgesetz bekräftigte die allgemeine Militärdienstpflicht und legte die Heeresklassen fest. In den Auszug wurden die Wehrmänner vom 20. bis zum 32. Altersjahr eingeteilt, weitere zwölf Jahre verblieben sie in der Landwehr. Der Landsturm wurde erst 1886 organisiert.

Im weiteren bezeichnete das Gesetz die Waffengattungen [5] und schrieb die Dauer der Ausbildungsdienste vor, [6] welche bei den verschiedenen Waffengattungen unterschiedlich war. Wiederholungskurse wurden im zweijährigen

... und schiessende Infanterie der 5. Division beim Fichtenhof

Turnus absolviert. Eine Ausnahme bildete dabei einzig die Kavallerie, deren Schwadronen alljährlich einrückten. Für verschiedene Schulen und Kurse waren bereits Kadervorkurse vorgesehen. Neu erworbene Grade mussten während der Dauer einer Rekrutenschule abverdient werden. Zum Besuch der Offiziersschulen war der Unteroffiziersgrad nicht durchwegs Voraussetzung. Für Sanitätsrekruten wurde ein dreiwöchiger Spitaldienst vorgeschrieben. Von besonderem Interesse dürfte auch der Artikel 86 sein, welcher bestimmte, dass weder Einrückungs- noch Entlassungstage zu den Übungszeiten gezählt werden durften.

Festgelegt wurde ferner die Zahl der Einheiten, welche aus der Mannschaft der einzelnen Kantone zu bilden waren sowie Bestand und Ausrüstung der Stäbe und Truppen.

Die Besoldung der Rekruten- und Mannschaftsgrade betrug zwischen Fr. 0.50 und 1.– pro Tag. Ein Major erhielt Fr. 12.–, was bereits einem mittleren Beamtengehalt entsprach.

Allein durch das Inkrafttreten des neuen Wehrgesetzes im Frühjahr 1875 war die Armee noch nicht verändert. Rüstow hatte davor gewarnt, man könne eine Wehrverfassung auf dem Papier ausarbeiten, dann «pfeifen, und denken, alles stehe in Realität und Herrlichkeit da». Immerhin war die Marschrichtung unzweideutig gegeben. Zum Erreichen des Zieles jedoch war die jahrelange Anstrengung sämtlicher Beteiligter vonnöten.

Ordre de bataille

Die Ausführung der Militärorganisation von 1874 verlangte nun eine grosse Zahl von präzisierenden Vorschriften und Verordnungen über die Rekrutierung, die Kontrollführung, die Verwaltung, Mobilmachung etc. Eine der ersten war die «Verordnung betreffend die Territorialeintheilung und die Nummerierung der Truppeneinheiten, sowie der zusammengesetzten Truppenkörper vom 15. März 1875». Sie kann zusammen mit ergänzenden Beschlüssen und Verordnungen als Geburtsurkunde der 5. Armeedivision betrachtet werden.

Ein Blick auf die Karte der Rekrutierungskreise und auf die Bestandestabelle zeigt, dass es sich um eine Nordwestschweizer Division handelte, deren Hauptharst die kantonalen Infanterieverbände von Solothurn, Baselland, Baselstadt und Aargau ausmachten. Die Artilleriebrigade umfasste drei Feldartillerie-Regimenter, bestehend aus je zwei Batterien. Daneben stellte der Aargau je zwei seiner Feldbatterien der 4. und der 6. Division zur Verfügung. Dafür wurden die Schwadronen 14 (Solothurn) und 15 (Aargau) durch die bernische Schwadron 13 zum Dragonerregiment 5 ergänzt. Das Schützenbataillon 5 setzte sich aus zwei aargauischen und je einer Solothurner und Basellandschäftler Kompanie zusammen. Die Genie- und Sanitätstruppen, die Train- und Verwaltungsformationen sowie die Guidenkompanie waren eidgenössische Verbände, wurden jedoch aus demselben Divisionskreis rekrutiert. Die Division be-

Herbstmanöver 1901 in der fruchtbaren Gegend zwischen Oberaargau und Emmental: gedeckte Infanterie-Stellung von Truppen Inf Rgt 18 bei Bützberg vor dem Sturm.

stand aus Truppen des Auszuges. Einzig die Transportbelange des Feldlazaretts wurden durch Teile eines Landwehr-Trainbataillons wahrgenommen.

Obwohl in keinerlei kriegerische Handlungen verwickelt, musste die Division 1883 den «Verlust» ihres Freiämterbataillons 99 hinnehmen. Unter der Nummer 46 stand es fortan in den Reihen der 4. Davon abgesehen änderte sich in der Ordre de Bataille der Division 5 während längerer Zeit kaum etwas von Bedeutung. Die Infanteriebrigaden präsentierten sich am Ende des hier in Betrachtung stehenden Zeitabschnittes noch praktisch unverändert, während bei den Spezialwaffen – besonders seit dem Beginn der neunziger Jahre – mehrfach Umteilungen

Übung auf Gegenseitigkeit der Divisionen des 2. Armeekorps, September 1901. Versuchsweise wurde neues Material verwendet, z. B. Automobile, wie hier beim Überqueren der Aare auf einer Ponton-Brücke.

erfolgten: 1891 wurde der Aufbau der Armeekorpsverbände beschlossen. Die 3. und die 5. Division wurden zum II. Armeekorps zusammengefasst. Mehrere Verbände der Divisionen traten daher unter den direkten Befehl des Korpskommandanten:

Aus den Dragonerregimentern der beiden Divisionen wurde 1892 eine Kavalleriebrigade formiert, die ab 1900 über eine Maxim-Maschinengewehrkompanie verfügte. Als Reiterei verblieben die Guiden in der Division. Ihr Bestand wurde entsprechend einer Kavallerie-Schwadron angehoben. Für den Aufklärungs- und Meldedienst verfügte die Division ferner seit 1895 über 15 Radfahrer.

Die Geschützbatterien 29 und 30 traten, ebenfalls 1892, zur Korpsartillerie. Sie kehrten jedoch – im Rahmen einer weiteren Reorganisation – 1905 zur Division zurück.

Vom Geniebataillon gab die Division ihre Pontonierkompanie zum Korpsbrückentrain, der dadurch erst die Möglichkeit erhielt, die grossen Flüsse des Mittellandes zu überbrükken. Die Telegraphenpioniere und die Eisenbahnarbeiter der Pionierkompanie wurden im Jahr 1892 im Korps zusammengefasst. Bei der Division verblieb die Sappeurkompanie. Dafür wurden die bisherigen Infanteriepioniere (4 pro Infanterieeinheit) in einer neuen Kompanie vereinigt. Die Division verfügte nun über zwei Sappeurkompanien, die zunächst ein Genie-Halbbataillon, später wieder ein Bataillon bildeten.

Die bisherigen Parkkolonnen und Trainfor-

Ludwig Arnold Zollikofer, von St. Gallen
1884–1888 Kdt 5. Div

4. 1. 1839–7. 7. 1923

Förster, Adjunkt, Landammann, Regierungsrat, Kantonsrat

Grundwaffengattung Infanterie

1867 Major, 1877 Oberst, 1885 Oberstdivisionär

Zollikofer war ein vielseitig interessierter Mann. Seine Grundausbildung als Forstingenieur am Polytechnikum Zürich ergänzte er durch Weiterausbildung in Österreich und Deutschland. Von 1858–1873 stand er als Adjunkt dem Forstamt St. Gallen vor.

Neben der militärischen durchlief Zollikofer eine ausgedehnte politische Karriere. Er war Mitglied des St. Galler Grossen Rates, während Jahren Regierungsrat (achtmal Landammann), zudem auch Mitglied und Präsident der evang. Synode. Den Kanton St. Gallen vertrat er in der Eidg. Linthkommission und hatte auch Einsitz in der Int. Rheinregulierungskommission.

Die Tauglichkeitsziffern in den Rekrutierungskreisen der 5. Division lagen Ende des letzten Jahrhunderts deutlich unter dem eidgenössischen Durchschnitt. Verantwortlich dafür war allerdings nicht nur die «unterentwickelte» Landschaft des Aargauer Hinterlandes, welche unter der damals herrschenden Wirtschaftskrise zu leiden hatte; oftmals wurden die Sollbestände eher als anderswo erreicht, weshalb bei der Aushebung strengere Massstäbe angelegt werden konnten.

Seite rechts: Uniformen gemäss eidgenössischer Ordonnanz 1861 (im Einsatz von 1875–1897)
- *Infanterieoffiziere*
- *Artilleristen*
- *Arzt und Tierarzt*
- *Guide*

ARMÉE SUISSE. — SCHWEITZER ARMÉE

Infanterie — Infanterie

ARMÉE SUISSE. — SCHWEITZER ARMÉE

ARMÉE SUISSE. — SCHWEITZER ARMÉE.

Médecin et Vétérinaire — Arzt und Thierarzt

ARMÉE SUISSE. — SCHWEIZER ARMEE

Guides — Guiden

Genève, Imp et Lith Vaney

Genève Ch. Perron édit r de Carouge 252

mationen wurden ebenfalls vom Korps übernommen. Aus ihren Auszüger-Mannschaften wurde später die Artillerie verstärkt, während die Transporteinheiten sich zunehmend aus der Landwehr rekrutierten.

Zeit und Menschen (1875–1911)

Nach 1870 blickte der aussenpolitisch interessierte Deutschschweizer mit Sympathie zum aufstrebenden Nachbarstaat Deutschland hinüber, beobachtete anerkennend, wie rasch sich Frankreich von seiner Niederlage erholte. Er wurde mit den Problemen auf dem Balkan konfrontiert und erfuhr in den achtziger Jahren von der Wiederaufnahme der kolonialen Expansion durch die Grossmächte. Dabei fühlte er sich wohl auch als ein kleines Teilchen jenes viktorianischen und wilhelminischen Europa, das die Welt vor 1914 regierte. Er wurde Zeuge der grossen Bündnispolitik, die für die neutrale Schweiz eine neue Dimension der Bedrohung schuf und die Welt schliesslich in den Ersten Weltkrieg stürzen sollte.

Im aussenpolitischen Bereich bemühte sich der Bundesrat um die Glaubwürdigkeit der Neutralität. Gegen fremde Einmischung wusste er notfalls auch kompromisslos aufzutreten. Während den diplomatischen Auseinandersetzungen mit Deutschland 1889 (Wohlgemuth-Handel) und mit Italien 1902 (Silvestrelli-Handel) fand er Rückhalt in Parlament und Volk. Eine schwierige Aufgabe bildete – bei der Schutzzollpolitik der Nachbarstaaten – das Offenhalten der Märkte für unsere Exportprodukte.

Innenpolitisch wurde bis 1885 in abnehmender Schärfe der Kulturkampf ausgetragen. Gerade in der Nordwestschweiz brachte er zahlrei-

Eduard Müller, von Nidau (BE)
1889–1890 Kdt 5. Div

12. 11. 1848–9. 11. 1919

Fürsprecher, Gerichtspräsident, Stadtpräsident von Bern, Bundesrat

Grundwaffengattung Infanterie
1876 Major, 1879 Oberstlt, 1885 Oberstbrigadier, 1888 Oberstdivisionär

Nach Abschluss der Schulen in Bern studierte Müller zunächst Theologie in Genf und nahm, da ihm die weltliche Richtung doch mehr zusagte, 1865 das Studium der Rechte in Bern auf. 1872 begann er als Fürsprecher. Zwei Jahre später wurde er Gerichtspräsident. Er entschloss sich für die politische Laufbahn, die ihn über den Grossen Rat, Nationalrat und das Stadtpräsidium von Bern 1895 in den Bundesrat brachte. Während 14 Jahren war er Vorsteher des Militärdepartementes, während neun Jahren führte er das Justiz- und Polizeidepartement. 1899, 1907 und 1913 war Müller Bundespräsident. Für seine grosse juristische und politische Arbeit wurde er von der Universität Zürich mit dem Dr. h. c. geehrt.

che Zeitgenossen in echte Gewissensnot. Die Annahme des Fabrikgesetzes bekräftigte 1877 die soziale Komponente eidgenössischer Innenpolitik. Mit dem Referendumsrecht wurde ferner in Bund und Kantonen die politische Mitsprache des Volkes verbessert. Zu Beginn des Jahrhunderts erfolgte die Vereinheitlichung von Zivil- und Strafrecht. Im Vordergrund standen allerdings während langer Zeit die Eisenbahnfragen. Wichtige Stichworte dazu sind Gotthardbahn (Eröffnung 1882), Nationalbahn (Konkurs 1878), Eisenbahnrückkaufsgesetz (1898).

Es ist nicht anzunehmen, dass der Durchschnittssoldat über die politischen Entwicklungen allzugut informiert war; viele werden durch die harte Arbeit und die tägliche Sorge um das Auskommen kaum Zeit für politische Interessen gefunden haben. Andere werden sich ihre Meinung am Arbeitsplatz oder in der Kirche gebildet haben; nicht wenige wohl im Wirtshaus, wo mancher oft länger verweilte als ihm guttat. Es formierten sich in diesen Jahren die grossen politischen Parteien, aber auch soziale und abstinente Hilfsvereine.

Die Industrialisierung brachte eine Verschiebung in der Bevölkerungsstruktur, indem die Agglomerationen sehr rasch wuchsen. In den zwanzig Jahren vor der Jahrhundertwende stieg die Einwohnerzahl Basels von 64207 auf 112227. Im landwirtschaftlichen Bereich wurde das Auskommen zunehmend schwierig. Viele suchten eine neue Existenz in Übersee. Schon 1873 waren 3223 Menschen aus der Schweiz in die Vereinigten Staaten ausgewandert.[7] Unterschiede im Wohlstand vergrösserten sich auch zwischen den verschiedenen Landesgegenden. Der spätere Generalstabschef Keller, der einen trefflichen Überblick hatte, schildert 1879 solothurnische Landschaften als sehr zurückgeblieben. Einige Jahre darauf erinnert ihn der Bahnhof der Ambassadorenstadt an «irgend ein amerikanisches Goldgräberdorf am ersten Tage seiner Erbauung».[8] Die ärmsten Gegenden gewahrte er jedoch in seiner engeren Heimat. Erst 1897 konnte er erleichtert melden, dass das Kulmertal (Tal der Wyna) langsam sauberer werde.[9]

Der Soldat jener Zeit war wohl in stärkerem Masse durch materielle Sorgen oder durch soziale Spannungen belastet als der heutige. Dagegen brachte er für den Dienst bei der Milizarmee auch unbestreitbare Vorzüge mit. So war er genügsam, an enge Wohnverhältnisse, lange Arbeitstage und nicht selten an weite Anmarschwege gewöhnt. Die Primarschulbildung wurde zunehmend verbessert, denn wer an der pädagogischen Rekrutenprüfung nicht genügte, besuchte während des Dienstes auf dem Waffenplatz die Nachschule. Als äusserst wichtiger Vorzug ist schliesslich der warme Patriotismus zu werten, welcher nicht nur in der Armee, sondern in der ganzen Bevölkerung spürbar war, und der ausländische Besucher stets beeindruckte.

Dagegen hatte auch die Armee ihren Angehörigen etwas zu bieten. Das Sozialprofil des Soldaten war höher als heute. Militärische Tauglichkeit wurde als Auszeichnung empfunden, denn längst nicht jeder konnte ausgehoben werden. 1880 erreichte die 5. Division mit 32,2 Prozent Tauglichen das schwächste Ergebnis sämtlicher Divisionen und Jahre. Bis 1889 wies sie dann stets den schwächsten Durchschnitt auf. Mancher fand beim Militär besseres und reichlicheres Essen als zu Hause, denn wer konnte sich schon tägliche Fleischrationen von 375 Gramm leisten, wie sie das Verwaltungsreglement vorschrieb? Die Qualität des Uniformtuches war besser als diejenige vieler Zivilkleider. Die Bewaffnung war stets vorzüglich; die

Truppengattung	Rekrutenschule	Kaderschule	Offiziersbildungsschule	Wiederholungskurse
Infanterie	45	28 ¹) / 8	42	16
Kavallerie	80 ²)	42	60	10
Artillerie				
Feld- u. Gebirgsart.	55	35	105	18
Positions- u. Parkart.	55			16
Feuerwerker ³)	42			16
Train	42			14
Genietruppen	50	28 ⁴) / 8	63	16
Festungstruppen	55	21 ⁵) / 35	77	21
Sanitätstruppen	46	21 ⁶)	28 ⁶)	12—18
Verwaltungstruppen	42 ⁷)	21	35	16 ⁷)

¹) Infanterie-Unteroffiziersschule von 28 Tagen seit 1884; Kadervorkurs von 8 Tagen 1875—1907.

²) Kavallerie nach Gesetz 1874: Rekrutenschule 60 Tage, von 1882 an nach 20-tägigem Vorkurse im Winter; seit 1890 beide vereinigt 80 Tage.

³) Feuerwerker 1897 aufgehoben.

⁴) Genie-Unteroffiziersschule 28 Tage, von 1891 an; Kadervorkurs vor Rekrutenschulen 8 Tage, 1875—1907.

⁵) Die Kaderschule für Festungstruppen zerfiel in eine Gefreitenschule von 3 und eine Unteroffiziersschule von 5 Wochen.

⁶) Die Sanitäts-Unteroffiziersschule hatte von 1887 an eine Dauer von 25 Tagen, die Offiziersbildungsschule von 1889 an eine solche von 35 Tagen.

⁷) Tatsächliche Dauer der Rekrutenschule schwankend zwischen 46 und 38 Tagen mit 4- bis 22-tägigem Kaderkurse; die Dauer der Wiederholungskurse betrug 12 bis 20 Tage.

Gesetzliche Dauer der verschiedenen Schulen und Kurse ab 1898 (Tage).

Ausrüstung wurde ständig ergänzt und verbessert. Feldflaschen und Kochgeschirr wurden auch ausser Dienst gerne verwendet.

Es scheint aber, dass dennoch zahlreiche Wehrmänner für die Wiederholungskurse keine Zeit fanden, denn als der Bundesrat am 28. Januar 1881 sein Kreisschreiben mit den untenstehenden Zeilen eröffnete, unterschied sich die 5. in dieser Sache nicht grundsätzlich von andern Divisionen:

> Unser Militärdepartement macht in wiederholten Fällen auf die stetig sich mehrende Zahl der Ausbleibenden von den zweijährigen Wiederholungskursen und namentlich auch von den Nachdienstkursen, deren Zahl bis auf 40 Prozent ansteigt … aufmerksam …

Die meisten leisteten jedoch ihren Dienst pflichtbewusst, und die Truppen hielten enormen Belastungen stand. Hätten sich nicht in Rekrutenschulen zahlreiche Kameradendiebstähle ereignet oder Unregelmässigkeiten und Trunkenheit bei divisionsfremden Offiziersbedienten und Pferdewärtern, so wäre das Divisionsgericht 5 sehr bald aus der Übung gekommen. Über die Schnur hieben die Angehörigen der Division nicht selten anlässlich der Waffeninspektion, welche Gelegenheit zu ausgedehnter Pintenkehr gab. Unter Alkoholeinfluss wurden dabei oft alte Zwistigkeiten im Dorfe lebendig. Das Divisionsgericht fasste die Wehrmänner hart an, besonders bei Körperverletzung. Es wertete jedoch die mangelnde Aufsicht und die large Disziplin bei der Waffeninspektion als mildernden Umstand und stellte auch fest, dass die Alkoholexzesse ihre Wurzeln im Zivilleben hätten. Spektakuläre Fälle gab es nur selten zu beurteilen, und der nachfolgend beschriebene bildet eine einsame Ausnahme: Füs Urech Fritz, IV/56, fuhr einen Tag nach Beendigung seines WK 1893 in Uniform bei Bierbrauer Siebenmann in Aarau vor und bezog unter falschen Angaben ein Fass Bier von 26 Litern. Das Leergut wurde korrekt retourniert, der Schwindel flog auf. Obwohl der Bierbrauer auf seine Forderung verzichtete, verurteilte das Divisionsgericht den Wehrmann in Abwesenheit zu vier Wochen Gefängnis.[10]

Uniformierung

Gemäss Reglement vom 24. Mai 1875 war als Kopfbedeckung der konische Hut der Ordonnanz 1869 vorgeschrieben, auf dem einzelne Waffengattungen Spezialabzeichen trugen. Die Farbe der Pompons bezeichnete bei der Infanterie die Kompanie, bei den übrigen Truppen die Waffengattung. Dazu kam für die Offiziere eine

August Carl Rudolf, von Rietheim
1891–1895 Kdt 5. Div

21. 6. 1834–3. 5. 1901

Direktionssekretär, Direktor einer Uhrenfabrik, Oberkriegskommissär, Oberinstr Inf, Waffenchef Inf

Grundwaffengattung Infanterie
1868 Major, 1871 Oberstlt, 1877 Oberst, 1891 Oberstdivisionär

Rudolf hatte die Fähigkeit, Ideen klar zu erfassen, zu formulieren und sie zu fortschrittlichen Reformen zu verwirklichen. In seiner Arbeit nahm er sich besonders der Stellung und Aufgabe des Instruktionsoffiziers an. Diesen sah er als Lehrer für das Kader und nicht für den einzelnen Soldaten. Rudolf setzte den Milizoffizier im Wiederholungskurs ohne begleitenden Instruktionsoffizier ein. Er war ein grosser Förderer des Turnens und wurde deshalb vom Eidgenössischen Turnverein zum Ehrenmitglied ernannt.

Schirmmütze, für Soldaten und Unteroffiziere die Policemütze.

Die Waffenröcke der Füsiliere, der Artillerie, der Genietruppen, der Sanität, der Apotheker, Verwaltungsoffiziere und der Militärjustiz waren dunkelblau. Von dunkelgrüner Farbe waren sie bei der Kavallerie und bei den Schützen, kornblumenblau bei Sanitätsoffzieren. Weitere Unterschiede ergaben sich durch die Verschiedenheit der Achselnummern und der Farben von Kragen und Passepoils. Auch für die Form waren Unterschiede vorgeschrieben. Wegleitend dürfte wohl der Gedanke gewesen sein, den der Waffenchef der Infanterie im Jahre 1880 formulierte: «Die Waffenröcke der Offiziere sind nach der Taille geschnitten, diejenigen der Mannschaft weit, paletotartig und darauf berechnet, dass der vom Rekrut gefasste Rock dem Manne auch noch in der Landwehr passe.» Daneben gab es eine Bluse, die für die Kavallerie grün, für die andern Truppen dunkelblau war.

Den blaugrauen Kaput trug der Wehrmann öfter als ihm lieb war, weil sich dadurch der Waffenrock schonen liess.

Die Hosen waren von eisengrauer oder graublauer Farbe, je nach Waffengattung. Jeder Soldat fasste zwei Paar von unterschiedlicher Qualität.

Ein neues Reglement trat 1898 in Kraft. Es liess den Kavalleristen und den Schützen das grüne, den Ärzten und Pferdeärzten hellblaues Tuch, während dem Gros der Armee dunkelblaue Waffenröcke vorgeschrieben wurden. Dazu kamen blaumelierte Mäntel oder Kapute und etwas dunklere Blusen. Dunkelmeliert war ebenfalls der Hosenstoff. Bei den Kopfbedekkungen wurde ein ähnliches Käppi eingeführt, wie es die Kavallerie seit 1884 trug. Die Policemütze wurde abgelöst durch eine Schirmmütze mit Nackenschutz. Abzeichen der Grade und der Truppenzugehörigkeit waren an Kopfbedeckung, Ärmel, Schultern oder Kragen angebracht. Erstmals wurden für besondere Leistungen Auszeichnungen abgegeben.

Seit 1903 wurde die Einführung einer Uniform in weniger auffälligen Farben studiert.

II. Persönliche Ausrüstung.

Zu der kleinen Ausrüstung gehören: der Tornister (bei der Kavallerie: Packtaschen; die unberittenen Offiziere: kleiner Offizierstornister), die Feldflasche, der Brodsack, das Munitionssäckchen im Tornisterdeckel verpackt.

Die Infanterie ist mit tragbaren *Pionierwerkzeugen* [2]) ausgerüstet: 40 (Linnemann'sche) Spaten, 20 kleine Pickel und 8 Handbeile per Kompagnie.

Die *Belastung des Infanteristen* beträgt:

1. Bekleidung, inklusive Fussbekleidung … …	5,210 *kg.*
2. Gewehr mit Riemen … … … … … …	4,727 „
3. Tornister sammt Inhalt und aufgeschnalltem Kaput, eine Nothration, (780 *gr.*) sechs Paket Patronen … … … … … … …	11,502 „
4. Umgehängte Feldflasche und Brodsack mit einer Portion Brod … … … … … …	1,745 „
Uebertrag … … …	23,184 *kg.*
Uebertrag … … …	23,184 *kg.*
5. Leibgurt, Seitengewehr, Patrontasche sammt Inhalt (vier Paket Patronen) … … …	3,078 „
Spaten (Pickel 1,400) … … … … … … ca.	1,100 „
Total	27,362 *kg.*

Die *Belastung des Kavalleristen* ist:

Kleidung, Seitengewehr, Patrontasche mit 40 Patronen 9,716 *kg.*

Persönliche Ausrüstung

Die Gefechtsbelastung des Infanteristen von 1880 ist aus obenstehender Tabelle ersichtlich. Im Jahre 1895 betrug sie – nach verschiedenen Änderungen – 29,860 kg. Biwakdecken wurden seit 1888, tragbare Zelte erst ab 1900 beschafft. Von 1892 bis 1898 waren 60 Schuss Notmunition zu Hause aufzubewahren. Erkennungsmarken wurden seit 1902 in den Zeughäusern gelagert.

Bewaffnung

Die persönliche Bewaffnung der Schützen, der Füsiliere und der Kavalleristen wurde stets auf dem neuesten Stand der Entwicklung gehalten. Artillerie-, Genie- und Traintruppen verwendeten etwas ältere Waffen.

Das Repetiergewehr Vetterli wurde bis 1881 in mehreren Modellen hergestellt und verschiedentlich verbessert.

Bald darauf setzte die Entwicklung des Gewehres Rubin-Schmidt ein, das seit 1889 in Beschaffung stand. Es erfuhr im Verlauf der Jahre mehrfach Verbesserungen und wurde auch als Kurzgewehr und als Karabiner hergestellt. Es verschoss Patronen mit rauchschwachem Pulver und später auch – als schweizerische Erfindung – ein Stahlmantelgeschoss.

Wiederholt wurden auch die Geschütze der Artillerie der fortschreitenden Technik angepasst. Bei der Aufstellung der Division im Jahre 1875 waren die Batterien 25 und 28 mit 10,5-cm-Geschützen, die andern mit solchen von 8-cm-Kaliber ausgerüstet.

Im Hinblick auf die Manöver von 1885 gab der Übungsleiter und zugleich Waffenchef, General Herzog, einige «Winke für das Verhalten der Artillerie …», woraus folgendes zitiert sei:

> Die Entfernungen, auf welche unsere Artillerie das Feuer beginnt, sollen sich in der Regel nicht über 2500 Meter erstrecken …
>
> Wenn immer möglich muss zur Niederkämpfung der feindlichen Artillerie thunlichst bald auf eine nähere Stellung, aus der von 2000 à 2500 Meter auf 1500–1600 Meter vorgegangen werden, wo die Artilleriewirkung ergiebiger wird und von dieser Stellung aus muss die vorgehende Infanterie wieder von Batterien begleitet werden bis auf 700 à 800 Meter von der Infanterielinie des Gegners.

1889 erfolgte die Umschulung auf die neuen 8,4-cm-Ringgeschütze, 1892 wurde das rauchschwache Pulver eingeführt, 1895 die Batterien mit neuen Quadranten versehen.

Die Einführung der 7,5-cm-Schnellfeuergeschütze 1905 brachte eine Verminderung der Zahl der Rohre von 6 auf 4 pro Batterie. Erhöht wurde jedoch die Reichweite auf 6,5 km und die Kadenz bis auf 15 Schuss in der Minute.

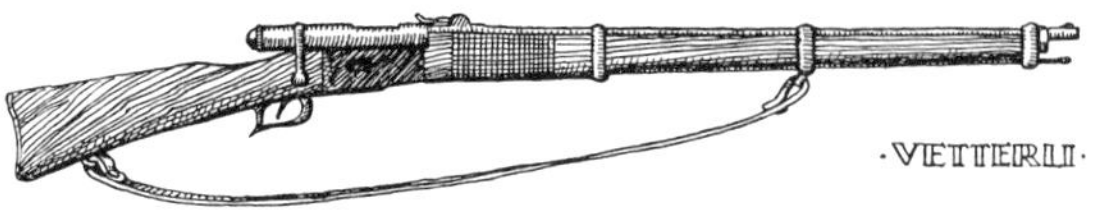

Die Handfeuerwaffen vor dem Ersten Weltkrieg

Die Zeit von 1869–1913 war für die Entwicklung der Handfeuerwaffe von grosser Bedeutung, wurden während dieser Zeit doch insgesamt drei technische Generationen von Gewehren in Dienst gestellt. Das letzte Modell, der Karabiner 11, hielt sich in der überarbeiteten Form des Karabiners 31 bis zur Einführung des Sturmgewehres in den fünfziger Jahren.

Mehrladegewehre System Vetterli

Die Lösung des Hinterladerproblems öffnete den Weg zum Repetiergewehr. Im Jahre 1868 gelang in unserem Land der bedeutsame Schritt zum hochleistungsfähigen eigenen Infanterie-Repetiergewehr mit dem Mehrladegewehr System Vetterli. Dieses wurde von Professor Vetterli in der SIG aus dem amerikanischen Henry-Gewehr – der amerikanische Einfluss zeigt sich auf dem Gebiet der Handfeuerwaffen immer deutlicher – weiterentwickelt. Das

Taf. II. Pl. II.

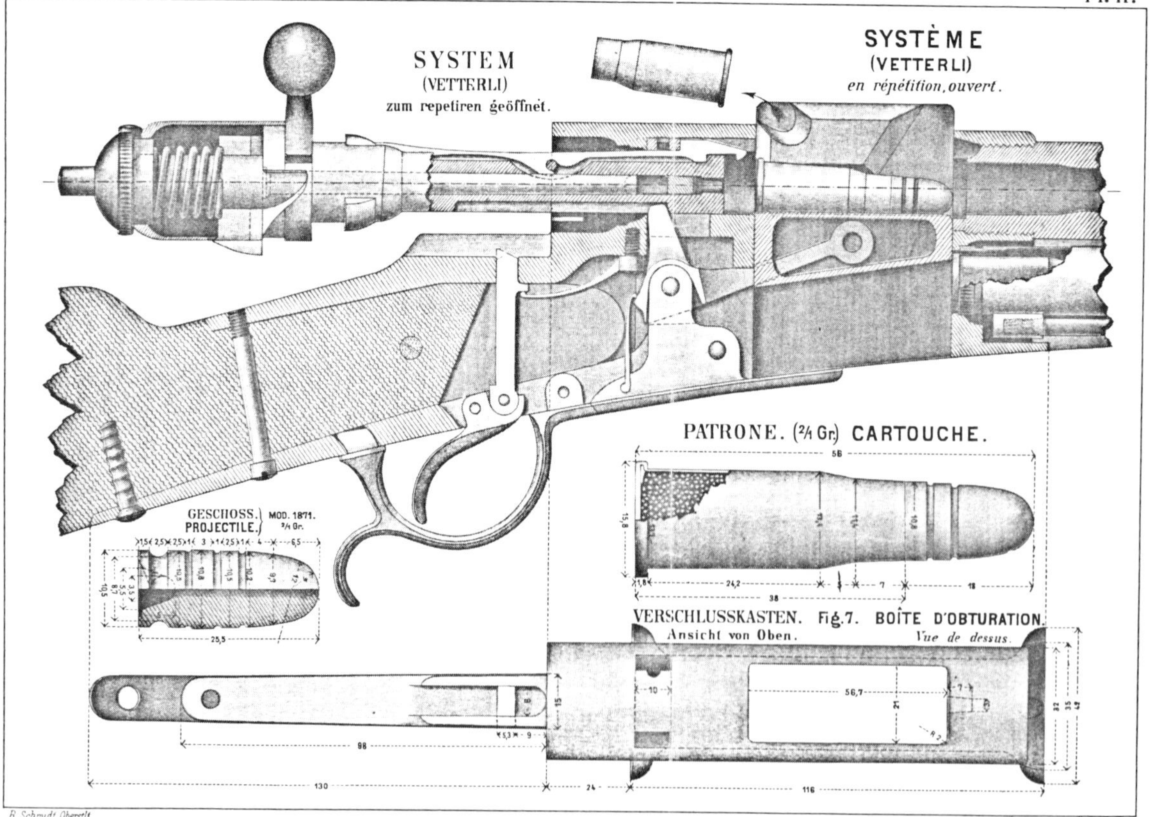

R. Schmidt, Oberstlt. Lith. F. Lips, Bern.

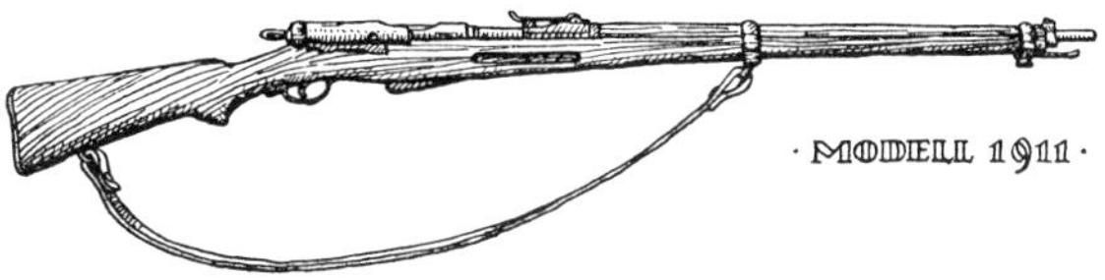

Gewehr wurde, allerdings mit verschiedenen Änderungen und in verschiedenen Ausführungen (Repetiergewehr Vetterli 1869, Kadettengewehr Vetterli 1870, Kavallerie-Repetierkarabiner Vetterli 1871, Repetierstutzer Vetterli 1871), in einer Gesamtserie von 180000 Stück bei insgesamt sieben Privatfirmen in Auftrag gegeben; Hauptlieferant war die SIG. Die Einführung des Vetterli-Gewehrs bedeutete für die damalige Zeit eine entscheidende Modernisierung und Verstärkung unserer Infanteriebewaffnung.

Repetiergewehr System Schmidt Modell 1889

In ganz Europa wurden in den siebziger und achtziger Jahren grosse Anstrengungen unternommen, um die Infanterie-Bewaffnung zu verbessern. Dabei ging es um drei Neuerungen:

1. Erhöhte Geschosswirkung und flachere Flugbahn dank kleinerem Kaliber
2. Übergang vom Einlader zum Repetiergewehr (beim Vetterli-Gewehr bereits verwirklicht)
3. Einführung eines rauchlosen Pulvers

Als Folge davon führte der Bundesrat in den neunziger Jahren das Repetiergewehr System Schmidt Modell 1889 ein.

Infanterie-Gewehr Modell 11/ Karabiner Modell 11

Zu Beginn des 20. Jahrhunderts wurden die Vorteile einer neuen, schlankeren Munition erkannt, welche die Flugbahn streckte und die Durchschlagskraft erhöhte. Die gestreckte Flugbahn führt zu einer wesentlichen Verbesserung der Trefferwahrscheinlichkeit in einem grossen Visierbereich. Weil sich die Adaption der bestehenden Waffe – bei unverändertem Kaliber – an die neue Munition als unmöglich erwies, wurde von der eidgenössischen Waffenfabrik in Bern das Infanterie-Gewehr Modell 11 entwikkelt.

Ausbildung

Die Ausbildung der Truppen erfolgte in den dafür vorgesehenen Wiederholungskursen. Alle vier Jahre rückte die Division geschlossen ein, so dass der Divisionär selten dazu kam, in Ausbildung und Gefecht seinen Einfluss geltend zu machen. Die dazwischen liegenden Truppendienste waren im Wechsel für die Ausbildung im Bataillons-, Regiments- und Brigaderahmen vorgesehen. Da die Rekrutenschulen bekanntlich nicht von langer Dauer waren, konnte in grösserem Ausmass als heute auf die Platz- und Personalreserven der Waffenplätze zurückgegriffen werden.

Die Spezialtruppen standen in den Wiederholungskursen unter dem Befehl des jeweiligen Waffenchefs, wurden aber oft zu kombinierten Übungen mit Infanterieverbänden abkommandiert. Trainformationen erhielten nicht selten Transportaufgaben im Rahmen von Offiziersschulen oder anderen Kursen. Der Einsatz von Instruktoren in der WK-Ausbildung wurde von zahlreichen Milizoffizieren als Bevormundung empfunden: Er fiel denn auch mit der Annahme der MO von 1907 weg.

In einem sogenannten Vorkurs wurde zunächst die unerlässliche Detail- und Schiessausbildung betrieben. Dazu gehörten ebenfalls Feuerleitung und Zielbezeichnen. Für gute Leistungen im Distanzenschätzen wurde ab 1898 eine Spezialauszeichnung verliehen. Bei den Übungen im Kompanie- und Bataillonsrahmen mussten die Infanteristen zahlreiche Marsch- und Gefechtsformationen kennen und ihre Posten auf entsprechende Signale von Trompetern oder Tambouren einnehmen können. Hier, wie bei den technischen Waffen, war vieles drillmässig einzuüben, was Soldaten noch nie für besonders spannend gehalten haben.

Seite rechts: Uniformen gemäss eidgenössischer Ordonnanz 1888 (im Einsatz von 1898–ca. 1915)
– Scharfschützenkorporal
– Guidenwachtmeister
– Trainfeldweibel
– Infanteriepionier

Arnold Keller, von Aarau
1896–1898 Kdt 5. Div

24. 10. 1841–17. 6. 1934

Anwalt, Gerichtsschreiber, Chef des eidg. Stabsbüros resp. der Generalstabsabteilung
Grundwaffengattung Artillerie

1876 Major, 1880 Oberstlt, 1885 Oberst, 1895 Oberstdivisionär

Schulen in Wettingen, Baden und Aarau. Studium der Jurisprudenz in Heidelberg, Zürich und Berlin. Gerichtsschreiber am aargauischen Kriminalgericht. Ab 1876 im Dienste der Armee.

Als Chef der taktischen Sektion des Stabsbureaus erstellte er den Mobilmachungsplan für die Armee und erteilte Unterricht in Taktik und Generalstabsdienst. 1890–1905 erster hauptamtlich tätiger Generalstabschef der Schweiz. Zahlreiche Vorschläge zur Militärpolitik des neutralen Kleinstaates. Vorbereitung des Armee-Einsatzes bis in die Einzelheiten (Nachrichten – Mobilmachung – Aufmärsche – Operationen – Rückwärtiges). 1905–1920 verfasste er im Auftrag des Bundesrates eine vielbändige Militärgeographie der Schweiz und der angrenzenden Gebiete.

Keller galt stets als ausserordentlich leistungsfähig. Er war Fachmann auf dem Gebiete der Verteidigungsvorbereitungen, der Militärgeschichte und -geographie, Freund und Liebhaber besonders der bildenden Künste. Ehrendoktor der Universität Basel (1901).

Etwas zaghaft bemühte man sich durch die Änderung der Exerziervorschriften, von der hergebrachten Massen- und Stosstaktik wegzukommen und die Infanterielinien aufzulockern, weil man von der verheerenden Wirkung des modernen Feuers längst Kenntnis hatte. Es gab kaum eine Übungsbesprechung, in welcher den Führern nicht die Missachtung der gegnerischen Feuerwirkung vorgehalten wurde. Trotzdem kam in dieser Beziehung ein Durchbruch vor 1914 nicht zustande.

Interessanter war wohl die Ausbildung im Aufklärungs-, Vorposten- und Sicherungsdienst. Einheits- und Bataillonschronisten berichten von spannenden Gefechtslagen.

Nach dem Vorkurs erfolgten, je nach Grösse des dienstleistenden Verbandes, Übungen der Regimenter, der verstärkten Brigaden und der Divisionen auf Gegenseitigkeit. Am Schluss der grossen Truppenzusammenzüge trat das Armeekorps in Aktion. 1893 und 1897 wurden Gefechtsexerzieren durchgeführt, wobei der Korpskommandant zugleich als Übungsleiter tätig war. Später wurde auch das Armeekorps in freier Führung eingesetzt. Diese Manöver bildeten, zusammen mit dem am folgenden Tage stattfindenden Vorbeimarsch, eine Demonstration eidgenössischen Wehrwillens, welche von zahlreichen «fremdländischen» Offizieren aufmerksam verfolgt wurde. Auch die Öffentlichkeit nahm daran lebhaften Anteil und verursachte nicht selten zusätzliche Landschäden.

Beeindruckend an diesen Manövern sind nicht allein die täglichen Marschleistungen, die ohne weiteres 30 km betragen konnten; es ist vor allem die Flexibilität des Soldaten, der fast

Alfred Scherz, von Reichenbach (BE)
1898–1904 Kdt 5. Div

2. 7. 1847–29. 9. 1904

Fürsprecher, Polizeidirektor, Chef der eidg. Polizeiabteilung

Grundwaffengattung Infanterie
1847 Major, 1886 Oberst, 1898 Oberstdivisionär

Nach dem Studium der Rechte in Bern und Jena arbeitete Scherz von 1875–1882 als Fürsprecher in einem Advokaturbüro. Anschliessend wurde er Instruktionsoffizier der Infanterie.

1888–1898 war er Gemeinderat und Polizeidirektor in Bern, ab 1898 Chef der eidgenössischen Polizeiabteilung und gleichzeitig Divisionskommandant.

Scherz verfasste 1879 die Schrift «Zur Ausbildung der schweizerischen Milizinfanterie».

täglich ein neues Quartier bezog und nicht selten vorher sein Abendessen zubereiten musste. Einsatzwille und Dienstfreude der Truppe brachten sogar gelegentlich die Übungsleitung in Verlegenheit, indem Einheiten den Befehl zum Angriff nicht abwarteten und ohne Feuerunterstützung vorgingen oder ungestüm auf den Gegner eindrangen, so dass schlechte Gefechtsbilder und sogar Unfälle entstanden.

Eindrücklich sind ferner die Leistungen der Führer und der Quartiermeister, welche die Truppen mit ihren zahlreichen Pferden unterzubringen und tags darauf wieder rechtzeitig zu versammeln hatten. Anerkennenswert ist die Haltung einer Bevölkerung, welche bereit war, ihre engen Wohnstätten mit den übenden Soldaten zu teilen, und zwar – so sah es das Verwaltungsreglement vor – bis zum Verhältnis pro Einwohner ein Soldat.

Damit ist der Zweijahresturnus der Wiederholungskurse beendet, denn in der Volksabstimmung vom 3. November 1907 war eine neue Militärorganisation angenommen worden. Darin waren die Erfahrungen mit dem bisherigen Wehrgesetz berücksichtigt und verschiedenes klargestellt worden. Die Truppenführer sämtlicher Grade gewannen mehr Einfluss auf Dienstbetrieb und Ausbildung. Sie hatten hiermit jahrelange, harte Auseinandersetzungen mit den Waffen- und Abteilungschefs des EMD für sich entschieden. Die Kräfte waren daher wieder frei zum gemeinsamen Handeln im Sinne der Verbesserung unseres Wehrwesens. Die Dauer der Rekrutenschulen wurde verlängert, diejenige der Wiederholungskurse etwas gekürzt. Dafür musste der Wehrmann nun alljährlich einrücken. Die Militärausgaben erhöhten sich zwischen 1906 und 1910 von 35 auf 42 Millionen, lagen aber fast unverändert bei etwa 26 Prozent der Staatsausgaben. Es konnten daher verschiedene aufwendige Materialanschaffungen getätigt werden (Telefonstationen, Winterausrüstung, Fahrküchen).

Auf den 1. April 1912 trat die neue Truppenordnung in Kraft. Sie war nicht mehr Bestandteil der Militärorganisation. Die Verzögerung auf die MO 1907 ist einerseits mit der Einführung grosser und grundsätzlicher Neuerungen zu erklären; andererseits mit dem Aufwand, der zur Änderung sämtlicher Mobilmachungs- und Aufmarschakten erforderlich war.

Kurze Chronik der Ausbildungsdienste

Oberstdiv Rothpletz

1875 Aufgebot einheitsweise für 2–3 Tage zum Zweck der Organisation und der Inspektion.

1876 Wiederholungskurse im Bataillonsverband von 7 Tagen Dauer.

1877 Ganze Division: Vorkurs 7.–15. September. 17.–22. September: Erstmals nach 1874 eine ganze Division im Einsatz. Raum der Truppenübung: Birrfeld–Schafisheim–Schönenwerd–Hauenstein–Ramlinsburg. Zwei Wehrmänner der Pontonierkompagnie ertrinken anlässlich des Brückenschlages bei Schönenwerd.

1879 Wiederholungskurse im Bataillonsverband.

1881 Wiederholungskurse im Regimentsverband unter Zuteilung von Kavallerie.

1883 Wiederholungskurse im Brigadeverband unter Zuteilung von Artillerie und Kavallerie für die Manöver.
Die verstärkte Brigade 10 wirkt als Manövergegner der 4. Division, die daher als Ganzes operieren kann. Übungsgelände zwischen Sempacher- und Baldeggersee. Der Geschäftsbericht des Bundesrates erwähnt «recht hübsche Manöverbilder».

Oberstdiv Zollikofer

1885 Ganze Division. Neuer Manöverturnus. Auch die 3. Division ist aufgeboten. Manövergelände aus Budgetgründen zwischen Bern und Aarau.
11./12. September: Brigadeübungen 5. Division auf Gegenseitigkeit.
14./15. September: Division 5 gegen Division 3.
Leitung: General Herzog.
16. September: Divisionen 3 und 4 gegen markierten Feind. Raum Subingen. Leitung: General Herzog.
17. September: Inspektion.

1887 Wiederholungskurse im Bataillonsverband.

Oberstdiv Müller

1889 Wiederholungskurse im Brigadeverband.
Neuerung: Divisionsstab rückt zu Beginn des Vorkurses ein, nicht, wie bisher üblich, erst zu den Brigademanövern.
28. August–2. September: Vorkurs.
3./4. September: Regiment gegen Regiment.
5./6. September: Brigade gegen Brigade.
7./9./10./11. September: Division 5 gegen Division 3. Leitung: Oberstdivisionär Lecomte. 12. September: Inspektion, 13. September: Entlassung. Übungsgelände der Divisionsmanöver: Raum Bern–Solothurn–Büren.

1891 Verkürzte Wiederholungskurse im Regimentsverband. Dafür Kadervorkurs von 4 Tagen. Grund: Neubewaffnung der Infanterie mit dem Gewehr 89 und Einführung des neuen Exerzierreglementes.
Normale WK-Dauer für die andern Waffengattungen. Schützenbataillon 5 war für mehrere Tage als Ehrenwache zum Bundesfest nach Schwyz abkommandiert.

1892 Umschulungskurs für die im Vorjahr Dispensierten und Umrüstung der 6 jüngeren Landwehrjahrgänge auf das Gewehr 89.

1893 Erstmals offizielle Armeekorpsmanöver.
Leitung: Oberstkorpskommandant Feiss.
28. August–3. September: Vorkurs.
5./6. September. Regiment gegen Regiment.
(5. Division Raum Baselland)
7./8. September: Brigade gegen Brigade.
Verstärkung durch Artillerie und Kavallerie.
(5. Division nördlich Passwangkette)
9. September: Division 5 gegen Division 3.
Manövergebiet: Glovelier–Basel.
10. September: Ruhetag.
11./12. September: Fortsetzung der Übung
Division gegen Division.
Nordwestlich von Delémont boten die beiden Divisionen offenbar ein recht unvorteilhaftes Gefechtsbild, indem sie in einen schmalen Geländestreifen 11 Bataillone hineinpressten und dasselbe einige Stunden später wiederholten. «. . . teilweise standen die Parteien 10 Glieder tief massiert», berichtet der Augenzeuge aus dem Füs Bat 55.
13. September: Das 2. Armeekorps greift einen markierten Gegner auf dem Bruderholz an. Neu war auch, dass sich die Truppen vom 8. bis zum 13. September ununterbrochen im Kriegszustand befanden.
Erstmals Einsatz von Radfahrern.
14. September: Inspektion des Armeekorps durch den Vorsteher des EMD, Bundesrat Frey, zwischen Basel und Allschwil.
15. September: Entlassung.

Oberstdiv Rudolf, zeitweise vertreten durch Oberst de Crousaz

1895 Wiederholungskurse im Bataillonsverband

1897 Herbstübungen des 2. Armeekorps.
Leitung: Oberstdivisionär Arnold Keller in Vertretung des erkrankten Oberstkorpskommandanten Berlinger.
30. August: Vorkurs.
7. September: Regiment gegen Regiment.
(5. Division Raum Wynental und Buchsiten)
8. September: Brigade gegen Brigade:
(5. Division zwischen Lostorf und Stüsslingen)
9. September: Retablierungstag.
10./11. und 13./14. September: 5. Division gegen 3. Division Raum Rothrist–Lenzburg.
15. September: Gefechtsexerzieren des 2. Armeekorps gegen die Höhe Maiengrün (E Lenzburg).
16. September: Defilée im tiefen Morast bei Dottikon.
Diese Truppenübungen bildeten die Grundlage zur Schrift von Ulrich Wille «Über Befehlsgebung . . .» Der Berichterstatter der Revue Militaire Suisse kann ihnen jedoch mehr abgewinnen als der spätere General.

Oberstdiv Keller
Er führt 1897 das 2. Armeekorps (i V) und wird als Divisionskdt vertreten durch Oberst Alfred Scherz.

1899 Wiederholungskurse im Regimentsverband, Feldübungen mit Artillerie und Kavallerie. Die Inf Rgt 19 und 20 bildeten Teil einer «Manöverdivision», die unter dem Kommando von Oberst P. Isler dem 1. Armeekorps entgegenzutreten hatte.

1901 Herbstübungen des 2. Armeekorps. 31. August–18. September
Kommandant: Oberstkorpskommandant Fahrländer.
1.–6. September: Vorkurs. 5. Division Raum Triengen–Dagmersellen–Willisau–Herzogenbuchsee–Solothurn–Aarburg–Zofingen.
7./9./10. September: Brigade gegen Brigade. 5. Division auf der Linie Schötz–Langenthal–Herzogenbuchsee–Wangen a. A.
11.–14. September: Übungen auf Gegenseitigkeit der verstärkten Divisionen. Das ausserordentlich nasse Wetter machte die Übungen besonders anstrengend. Intensiver Vorpostendienst und Gefechte bei Höchstetten (W Utzenstorf) und Ersigen (N Kirchberg).
16./17. September: 2. Armeekorps gegen Manöverdivision Audéoud. Gefechte bei Jegenstorf, Schüpfen und Wiler (W Aarberg). Dabei handelte es sich nicht mehr um ein Gefechtsexerzieren wie 1897, sondern um freie Führung. Übungsleiter war Oberstkorpskommandant Künzli.
Es gelangten in diesem Truppenzusammenzug verschiedene Kriegsmittel erstmals zur Anwendung: Fesselballon, Maschinengewehr, Automobile und als Versuch auch Mannschaftszelte.
18. September: Verzicht auf den Vorbeimarsch, des nassen Wetters und der schlimmen Erfahrungen von 1897 wegen.

Oberstdiv Scherz

1903 Wiederholungskurse im Brigadeverband.
Infanteriebrigade 9: 1.–18. September
Infanteriebrigade 10: 22. September – 9. Oktober
Gefechtsschiessausbildung. Ferner zahlreiche Feldübungen der verstärkten Regimenter gegeneinander. Brigade 10 auch Gefechtsexerzieren im Brigaderahmen.

1905 Truppenzusammenzug des 2. Armeekorps. 28. August–14. September
Kommandant: Oberstkorpskommandant Fahrländer.
28. August–1. September: Vorkurs. Die Infanterie der 5. Division liegt in den Tälern von Suhre, Aabach und Bünz.
4./5. September: Gefechte der verstärkten Brigaden auf Gegenseitigkeit bei Seon und am Striegel.
7./8./9. September: Division 5 gegen Division 3. Gefechte bei Lotzwil, am Rotbach und bei Schmidigen.
11. September: Das Armeekorps tritt aus dem Raum Lützelflüh den Vormarsch gegen Bern an. Gefecht gegen die Manöverdivision auf der Linie Grosshöchstetten–Biglen–Bangerten und am folgenden Tag um den Besitz des Dentenberges. Übungsleiter: Oberstkorpskommandant Bühlmann. Bestand inkl. Manöverdivision : etwa 35 000 Mann und 5000 Pferde.
13. September: Inspektion des Vorbeimarsches auf dem Wankdorffeld durch Bundesrat Müller.

1907 Wiederholungskurse im Brigadeverband. Zugs- und Kompaniegefechtsschiessen.
Infanteriebrigade 9: 13.–30. September
Übungen der verstärkten Regimenter gegeneinander. Infanteriebrigade 10: 26. August–12. September zusammen mit Schützenbataillon 5, Divisionsartillerie und Geniehalbbataillon, vom 8.–10. September Teil der Manöverdivision des 1. Armeekorps. Einsatz im Raum Fribourg.

1908 14.–26. September: Wiederholungskurs der Division.
21.–24. September: Manöver der kombinierten (= verstärkten) Brigaden auf Gegenseitigkeit. Gefechte bei Kienberg, Wölflinswil, Herznach, am Linnberg und bei Gallenkirch. Defilee bei Vierlinden vor dem Kommandanten des 2. Armeekorps.

1909 Wiederholungskurs im Brigadeverband.
13.–25. September: Infanteriebrigade 9, Schützenbataillon 5, Guidenkp 5, Teile Feldartillerieregiment 6, Radfahrer des Armeekommando-Stabes.
27. September–9. Oktober: Infanteriebrigade 10, Teile Feldartillerieregiment 6, Radfahrer der 5. Division.

1910 Wiederholungskurs im Armeekorpsverband. 29. August–10. September. Kommandant: Oberstkorpskommandant Will.
Ohne Vorkurs begannen sofort Verschiebungsmärsche und Manöver. Division 5 gegen Division 3. Am 5. September stiess die 5. Division als «Feind» von Porrentruy nach Delémont vor. Vorpostengefechte bei Courrendlin und Choindez. Entgegen dem Programm erfolgte ein Übungsunterbruch, um die durchnässten Truppen zu schonen.
6. September: Gefechte an der hochgehenden Sorne.
7. September: Die 5. Division behauptet ihre Stellungen bei Develier-Dessus gegen den Angriff der Brigade 6.
8. September: Gefecht um Courfaivre.
Bei der Infanteriebrigade 9 waren bereits die neuen Einheitsfahrküchen im Einsatz. Da die Manöver von bedeutendem strategischem Interesse waren, nahmen französische und deutsche Offiziere in grosser Zahl als Beobachter teil. Dies führte im Anschluss zu einigen Diskussionen. Zu reden gab es auch im taktischen Bereich. Fritz Gertsch, der Kommandant der Infanteriebrigade 6 und unentwegter Vorkämpfer für moderne und aufgelockerte Infanterietaktik, protestierte im Anschluss an die Manöver gegen Übungsbespechung und -anlage des Korpskommandanten. Er fand jedoch – was allezeit schwierig war – den richtigen Ton nicht und wurde aus der Wehrpflicht entlassen.

1911 Wiederholungskurs im Regimentsverband. Infanterieregiment 20 (verstärkt) wird im Rahmen einer Kavalleriedivision als Manövergegner der 4. Division eingesetzt. Gefechte 3./4. Oktober zwischen Bünztal und Seetal.

Oberstdiv Iselin

Ernstes und Heiteres

Als die Division 1877 zum erstenmal ins Feld rückte, waren noch kaum Exerziervorschriften ausgearbeitet. Der vielseitige Divisionskommandant, Oberstdivisionär (Christian) Emil Rothpletz, verfasste daher eine «Feld-Instruction über den Sicherheitsdienst der Kavallerie und Infanterie» sowie die Studie «Die Führung der Armee-Division». Ob die von ihm gedichteten Liedtexte ebenfalls zur Vorbereitung der Feldübung gehörten, ist unklar. Jedenfalls fanden drei davon 1883 Aufnahme in das «Liederbuch des schweizerischen Wehrmannes.»

Im Kursbericht des Divisionskommandanten lesen wir:

Während der Übungen lag mehrfach dringende Nothwendigkeit vor, die Truppen sich eingraben zu lassen, um nicht ungedeckt dem feindlichen Feuer ausgesetzt zu sein. Erde war genug da, um dies zu thun, nur die Werkzeuge fehlten.

Schanzwerkzeuge waren seit 1880 bei der Infanterie. – Offensichtlich konnte im Verlauf der Jahre der Mangel an Papier aufgefangen werden, denn der Waffenchef der Kavallerie, Wildbolz, zitiert aus einem Kursbericht von 1905:

Für den kurzen Dienst von 12 Tagen sind beim Kommando des Kavallerieregiments 5 nachfolgende gedruckte Kreisschreiben und Befehle eingegangen, die zusammen ein Buch von 172 Seiten ergeben (und ein grosses Durcheinander).

Wildbolz fährt dann fort:

Die Grosszahl dieser Befehle ist unnütz, weil selbstverständlich oder in Reglementen enthalten. [11]

Zur Information der Wehrmänner und der Bevölkerung erschienen jeweils vor den Truppenzusammenzügen Pressemitteilungen und Spezialschriften. «Die III. & V. Armeedivision im Felde» (1885) beginnt wie folgt:

Kameraden, Mitbürger!
Zum erstenmale stehen sich zwei schweizerische Armee-Divisionen in friedlichem Wettkampfe gegenüber und mit grossem Interesse, ja, man darf wohl sagen, mit grosser Spannung sieht unser gesamtes Volk den kommenden Früchten dieses Doppel-Zusammenzuges entgegen.

Aus dem Prolog derselben Broschüre sei von elf Strophen eine herausgehoben:

Drum rufen wir die Söhne zu den Fahnen,
Und üben uns im ernsten Waffenspiel
Entschlossen wenn es gilt wie unsre Ahnen,
Auf blutgetränkten, ehrenvollen Bahnen
Zu streben Alle nach dem einen Ziel.

Im Instruktionsplan für denselben Wiederholungskurs wird die Tenuefrage geregelt:

Es empfiehlt sich, zu den Übungen in der Regel im Kaput ausrücken zu lassen (damit der Waffenrock im Allgemeinen geschont und dann jeweilen zum Ausgang getragen werden kann) ... [12]

Jedenfalls war die Allgemeine Schweizerische Militärzeitung mit den Leistungen der 5. Division zufrieden:

... wie sehr heuer die gute Ausbildung der Infanterie hervorgetreten ist. Jedem Sachverständigen ist es gewiss aufgefallen, wie präzis der Anschlag, wie ruhig das Zielen und wie aufmerksam das Stellen des Visiers, besonders bei der 5. Division gewesen ist.

In seinem Kursbericht teilt der Divisionskommandant seine Auffassung über den Sinn der Vorbeimärsche grosser Verbände mit: [13]

Der Inspektionstag ist als Übungstag ein verlorener Tag. Die Truppe arbeitet oder übt für das Feldverhältnis so zu sagen nichts, die Organisation der Inspektion ist lediglich eine Bureauarbeit für Generalstabsoffiziere, die ohne Truppen gerade so gut

Isaak Iselin, von Basel
1905–1912 Kdt 5. Div

18. 7. 1851–16. 6. 1930

Notar, Gerichtspräsident, Regierungsrat

Grundwaffengattung Infanterie
1887 Major, 1895 Oberstlt, 1898 Oberst
1904 Oberstdivisionär, 1912 Oberstkorpskdt

Iselin entstammte einem alten Basler Geschlecht. Nach abgelegter Matura entschloss er sich zum Studium der Rechte, welches er 1875 mit dem Dr. iur. abschloss. 1880 wurde er Präsident am Zivilgericht Basel, 1893 Regierungsrat, 1896 erfolgte seine Wahl in den Nationalrat. 1906 begann seine Laufbahn als Berufsoffizier. Nicht nur im Militär, auch auf kulturellem und gemeinnützigem Gebiet leistete er viel, beispielsweise als Präsident der akademischen Gesellschaft ebenso wie als Präsident des Schweizerischen Roten Kreuzes.

auch gemacht werden kann und von jedem Polizeicomité eines grösseren eidgenössischen Festes auch gemacht wird.

Es brach jedoch auch eine Zeit der harten Urteile über Führer und Truppen an. So im Jahre 1889:

Was mir aber bei der V. Division besonders auffiel und was mir viel Mühe und Verdruss verursacht hat, das war die mangelhafte Vorstellung von der Bedeutung des Wortes «Befehl» ... und hatte ich den Eindruck, als ob man, namentlich in den Kreisen der höheren Offiziere, bei der V. Division etwas verwöhnt sei.

Es hielt so unendlich schwer, die Mitwirkung der Artillerie in einem dem allgemeinen Plane entsprechenden Sinne zu erlangen ...

(Beide Zitate aus dem Bericht des Divisionskommandanten über den WK 1889; die nachfolgende Beobachtung hat Oberst Fahrländer als Schiedsrichter in denselben Übungen gemacht:

Ich habe das Landwehrregiment 7 in den bedenklichsten Situationen gesehen – ausser Rand und Band.

Dieses Landwehrregiment gehörte jedoch nicht zur Division; es war nur unterstellt worden. Daher blättern wir im Kursbericht des Divisionskommandanten zurück:

Die Infanterie der V. Division zeichnet sich namentlich aus durch ihre Fertigkeit im Marschieren und durch ihre grosse Beweglichkeit überhaupt.

Major Fritz Gertsch beurteilte die untere Führung 1893:

Die Subalternoffiziere sind zu sehr für ihre eigene Person besorgt und sorgen zu wenig für die Mannschaft.

So übel ist aber das Gesamtbild nicht, das Gertsch von der Division zeichnet:

Die V. Division gilt mit Recht als eine der besser geschulten & der Kommandant der IX. Brigade lässt im Punkte der Disciplin nicht mit sich spassen, das weiss jeder Angehörige der Brigade bis zum letzten Tambour.

Zuverlässigkeit und Präzision in wichtigen Details wurde der 5. Division wiederholt attestiert. In den Manövern jedoch vermochte ihre Schwesterdivision 3 die Übungsleitung nicht selten besser zu überzeugen. Besonders augen-

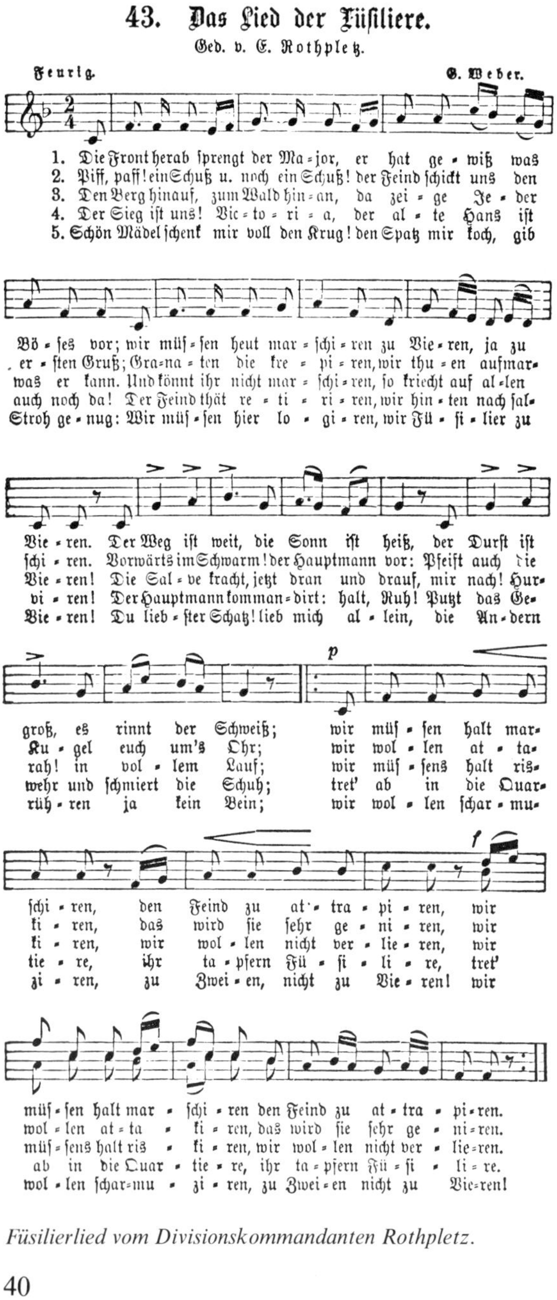

Füsilierlied vom Divisionskommandanten Rothpletz.

fällig war es in den Herbstübungen 1897 im Aargau. Daher die Manöverkalauer:

«Bühlmann treibt Scherz»
«Scherz beiseite»
(Fritz Bühlmann, Kommandant der 3. Division; Alfred Scherz, Kommandant der 5. Division i V)

Der im Jahre 1908 gegründete Militär-Ski-Verein der 5. Division bot theoretische und praktische Kurse für sämtliche Wehrmänner auf freiwilliger Basis an. Ein Gesuch um finanzielle Unterstützung wurde vom Regierungsrat des Kantons Aargau am 11. Dezember 1909 abschlägig beantwortet (Staatsarchiv Aargau).

Rückblick 1875–1912

In den beinahe 40 Jahren ihres Bestehens hatte sich das Antlitz der Division in mehrfacher Hinsicht verändert: Organisation, Bewaffnung, Ausrüstung, Uniformierung und taktische Ausbildung waren der fortschreitenden Entwicklung angepasst worden. Bereits hatten verschiedene Generationen an einer Tradition der ruhigen Pflichterfüllung gearbeitet und dabei augenfällige Fortschritte erzielt. Es wurde bereits angetönt, dass über den Mangel an Diensteifer, Disziplin und Pflichterfüllung auch harte Worte gefallen sind (vgl. oben S. 39). Im Jahre 1895 fasste das Militärdepartement zusammen:

Es unterliegt keinem Zweifel, dass die Ausbildung unserer Armee und ihre Disziplin im Laufe der letzten 25 Jahre wesentliche Fortschritte gemacht haben. Diese Fortschritte verdanken wir den allgemeinen Anordnungen über die Instruktion der Truppen, der systematischen Ausbildung des Instruktionskorps, vor allem aber der Intelligenz, Gewissen-

Schweizerische Telegraphenstation 1891.
Ölbild von Theodor Volmar (Eigentum EDI)

haftigkeit und Energie unserer Instruktionsoffiziere, der Heranziehung der Truppenoffiziere und Unteroffiziere zur Instruktion und der durchwegs zu Tag getretenen ernstern Auffassung der Dienstpflicht seitens der Wehrmänner.[14]

Verschiedenen Belastungen war das Verhältnis der Offiziere zu den unteren Dienstgraden ausgesetzt. Die Soldatenseele wurde weit häufiger als heute durch groben und verletzenden Umgangston oder durch schikanöse Massnahmen getroffen. Dabei handelte es sich nicht um eine Methode, sondern um Entgleisungen von Vorgesetzten, die weniger durch die Kunst der Menschenführung als durch den Zeitgeist belastet waren. Sie wurden von entscheidender Stelle nicht etwa in Schutz genommen, sondern, wie die folgenden Zitate zeigen, scharf verurteilt:

Das Militärdepartement fordert die Schul- und Kurskommandanten auf, gegen Vorgesetzte, welche sich ihren Soldaten gegenüber in Wort oder That einer Rohheit schuldig machen, mit der grössten Strenge vorzugehen. Im schweizerischen Soldaten muss auch der Schweizerbürger respektiert werden. ... Sollten dem Departement wider Erwarten neuerdings Klagen wegen roher Behandlung der Mannschaft bekannt werden, so wird dasselbe in jedem einzelnen Falle eine Untersuchung anordnen und gegen Schuldige mit rücksichtsloser Strenge vorgehen. (Dienstbefehl vom 5. 2. 1892)

... Die Instruktionsoffiziere, Truppenoffiziere und Unteroffiziere werden aufgefordert, der Pflege der Mannszucht ihre oberste Sorgfalt zu widmen, den Untergebenen in der Pflichterfüllung mit ihrem Beispiel voranzugehen und Handlungen gegen die militärische Zucht und Ordnung, gegen Dienstbefehle und Dienstvorschriften, zu jeder Zeit rücksichtslos zu bestrafen. Dabei werden die Vorgesetzten in jedem einzelnen Falle Recht und Gerechtigkeit walten lassen und sich ganz besonders auch jeder unwürdigen Behandlung der Untergebenen strenge enthalten. (Dienstbefehl vom 4. 2. 1893)

... Zwischen den Offizieren und Mannschaften besteht nicht überall das in jeder Armee durchaus erforderliche vollkommene Vertrauen ... (10. 11. 1895)[15]

Das Divisionsgericht hatte während der gesamten Epoche keinen entsprechenden Fall zu beurteilen. Auch aus den andern Quellen und aus der vorhandenen Literatur darf geschlossen werden, dass die Truppen im allgemeinen diszipliniert auftraten und ihren Vorgesetzten mit Respekt oder sogar mit Verehrung entgegentraten.

Der Ernstfall, auf welchen sich die Division mit Sorgfalt vorbereitete, wurde ihr erspart. So blieben die intensiven Schanzarbeiten, die Märsche und Gefechte, der ansehnliche Munitionsverbrauch der Gewehre und Geschütze glücklicherweise nur Manövererinnerungen.

Im Falle eines Aktivdienstes wäre die Division im Raume Aarau–Olten–Liestal zusammengezogen worden, mit Detachementen an der Grenze zwischen Flüh und Koblenz. Nach den bis kurz vor dem Weltkrieg gültigen Aufmarschplänen wären ihre ersten Einsatzräume die folgenden gewesen:

Im Krieg gegen Frankreich: Raum Solothurn–Delémont–Pruntrut.
Im Krieg gegen Deutschland: Raum Lenzburg–Brugg;
Im Krieg gegen Österreich: Raum Appenzell.
Im Krieg gegen Italien: Raum Bellinzona–Locarno.

Von den bis in die Details ausgearbeiteten Aufmarsch- und Operationsplänen musste zum Glück keiner den Ernstfall bestehen.

Paul Wyss

Basler Truppen in der 5. Division

Fremdkörper oder Sauerteig?

Die vorgegebene Fragestellung verpflichtet zum vornherein, diesen Beitrag quasi vom Ende her zu beginnen, weil man dann klar sagen kann: Die Basler sind heute in der 5. Division, genauer der Felddivision 5, integriert. Militärisch gesehen jedenfalls sicher. Ob sich der Baselstädter mit allen Schattierungen des Aargaus im zwischenmenschlichen Bereich je voll identifizieren kann, ist demgegenüber schwer zu beurteilen. Die Fricktaler stehen uns näher; der Jura trennt uns Basler leider ein wenig von ihnen, aber auch die Fricktaler von den anderen Aargauern: Frucht der Geschichte und der Geographie. Von der letzteren sagte Napoleon treffend, sie sei das Schicksal ...

Die Frage kann auch heute noch gestellt werden, ob die Reorganisation im Zuge der Realisierung der Truppenordnung 61, die ja primär vom militärisch-organisatorischen Standpunkt aus gesehen wichtig war, eine glückliche Lösung war. Zum Zeitpunkt der Eingliederung der Basler in die mehrheitlich aargauische Division, nämlich 1962, stand politisch die Frage der Wiedervereinigung zwischen Basel-Stadt und Baselland zur Diskussion. In der alten 4. Division machten neben dem basellandschaftlichen Regiment 21 auch die Solothurner Dienst mit uns – das Rgt 11 –, und die geographische Verzahnung dieser drei Kantone hatte sehr viel dazu beigetragen, dass sich die durchmischte Truppe – insbesondere die Infanterie –, noch von den Kriegszeiten her relativ nahestand. Der Wille zur Wiedervereinigung der Halbkantone Basel-Stadt und Baselland war um diese Zeit vielerorts vorhanden, und die gemeinsamen Militärdienste, vor allem die gemeinsamen Rekrutenschulen in Liestal, halfen nach Ansicht der damaligen Verantwortlichen viel, die Beziehungen zwischen Basel-Stadt und Basel-Landschaft enger zu gestalten. Deshalb, und ich erinnere mich noch sehr gut daran – ich war damals Kompaniekommandant –, war für viele die Unterstellung des Basler Regiments unter die Aargauer Division – so empfand man das häufig – politisch nicht gerade geschickt.

Der Übergang ging auch nicht reibungslos vor sich. Die Bindung an die alte 4. Division war – besonders im Offiziers- und Unteroffizierskorps – durch gemeinsame Dienste und den Wehrsport sehr stark und funktionierte in einem kameradschaftlichen Dreiklang unter dem Kader der drei nordwestschweizerischen Infanterie-Regimenter. Im neuen Verband der 5. Division war zu Beginn eine starke Dominanz aargauischen Wehrgeistes spürbar, der bemüht war, aus den Basler Infanteristen «gleichwertige» Angehörige der Aargauer Division zu machen. Ich entsinne mich auch gut der ersten gemeinsamen Kurse mit Kommandanten der aargauischen Einheiten. Wir wurden scheel angesehen (wahrscheinlich umgekehrt auch). Wir verstanden viele Reaktionen der Aargauer nicht. Der Befehl, pro Kompanie eine Fahnenstange mitzuführen und bei jedem Hauptverlesen die Schweizer Flagge zu hissen, sowie ähnliche Anordnungen seitens der Division, gaben zu Diskussionen Anlass. Erst mit der Durchmischung der oberen Stäbe mit Baslern, und insbesondere seit der Kommandoübernahme durch Divisionär Trautweiler, entstand ein engerer Korpsgeist. Allerdings spürte man lange – wenn auch ungewollt – eben doch Unterschiede. Beispielsweise, wenn die Regierung des Kantons Aargau jährlich zur Verabschiedung resp. Neuernennung der Kommandanten auf der Habsburg das aargauische Zusammengehörigkeitsbewusstsein betonte und meistens die Begrüssung der anwe-

senden Basler vergass. Dies ein kleines Beispiel, das zeigt, dass wir akzeptiert, nicht aber im eigentlichen Sinn integriert waren.

In den psychologisch delikateren siebziger Jahren, als die Frage der langen Haare fast wichtiger war als die militärische Ausbildung, als auch im Kanton Aargau nicht mehr alles klar und sauber lief, sondern die Jugendlichen auch aufmuckten, ergaben sich langsam gemeinsame Berührungspunkte, und es war interessant festzustellen, dass in vielen Gesprächen und Kursen – dazumal noch unter dem Titel «Heer und Haus» – die Standpunkte sich annäherten. Man darf auch sagen, dass die Qualität der Kommandanten der verschiedenen Stufen aus dem Kanton Basel-Stadt sich von Anfang an mit derjenigen der Aargauer messen konnte. Die vielen Divisionsübungen zeigten immer wieder, dass die Qualität der Führung der Basler nicht schlechter war als die der Aargauer. Im Verlauf der Jahre zeigte es sich, dass gemäss Übungsbesprechungen die Basler in den Gefechten recht gut bestanden, teilweise sogar überdurchschnittlich gut abschnitten. Man lobte schon bei Divisionär Trautweiler und später bei Divisionär Halter insbesondere die intellektuellen Fähigkeiten der Basler. Man schätzte ihre Aufmerksamkeit, ihre Cleverness insbesondere bei Erkundungen und bei Übungen, wo es mehr auf das Individuelle ankam, auf die Geschicklichkeit, die Fähigkeit, knifflige Fragen rasch zu beantworten usw. So gesehen glaube ich, dass es das Verdienst der beiden letztgenannten Kommandanten ist, dass es ein gesundes Gemisch ergab – sie erkannten die intellektuellen Fähigkeiten der Basler und halfen auch viel mit, den Basler Humor, die Lebhaftigkeit des Basler Elements mit der vielleicht etwas ruhigeren, besonneneren Art der Aargauer zu kombinieren – so dass die Felddivision 5 in den Übungen auch auf höherer Ebene zu den guten Divisionen gezählt werden darf. Fremdkörper: auf keinen Fall. Sauerteig – vielleicht, und wenn ja, ist dies gut für alle Beteiligten. Dass ein Basler seit 1986 Stabschef der Division ist, zeigt, dass die Integration grundsätzlich vollzogen ist.

Truppenordnung 1911
(Stand 31. 5. 1912)

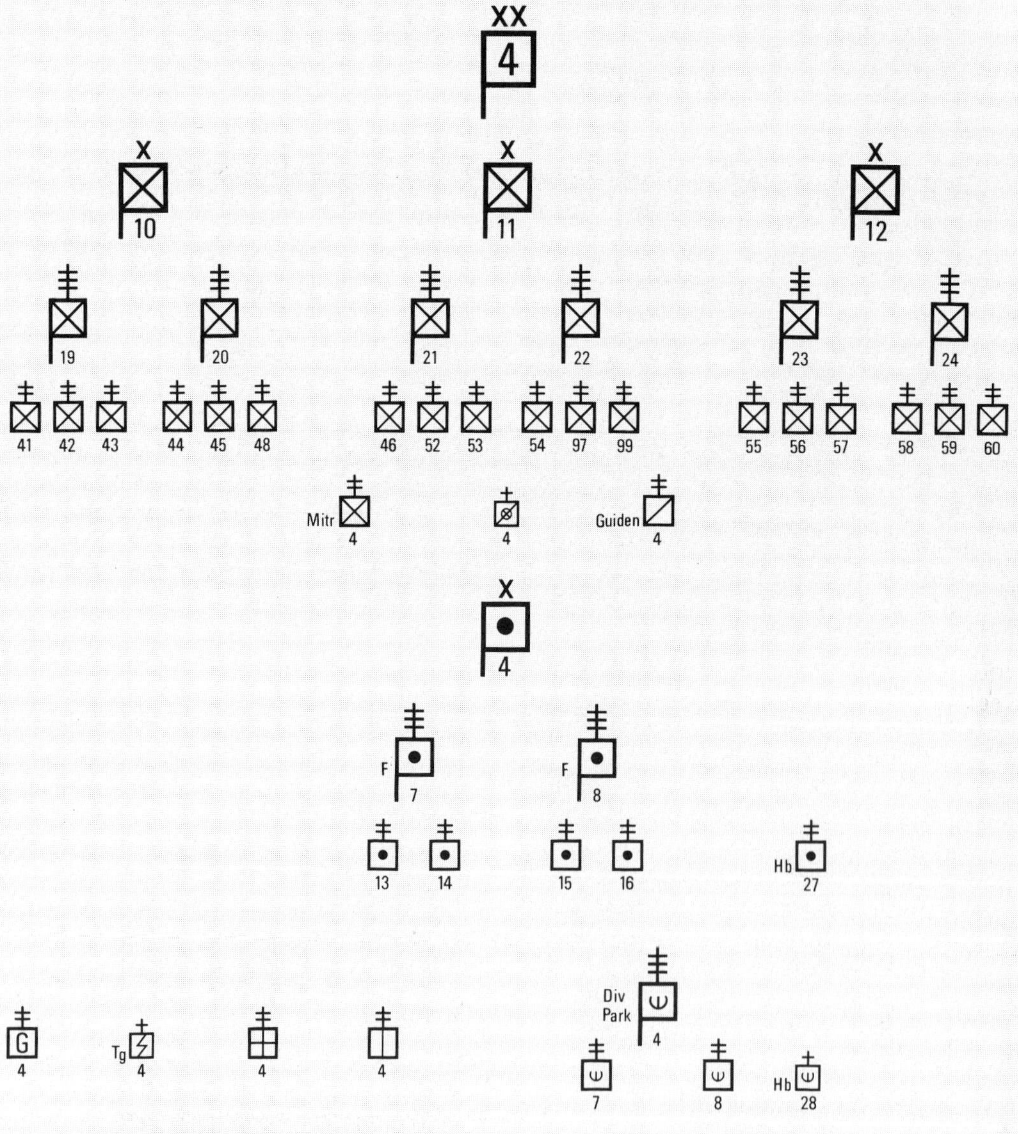

Martin Matter

Der Erste Weltkrieg

1912–1924

«Pattenwechsel»: Die Truppenordnung von 1911

Ähnlich wie andere grosse Heereseinheiten der Armee hat auch unsere Division nicht immer die gleiche Nummer getragen: Die Truppenordnung von 1911 verschob nicht nur die Bestände der Division, auch die Nummer änderte sich; für zweieinhalb Jahrzehnte wurde die 5. Division zur 4. Division.

Diesen tiefgreifenden Veränderungen in der Armeestruktur waren jahrelange leidenschaftliche Kontroversen vorausgegangen, während denen sich vor allem die beiden zentralen Köpfe der späteren Aktivdienst-Armeeleitung gegenüberstanden, nämlich General Ulrich Wille und Generalstabschef Theophil von Sprecher. Die am 1. April 1912 in Kraft getretene Truppenordnung 1911 gliederte die Armee neu in sechs statt wie bisher acht Divisionen, die nunmehr aus je drei Brigaden zu zwei Infanterieregimentern bestanden; dazu kamen die verschiedenen Unterstützungs- und Spezialformationen. Die Artillerie war ebenfalls in einer Brigade zu zwei Regimentern zusammengefasst. Insgesamt zählte jede dieser dreigliedrigen neuen Divisionen weit über 20000 Mann und war zum selbständigen Operieren ausgerüstet; auch aus den Brigaden konnten selbständige Kampfgruppen gebildet werden. Weiter schuf die neue Truppenordnung erstmals eigentliche Gebirgstruppen und machte den Weg frei für die Aufstellung von Maschinengewehr-Einheiten in der Infanterie.

Vater dieses Konzepts war Generalstabschef von Sprecher, der sich damit bei den Bundesbehörden gegen die Ideen Willes durchsetzte. Für Ulrich Wille, den Verfechter kleinerer und möglichst beweglicher Verbände, waren diese mächtigen Divisionen «nichts anderes als kleine Armeecorps» und damit viel zu «unhandlich». Vor allem, kritisierte Wille weiter, übersteige ein solcher Verband die Führungs- und Verwaltungskraft eines nur nebenamtlichen Divisionärs. In diesem Punkt setzte sich Wille durch; 1912 wurden die ersten «Berufsdivisionäre» eingesetzt.

Die mit der Truppenordnung verbundene Neueinteilung der Divisionskreise hatte für die jetzige 4. Division zur Folge, dass die solothurnischen Bataillone «abgehängt» und statt dessen luzernisch-zugerische hinzugefügt wurden. Die bisherigen aargauischen, basellandschaftlichen und baselstädtischen Bataillone behielten ihre im wesentlichen noch heute gültigen Patten. Weiter oben hingegen wurden sie gewechselt: Die ehemalige Aargauer Infanteriebrigade 10 wurde nun zur Brigade 12 mit den Rgt 23 und 24, die Innerschweizer bildeten die Brigade 10 (Rgt 19 und 20), während die baslerischen Bataillone und das Freiämter Bataillon 46 zur 11. Brigade

Mit der Truppenordnung 1911 wurden den Divisionen neue Maschinengewehr-Einheiten zugeteilt.

Alfred Audéoud, von Genf
1909–1912 Kdt 5. Div

16. 8. 1853–19. 11. 1917

Instruktionsoffizier, Kreisinstruktor Div 1, Divisionskommandant, Korpskommandant

Grundwaffengattung Infanterie
1883 Major, 1889 Oberstlt, 1893 Oberst, 1896 Oberstdivisionär, 1908 Oberstkorpskdt

Audéoud hat sein Leben ganz in den Dienst unserer Armee gestellt. Im russisch-japanischen Krieg wurde er 1904 zur russischen Armee abkommandiert. Audéoud starb während des Ersten Weltkrieges als Kommandant des 1. Armeekorps.

zusammengefügt wurden. Einen Sonderfall bildete das Schützenbataillon 4, das der 2. Division angegliedert wurde.

Solcherart neu geordnet zog das Gros der 4. Division im September 1912 in die Manöver im Divisionsrahmen: Zwei Brigaden hatten gegen die dritte anzutreten. «Eine rote Armee ist über den Rhein gekommen», legte die Manöverleitung fest; der Aargauer Brigade 12 fiel dabei die Aufgabe zu, als rechter Flügel der «Roten» die Vereinigung der beiden Abwehr-Brigaden 10 und 11 im Baselbieter Jura zu verhindern. Leiter dieser Übung war Oberstdivisionär Alfred Audéoud, der 1912 für kurze Zeit die 4. Division befehligte, bevor er an die Spitze des 1. Armeekorps berufen wurde. Diese Manöver im Jura waren gezwungenermassen weniger spektakulär und prestigebeladen als die legendären «Kaisermanöver» in der Ostschweiz anlässlich des Besuchs von Kaiser Wilhelm I., die, nur wenige Tage zuvor, die Schweizer Öffentlichkeit in Atem gehalten hatten.

Im letzten Friedens-WK vom Herbst 1913 gab es eine weitere grössere Übung im Brigadeverband zu bestehen: Im nördlichen Aargau kämpften die beiden Aargauer Regimenter 23 und 24 gegeneinander. Nicht alle waren über den Verlauf dieser Übung glücklich: «Über den Manövern dieses Jahres schwebte ein gewisser Geist von Hast und Nervosität, der sich in vielen Gegenbefehlen und direktem Einwirken höherer Befehlsinstanzen in die Kommandogewalt der unteren Chargen unliebsam und oft störend geltend machte», berichtet der Chronist des Füs Bat 55.

Zu weiteren Wiederholungskursen in grösserem Rahmen sollte es wider Erwarten dann nicht mehr kommen. Im Sommer 1914 rückte von den Aargauer Auszugstruppen noch die IV. Kompanie des Bat 55 in die Schiessschule nach Walenstadt ein und wurde am 4. Juli in üblicher Weise entlassen. Doch bereits am 4. August standen alle wieder im Aarauer Schachen – die Kriegsmobilmachung war ergangen.

Die Mobilmachung

Nach Jahren schwerer Krisen und Spannungen, vor allem im Balkan und in den Kolonien, hatte sich die politische Lage in Europa derart verdüstert, dass der Ausbruch des Krieges nicht mehr aus heiterem Himmel kam. Den berühmten

Funken ins Pulverfass warf die Ermordung des habsburgischen Thronfolgers in Sarajewo am 28. Juni 1914. Im Gefolge der schweren Juli-Krise, die dieser Mord ausgelöst hatte, erklärte Österreich-Ungarn Serbien am 28. Juli den Krieg, und am 30. Juli rief Russland die Generalmobilmachung aus. Am 31. Juli beschloss der Bundesrat angesichts der Lage, die Pikettstellung der Armee, was bedeutete, dass die Wehrmänner sich zu Hause in erhöhte Bereitschaft zu setzen hatten. Die Lage verschlimmerte sich jedoch derart rasch – Generalmobilmachung in Österreich-Ungarn am 31. Juli, Mobilmachung in Deutschland und dessen Kriegserklärung an Russland am 1. August –, dass der Bundesrat bereits am 1. August die Mobilmachung der ganzen Armee auf den 3. August beschloss. An diesem 3. August erklärte Deutschland Frankreich den Krieg und brach ins neutrale Belgien ein – der Krieg war Tatsache geworden. Noch gleichentags wählten die eidgenössischen Räte Ulrich Wille zum Oberbefehlshaber und erteilten dem Bundesrat Sondervollmachten zur Behauptung von Sicherheit und Unabhängigkeit des Landes.

Die äusserst angespannte Atmosphäre die herrschte, hatte mancher offenbar kaum mehr ausgehalten. «Es mag seltsam klingen, aber für uns Soldaten war der Marschbefehl des denkwürdigen 1. August direkt eine Erlösung», schrieb der Adjutant des Basler Regiments 22. Gemäss den für den Ernstfall vorbereiteten Mobilmachungsplakaten, die sofort nach Eintreffen der bundesrätlichen Mobilmachungstelegramme überall angeschlagen wurden, hatte die 4. Division am zweiten Mobilmachungstag, am 4. August, einzurücken. «Ein Militärextrazug brachte uns nach Aarau», schildert ein Wehrmann des Freiämter Bataillons 46 diesen Morgen. «Sämtliche Bahnhöfe unterwegs waren dicht von Militär besetzt, überall dasselbe Bild: ein letzter Gruss, Winken, Abschiednehmen. Bald war der Zug zum Bersten gefüllt, kein Eckchen, kein Trittbrett blieb unbesetzt, und als wir in Aarau anlangten, da waren auch die Militärzüge aus den anderen Gauen unseres Kantons eingetroffen. Einem Strome gleich wälzte sich durch die Bahnhofstrasse nach dem Schachen eine riesige Menschenmasse: Infanterie, Kavallerie, Radfahrer, Genie-, Verwaltungs- und Sanitätstruppen, Landleute zu Pferd und mit Requisitionsfuhrwerken, Hülfstruppen des Landsturms mit roter Armbinde, alles bunt durcheinandergewürfelt, ein Gemenge von Uniformen und Nummern ...» Dass dabei der überschwengliche Patriotismus der Vortage allmählich einer ernstern Stimmung wich, belegen zahlreiche Bataillonschroniken. Das Bataillon 60 berichtet: «Aus allen Tälern kamen sie, die bereit waren, wenn nötig für des Landes Freiheit ihr junges Leben zu opfern. Ernst war die Begrüssung der Kameraden. Diesmal ging es nicht zum fröhlichen Wiederholungskurs. Morgen schon konnte es zum blutigen Kampfe kommen. Andere Heere mochten mit Hurra in den Krieg ziehen, unsere Leute blieben still.» Und im Tagebuch des aus Luzern einrückenden Bataillon 45 heisst es: «Nirgends war der Abschied störend oder überschwenglich, da sowohl die ins Feld zogen, als auch die, welche zurückblieben, von der Grösse und der Notwendigkeit des Augenblicks durchdrungen waren.»

Die Mobilmachung verlief ausgesprochen rasch und reibungslos. Schwarze Tafeln wiesen im überfüllten Aarauer Schachen den Wehrmännern den Weg zu ihren Einheitssammelplätzen. «Die Maschinerie geht den gewohnten Lauf», berichtet der Chronist des Bataillons 55. «Nur hin und wieder zuckt der blutige Ernst mit der Schärfe des Lichtblitzes in die altherge-

5. August 1914: Vereidigung Inf Rgt 23 im Schachen Aarau unter dem Kommandanten, Oberstlt Kohler.

brachte Tätigkeit hinein: Scharfe Patronen werden gefasst, 120 Stück pro Gewehr, die Caissons beladen, die Pistolen und Revolver mit Munition versehen. Eigenartig war das Gefühl, diese Todbringer in die Hand zu nehmen: Wo werde ich sie verwenden? Welches Ziel werde ich diesen Stahlgeschossen geben? Und es war, als lebte in diesen blanken, so eisig kalt und spitz zulaufenden Körpern ein dämonischer Geist, ein Stück Schicksal verborgen. Wieder ein Lichtblitz: Verbandpatronen und Erkennungsmarken werden gefasst; die ersteren sorgfältig in das Futter des linken vorderen Rockschosses eingenäht, die zweiten beschrieben mit Namen, Grad und Einteilung des Trägers ...»

Vereidigung und erster Aufmarsch

Besonders starke Gefühlsbewegung löste tags darauf der feierliche Fahneneid aus. Die Chroniken jener Tage zeugen von einer aus der damaligen Situation heraus verständlichen, heute jedoch kaum mehr nachvollziehbaren Überschwenglichkeit. Den Treueschwur der Aargauer Truppen im Schachen nahm Regierungsrat Oberst Ringier entgegen. Im Regiment 23 wurde die Zeremonie so erlebt: «Wuchtig erklang der von Begeisterung getragene Ruf aller: Ich schwöre es! Mächtig widerhallte von den Höhen das dreifache Hoch aufs Vaterland, das der Regimentskommandant, Oberst Kohler, anbringen liess, indess die Säbelspitzen und tausend blanke Bajonette in der Sonne funkelnd gen Himmel starrten.» Und ein Unteroffizier des Baselbieter Bataillons 52 gestand: «Der Gedanke an die Hingabe meines Lebens fürs Vaterland durchwühlte mir das Innerste. Mein Gefühlsthermometer schoss hinab und hinauf, von der bangen Todesahnung zur wild übersprudelnden Begeisterung ...»

Als erstes bezogen die mobilisierten Einheiten sogenannte Verladekantonnemente unweit der Sammelplätze, um dort «Vergessenes und Vertrautes für den Ernstfall wieder einzuüben». Die Männer hatten in derart drückender Sommerhitze zu trainieren, dass es bereits am 5. August im Luzerner Bataillon 45 einen Hitze-Toten zu beklagen gab. Schneller als erwartet, am 7. August, kam grosser Alarm: Wegen beunru-

Rechte Seite oben: Anschauliche Darstellung der europäischen Kräftekonstellation nach Kriegsausbruch 1914.

Rechte Seite unten: Diese Postkarte zeigt besser als viele Worte die Einstellung, welche noch 1914 das ganze Volk gegenüber Armee und Krieg empfand.

DER EUROPÄISCHE KRIEG
IRLAND
ENGLAND
LONDON
BREST
PARIS
FRANKREICH
BORDEAUX
SPANIEN
DÄNEMARK
BERLIN
DEUTSCHLAND
RUSSLAND
PETERSBURG
MÜNCHEN
WIEN
ÖSTERREICH
UNGARN
SCHWEIZ
ITALIEN
MAILAND
TRIEST
RUMÄNIEN
SERBIEN
ALBANIEN

DIE KLEINEN i. J. 1914

Gefechtsausbildung im Füs Bat 59. Vollpackung am Rücken, kein Helm, dichtgedrängt: ein «lohnendes Artillerieziel»!

higender Nachrichten aus dem Elsass sollte das Gros der Armee sofort in die Nord- und Nordwestschweiz geworfen werden; auch die 4. Division hatte sich augenblicklich über den Jura an die Grenze zu verschieben, «unter Marschsicherung und mit geladenem Gewehr», wird aus dem Bataillon 60 rapportiert. Tags darauf bezog das Gros der 4. Division Kantonnemente im Baselbieter und Solothurner Jura, während das Stadtbasler Regiment 22 zur Grenzsicherung der eigenen Stadt eingesetzt wurde. Im Rahmen des relativ einfachen Armeedispositivs hatte die 4. Division die Grenze von Basel aus nach Westen bis Burg–Rämel zu sichern. Der Krieg war hier nicht weit entfernt: «Kanonendonner in nordwestlicher Richtung», in der Nacht «starkes Rollen, vermutlich von Trainkolonnen herrührend», im Morgengrauen «starkes MG-Feuer», steht am 9. und 10. August im Tagebuch des Regiments 23, das in Reinach BL stand. Angst bemächtigte sich der Bevölkerung dieser Gegend. Das in Aesch stationierte Artillerieregiment 8 berichtet: «Die Bewohner des Birsecks befürchteten, dass fremde Truppen über unsere Grenze hereinbrechen würden, hatten sogar schon teilweise ihre beste Habe verpackt oder verborgen, um beim ersten Zeichen wirklicher Gefahr fliehen zu können. Und da waren wir gekommen, die man noch jenseits des Juras glaubte. Man sah in uns die Retter aus grosser Not, und deshalb gestaltete sich das Verhältnis zwischen uns und unseren freundlichen Wirten als ein sehr herzliches, trotzdem wir das ganze Dorf für uns in Anspruch nahmen und der Zivilist nichts mehr galt.»

In der Nordwestschweiz war die 4. Division nicht allein. Vier der sechs Divisionen wurden damals an die nordwestschweizerische Grenze gelegt: Die 4. Division um Basel herum zum Schutz gegen einen Einbruch von deutscher Seite, die 2. und 3. Division sowie die Kavalleriedivision westlich davon gegen einen französischen Einmarsch. Dazu kamen noch flankierende Landwehrtruppen. Dieses auffallende Schwergewicht nach Westen weist deutlich auf die damalige Lagebeurteilung der Armeeführung hin; sie rechnete praktisch nur mit einer Neutralitätsverletzung von Frankreich her.

Sofort gingen die Einheiten daran, Vorpostendienste, deren Besetzung regelmässig wechselte, an der Grenze aufzuziehen und den bereits dort im Einsatz stehenden Landsturm abzulösen. Für das Gros der Truppe gab es intensive Gefechtsausbildung, viele Märsche und Übungen, die aber, gemäss Divisionsbefehl, immer so anzulegen waren, «dass eine sofortige Verwendung der Truppen möglich ist». Den Hauptteil der Zeit aber nahm die Arbeit an ersten Befestigungen in Anspruch; das wertvollste Material dafür wurde offenbar jeweils von einem unbekannten Leutnant gegen Gutschein «requiriert». Trotz Spezialisteneinsatz aber gerieten diese Werke, die vorab auf der Bruderholz-Höhe zwischen Birs- und Birsigtal zu einem starken Divisionsstützpunkt werden sollten, nicht sonderlich resistent. Die Gräben waren jedenfalls bereits im Spätherbst grösstenteils zerfallen, zum Teil eingedeckt, berichtet eine Bataillonschronik; auch das Durchschreiten der zerfallenen Drahthindernisse habe «bei einiger Sorgfalt auch in Galastiefeln und neuen Gehhosen keine Schwierigkeiten mehr» geboten.

Auf den Vorposten an der Grenze beobachteten die Wachen in der ersten Zeit mit äusserster Spannung alles, was sich zeigte und regte: «Während des ganzen Tages wurde starkes Geschützfeuer aus Richtung Belfort gehört. In der Nacht bemerkten unsere Posten jenseits der Grenze eifrige Tätigkeit der Scheinwerfer. Eine Patrouille vom Rämel meldete, dass 19 Uhr 30 auf der Strasse Kifflis–Saalhof ein Zug Infanterie marschiere. Von deutschen Zollbeamten vernahmen wir, dass sich grössere französische Truppenkörper in der Gegend von Pfirt eingerichtet hätten. Am 9. September wurde um 9 Uhr auf der Strasse Häsingen–Volkensberg eine deutsche Schwadron bemerkt. Der Posten Mariastein sichtete eine 30 Mann starke Abteilung deutscher Infanterie bei Heiligenbrunn, die im Walde Richtung Neuweiler verschwand ...» (Bataillon 60). Doch die Ungewissheit, was wirklich vor sich ging und was daraus werden könnte, lastete schwer auf den Männern. Das Bataillon 56 berichtete: «Wir schauten über die

Die Bautätigkeit im Sommer 1914 nahm die Hauptkräfte der Truppe in Anspruch.

Im Angesicht des Franzosen: ein Wachtmeister der Füs Kp II/60 auf Grenzpatrouille bei Mariastein.

Grenze, hörten den dumpfen Sang der Kanonen aus dem Elsass, sahen nachts die Scheinwerfer zucken und wussten nicht, was wirklich dort drüben geschah.» Nicht selten spielte deshalb die Phantasie den Wachposten einen Streich, und die allgemeine Nervosität jener Tage sorgte für nicht wenige Anekdoten: im Gebüsch raschelnde Vögel, die man für Spione, oder Jauchewagen, die man für französische Artillerie hielt.

Gab es nichts zu sehen – und dies war bald einmal ziemlich häufig der Fall –, so beschäftigten sich die Posten gerne mit dem liebevollen Ausbau ihrer Wachthäuschen und liessen ihrer Phantasie vor allem bei der Namensgebung freien Lauf: Hotel Argovia, Kap der guten Hoffnung, und vieles andere mehr. Und wenn der Feind an der Front relativ selten auftauchte, so gab es dafür «einen nicht minder gefürchteten, immer häufiger im Rücken, in Form eines ‹Rösslispiels› auftauchenden», berichtet ein Bataillonschronist; «das Auge manch einer Schildwache begann in der Folge aufmerksamer das Schweizergelände abzusuchen als das Elsässische ...»

Über ihren Standort durften die Wehrmänner gegenüber ihren Familien natürlich kein Sterbenswort verlauten lassen. Das war ein Befehl. Doch die Geheimhaltungsdisziplin hielt sich in Grenzen, und so wunderte sich wohl niemand ernstlich, «dass am Sonntag, dem 30. August 1914, die Morgenzüge ein Heer von Angehörigen aller Art in die Kantonnementsrayons brachte, von der Gemahlin des Herrn Regimentskommandanten und dem Vater des jüngsten, ‹im Feuer gestandenen› Leutnants bis zur Pseudocousine des kleinsten Tambours», berichtet das Bataillon 55.

Die anfängliche Kriegspsychose schwächte sich bald einmal ab, flackerte dann aber nach Massgabe der Ereignisse jenseits der Grenze immer wieder auf. Erregung machte sich in den Tagen um den 17. August breit, als die Division angesichts des französischen Sturms auf Mühlhausen in die vorbereitete Bereitschaftsstellung befohlen wurde; am 19. konnte indessen wieder Rückzug geblasen werden. Bereits am 5. September gab es einen neuen Aufmarsch, diesmal wegen deutscher Truppenbewegungen; entscheidende Gefechte zwischen den Kriegsparteien blieben indessen wiederum aus. Die Unsicherheit begann zermürbend zu wirken, aber vorerst glaubten alle noch an ein rasches Ende dieses Krieges – wer von Weihnachten an der Grenze redete, wurde ausgelacht ...

Armeereserve

Am 11. September traf der Befehl ein, die 4. Division habe der 6. Division Platz zu machen und an ihrer Stelle als Armeereserve ins Bernbiet zu dislozieren. Nach einem mehrtägigen Marsch konnte die Division dort ungestört einer mehrwöchigen systematischen Ausbildung nachgehen. Diese Zeit «richtigen Landlebens» wird uns in den Bataillonsgeschichten in der Erinnerung als ausgesprochen schön geschildert; der Reservedienst erlaubte auch Abwechslungen wie den Besuch der damals immer noch geöffneten Landesausstellung in Bern.

Nachdem bereits Ende September grössere Truppenteile, darunter vorab die Landwirte der dringenden Erntearbeiten wegen, in den Urlaub entlassen worden waren, konnte die ganze Division am 3. Oktober ihren ersten, zehntägigen Urlaub antreten. Die Aargauer rückten nachher «zum Teil etwas ermüdet» wieder ein, registrierte der Kriegsbereitschaftsbericht der Brigade 12. Auch hagelte es jetzt in der ganzen Division Urlaubsgesuche, wohl weil man «die Wirkung der langen Abwesenheit von den bürgerlichen Geschäften hatte fühlen müssen», rapportierte Oberstdivisionär Wilhelm Schmid, seit 1913 Kommandant der 4. Division, dem Armeekommando. Solchen Gesuchen konnte jedoch vorerst nicht stattgegeben werden.

Zurück an die Grenze

Und gleich nach dem Einrücken am Montag, dem 12. Oktober, ging es wieder kräftig los. Der Dienstag war ein «Schlauchtag erster Güte» (Bataillon 60), und am Mittwoch wurde wieder Richtung Grenze, in die von der 6. Division besetzten Stellungen abmarschiert.

Eine Phase anstrengender Truppenübungen im Grenzraum folgte, vor allem die grossen Armeekorpsmanöver gegen die 6. Division im Baselbiet. Dabei trugen die Wehrmänner der «feindlichen» 4. Division erstmals die berühmten «Hirtenhemden» und den Käppiüberzug, zur Tarnung der alten Uniform. In diesen kuriosen Überblusen «sahen wir aus wie Müller-

Wilhelm Schmid, von Bern
1913–1918 Kdt 5. Div

5. 3. 1858–8. 12. 1939

Chemiker, Sekretär des Waffenchefs der Artillerie, Instruktionsoffizier, Privatgelehrter

Grundwaffengattung Artillerie
1889 Major, 1897 Oberstlt, 1901 Oberst, 1909 Oberstdivisionär

Die berufliche Tätigkeit von Schmid wurde gleichermassen getragen durch sein militärisches wie sein wissenschaftliches Engagement. Nach dem Studium in Chemie und Physik in Bern promovierte er 1882 zum Dr. phil. II.

Um 1890 wechselte er ins Instruktionskorps der Artillerie und war dort von 1910–1912 Waffenchef. Von 1918–1939 betätigte sich Schmid als Privatgelehrter.

Schmid gilt als Begründer jener Dienstauffassung für die Artillerie, wie sie Ulrich Wille vorschwebte.

Von links: Generaladjutant Oberstdiv Brügger, General Wille, Generalstabschef Oberstdiv v. Sprecher von Bernegg zu Besuch beim Inf Rgt 24 im Herbst 1914. Im Hintergrund Wehrmänner in «Hirtenhemden» zur Tarnung der alten Uniform.

knechte», wurde etwa in der Telegraphen-Pionier-Kompanie 4 gespottet; «das Aschgraue stand keinem gut an, am wenigsten unseren schmucken Offizieren ...» Die «Hirtenhemden» wurden indessen bald von der neuen feldgrauen Uniform abgelöst.

Gerade als man sich ernsthaft-resigniert auf den Winter einzurichten begann, hörte man in den Schützengräben etwas von Entlassung munkeln. Und richtig: Weil die Kriegslage es zuliess, wurden die Divisionen mit den geraden Nummern am 28. November auf Pikett entlassen. Die Freude darüber war indessen von der Sorge überschattet, wie lange wohl der «Urlaub» dauern werde – das erhoffte Ende des Krieges war in keiner Weise in Sicht. Niemand wusste, wie alles weitergehen würde.

«Aber eines wissen wir», schrieb der Kommandant des Füsilierbataillons 54 im Tagesbefehl des Entlassungstages, «dass wir in dem langen Dienst etwas gelernt haben und jetzt das können, was in der Schlacht den Erfolg bringt.»

Kriegsbereit?

Ob diese zuversichtliche Sichtweise des Kommandanten vom Füsilierbataillon 54 den tatsächlichen Verhältnissen entsprach, ist noch heute umstritten. Die Militärorganisation von 1907 und die Truppenordnung von 1911 hatten zwar wesentliche Fortschritte in der Bereitschaft gebracht, und nach aussen machte die Armee ganz offensichtlich einen guten Eindruck, wie vorab die Äusserungen ausländischer Beobachter zu den «Kaisermanövern» von 1912 belegen. Aber der Krieg fuhr mitten in die Anfangsphase der neuen Truppenordnung, für deren Einführung 10 bis 12 Jahre veranschlagt worden waren; wesentliche Neuerungen kamen nicht mehr zum Tragen, und die Gefechtsnormen wurden noch weitgehend durch die Doktrin des 19. Jahrhunderts bestimmt.

Nach Kriegsende fällte der General in seinem Bericht an die Bundesversammlung sein bekanntes hartes Verdikt: «Für mich steht fest, dass ein Krieg im August 1914 uns das frühere oder spätere Versagen vor dem Feinde gebracht hätte.» Trotz gut verlaufener Mobilmachung besassen die Truppen nach Willes Urteil «doch noch nicht den Grad der Kriegstüchtigkeit und Kriegsbereitschaft, den der Krieg erfordert und der hätte vorhanden sein müssen, um sofort einer Invasion entgegentreten zu können.»

Obwohl es auch in der 4. Division Zweifel an der Bewährung im Ernstfall gab, sind Äusserungen von solcher Härte über den Zustand der Division nach der Mobilmachung nicht zu finden – im Gegensatz etwa zur 6. Division, wo der damalige Brigadier und spätere Kommandant

Geschützschule einer 4-geschützigen Haubitzbatterie in Linearaufstellung. Rechts der Batteriekommandant am Bttr-Instrument.

der 4. Division, Emil Sonderegger, am 30. August 1914 dem General eine «ganz unzulängliche Vorbereitung» von Kader und Truppe auf den Krieg rapportierte.

Die Kriegsbereitschaftsberichte der Kommandanten in der 4. Division waren in jenen Tagen differenziert, aber grundsätzlich positiv, und sie enthielten immer wieder Hinweise auf deutliche Fortschritte in der «Kriegsbrauchbarkeit», auch wenn «noch immer viel zu lernen» war. Die am häufigsten auftretende Kritik betrifft den mangelnden Ausbildungsstand gewisser Offiziere, ein Punkt, auf den Wille schon lange vor dem Krieg immer wieder hingewiesen hatte. Auf der Materialseite haperte es offenbar nicht zuletzt bei alltäglichen Dingen; nach einem Bataillonsbericht «übertraf der Mangel an Schuhersatz an Kalamität jeden anderen». Der Kommandant der Artilleriebrigade 4 kritisierte im September 1914 den Zustand seiner Geschütze, die offenbar nicht vollständig kriegstauglich in den Zeughäusern gestanden hätten und reparaturbedürftig seien. Keine Probleme gab es dagegen bei der Verpflegung; der Kommandant der Brigade 12 war im Gegenteil der Ansicht, der Grossteil seiner Leute fände im Dienst eine bessere Verpflegung als zu Hause.

Im Ausbildungsniveau scheint es zwischen den verschiedenen Truppenkörpern mindestens deutliche Unterschiede gegeben zu haben. In den Korpsmanövern vom November 1914 kam die 4. Division in der Beurteilung durch die Schiedsrichter erheblich besser weg als die 6. Division, und in der Geschichte zum 100jährigen Bestehen des Feldarmeekorps 2 wird der Ausbildungsstand der 4. Division 1915 als «erfreulich» qualifiziert. Auch ist nicht zu übersehen, dass die erste Aktivdienstphase nach allen Kräften zur Verbesserung der Kriegstauglichkeit benutzt wurde.

Ein gütiges Geschick hat die Armee vor dem letzten Beweis der Kriegstüchtigkeit bewahrt. Trotzig schrieb der Chronist des Bataillons 59 im Jahre 1920: «Mochten wir geringer an Zahl, weniger gut ausgerüstet und weniger geübt sein: wir hätten uns vielleicht verlustreich, aber sicher nicht ehr- und ruhmlos geschlagen.»

Die weiteren Aktivdienste bis 1917

Bis zum Ende des Weltkriegs (und als Ordnungstruppen zum Teil darüber hinaus) leisteten die Einheiten der 4. Division weitere fünf bis sechs Aktivdienste von jeweils zwei bis sechs Monaten Dauer. Angesichts der erstarrten Fronten auf den europäischen Kriegsschauplätzen brauchte die Aufstellung der Armee nicht grundsätzlich geändert zu werden; am markan-

Im Apfelmagazin

testen war die Verstärkung der Südfront nach dem Kriegseintritt Italiens im Mai 1915. Das Grenzwacht-System suchte durch einen Turnus von Ablösungsdiensten immer ein der Bedrohung entsprechendes Kontingent an Truppen unter den Waffen zu halten und gleichzeitig den Bedürfnissen von Landwirtschaft und Industrie so gut es ging entgegenzukommen. Die Einsatzräume für das Gros der 4. Division lagen weiterhin in der Nordwestschweiz, vor allem im Baselbieter und Solothurner Jura, im Laufental und im Gebiet des heutigen Kanton Jura.

Als die 4. Division im März 1915 zur Ablösung der seit Kriegsbeginn im Dienst stehenden 5. Division einzurücken hatte, war von der Begeisterung der Augusttage von 1914 nicht mehr viel zu spüren. «Heute, wo wir uns bis zu einem gewissen Grade an die aussergewöhnlichen Ver-

Guidenpatrouille am Rhein. Die Guiden, wie die 1874–1924 den Divisionen zugeteilte Kavallerie im Unterschied zu den Dragonern hiess, waren das Aufklärungsmittel in der Hand des Divisionskommandanten.

Schützengrabenkrieg ...

hältnisse gewöhnt haben, will dem einen oder anderen die eigene Not grösser erscheinen, und die Opfer, die ein langer Grenzdienst ihm auferlegt, wollen ihm schwer werden. Mancher, der im August Leib und Leben zu opfern willig war, scheut heute Verlust an Gut und Zeit für den eintönigen Grenzschutz»: So äusserte sich der baselstädtische Militärdirektor Miescher im März 1915 bei der Fahnenübergabe des neugebildeten Basler Füsilierbataillons 99. Und im Gegensatz zum August 1914 klappte die bei scheusslichem Wetter ablaufende Mobilmachung wesentlich weniger gut, «als man es bei einer auf Pikett stehenden Truppe hätte erwarten müssen», registrierte eine Bataillonschronik.

Der neue Grenzabschnitt der 4. Division im Pruntruter Zipfel brachte viele in unmittelbare Nähe zu den Kampfhandlungen. Dies galt vor allem für den berühmten und bei den Grenzwachtkompanien besonders begehrten Larg-Zipfel bei Bonfol, wo sich seit Kriegsbeginn die in befestigten Feldstellungen erstarrte deutsch-französische Front an die Schweizergrenze anlehnte. Die äussersten Wachtposten im Largtal standen buchstäblich zwischen den feindlichen Fronten, und dort war natürlich immer etwas «los». Das Bataillon 59 berichtet: «Die Franzosen hatten, u. a. südlich Pfetterhausen, zunächst der Grenze, zwei alte Positionsgeschütze eingegraben, und weiter westlich davon stand, kaum 100 m vom Schweizerboden weg, ein Artillerie-Beobachtungsstand, von dem aus das Feuer einer schweren, rückwärts stehenden Batterie telephonisch geleitet wurde. Nahe Réchésy stund ein Fesselballon. Und so ging es weiter.»

Doch mit der Gewöhnung «verlor sich nach und nach das Gefühl der unmittelbaren Nachbarschaft blutigen Kampfes», berichtet das Bataillon 56, «obwohl man weiterhin den Kanonendonner hörte und die gefallenen Schüsse getreulich in den regelmässigen Berichten notierte». Bereits Anfang April schrieb der Nachrichtenoffizier der Division: «Im grossen ganzen wiederholen sich seit dem Einrücken der Div täglich die gleichen Vorgänge: Im Largthal ist immer zeitweise Gewehr- u. Mgw.-Feuer vernehmbar, dazu bald mehr bald weniger heftiger Kanonendonner. Sobald die Witterung es erlaubt, intensive Luftaufklärung durch Ballons und Flugzeuge; nachts immer Verwendung von Scheinwerfern und Leuchtraketen.»

Die relative Ruhe trotz Frontnähe erlaubte der Division ausgedehnte Ausbildung. Das Div-Kommando arbeitete mit neuen Weisungen auf die Zusammenarbeit der Infanterie mit anderen Waffengattungen hin und liess Gefechtsübungen mit Artillerie- und Kavallerieunterstützung durchführen; gleichzeitig fehlte es auch nicht an Märschen und Spezialausbildungen.

Vor der Entlassung am 20. Juni 1915 defilierte die Brigade 12 im Schachen Aarau vor dem General. Anschliessend Marsch durch die Stadt; unten: der Kommandant Füs Bat 59, der spätere Regierungsrat Major Keller, vor der Bierhalle Affenkasten.

Entlassen am 20. Juni 1915, war bereits am 7. Oktober die Reihe wieder an der 4. Division, die einmal mehr grosse Korpsmanöver am Hauenstein rund um die Festungen zu bestehen hatte. Der Dienst war auch sonst nicht leicht, und deshalb war man froh um unterhaltsame Leute wie etwa jene in der Füsilierkompanie II/99, die im Januar 1916 in Courfaivre eine waschechte Kopie der Kleinbasler «Vogel-Gryff»-Tradition auf die Beine stellten.

Die grössten und wohl anstrengendsten Manöver bescherte die Armeeleitung der 4. Division im März 1917, nachdem in der in- und ausländischen Presse grosse Beunruhigung über mögliche Neutralitätsverletzungen geäussert worden waren. Man befürchtete einen deutschen Einbruch, und der Bundesrat bot zusätzliche zweieinhalb Divisionen auf – der General hätte lieber die gesamte Armee mobilisiert. Das Füsilierbataillon 59 berichtet: «Armeeübung! – Die Grundzüge der Übungsanlage entsprachen möglichen Verhältnissen, wie sie im Januar fast zur Tatsache geworden wären, und jedenfalls war es von grösstem Wert, dass die kriegsmässige Ausrüstung einmal eine ernste Probe zu bestehen hatte und dass man, das einzige Mal während der ganzen Grenzbesetzung, im ganz grossen Verband übte: die 2., 4. und 5. Division nahmen daran teil. Den Gipfel bildete die grosse Bereitstellung der Armee am 2. Tag (16. März); die 12. Brigade kam in die Gegend nahe Pleigne. Das war einmal auf die äusserste Spitze getriebene Bereitschaft: Tausende von Bajonetten stellten sich dem angenommenen Einbrecher ins Land entgegen, und der supponierte französische General verzichtete denn auch auf den Durchmarsch ...» Nach dieser mit Gewaltmärschen angereicherten Übung wurde die Division einmal mehr auf Pikett entlassen.

März 1917: Armeeübung der 2., 4. und 5. Division. Rastendes Füs Bat 55.

Attentat oder Missgeschick?

Im Sommer des Jahres 1917, als die Division zum fünften Mal einzurücken hatte, sorgte ein rätselhafter Vorfall in Tramelan für Aufregung: Im «Berner Tagblatt» hiess es, auf den Kommandanten der Aargauer Brigade 12 sei ein Attentat verübt worden. Folgendes hatte sich, laut den Akten, zugetragen: Am späten Vormittag des 21. Juli sass der Brigadestab im Esssal seiner Unterkunft in Tramelan versammelt, als plötzlich ganz in der Nähe ein Flobert-Schuss zu hören war und etwas gegen das offene Fenster knallte. Brigadekommandant Oberst Schwendimann vermeinte daraufhin, etwas ganz nahe am rechten Ohr vorbeisausen zu hören. Die sofortige Untersuchung des Vorfalls zeitigte jedoch keinerlei Ergebnis, und die Angelegenheit wurde ad acta gelegt in der Überzeugung, es habe sich um ein Missgeschick oder einen Unfug und nicht um einen Attentatsversuch gehandelt. Die Gemeinde von Tramelan verlangte eine militärgerichtliche Untersuchung, die Behörde wollte das in der Presse gezeichnete militärfeindliche Bild der Gemeinde nicht auf sich sitzen lassen. Man verzichtete darauf.

Maschinengewehr und Handgranate

In die Zeit des Aktivdienstes fielen mehrere Spezialausbildungen, die zum Teil in direktem Zusammenhang mit Kriegserfahrungen standen. Vor allem handelte es sich um die Aufstellung von Maschinengewehr-Einheiten in der Infanterie. Auf Stufe Division gab es mit der neuen Truppenordnung bereits eine «Fahrende Mitrailleur-Abteilung»; jetzt ging es darum, auch den unteren Verbänden Mitrailleur-Kräfte zur Verfügung zu stellen. 1915 wurden «vorerst hiefür die nötigen Kader gesucht. Wer Lust hatte, konnte sich melden», berichtet der Feldweibel der späteren Mitrailleur-Kompanie II/23. Während des dritten Aktivdienstes, ab Oktober 1915, folgte in Bassecourt der Einführungskurs am MG, geleitet vom Kader der «Fahrenden». Später kam die aus der Infanterie zusammengezogene Truppe nach. Weil fürs erste lediglich eine Mitrailleurkompanie zu sechs Gewehren pro Regiment aufgestellt wurde, erhielten diese Einheiten die etwas umständliche Bezeichnung «Feld-Infanterie-Regiments-Mitrailleur-Kompanie».

Die Ausbildung war hart. Ein Teilnehmer erzählt: «Wer nicht durch und durch Soldat war, hielt es nicht lange aus bei uns. Der aufreibende Dienst hätte in einer preussischen Kompanie nicht straffer sein können. ... Nach einigen Wochen war auch die Mannschaft so weit, dass wir uns als Mitrailleur-Kompanie bereits sehen lassen durften. Es muss gesagt werden, dass, im Gegensatz zu später, der ursprünglichen Regiments-Mitrailleur-Kompanie von den Bataillonen nur die besten Leute zugewiesen wurden. Wir galten als eine Elite und stachen nicht nur in der Uniform – mit den roten Aufschlägen am Ärmel – von den Füsilieren vorteilhaft ab, sondern auch durch unser soldatisches Auftreten und Können.»

Das Maschinengewehr («Mitrailleuse») in Stellung zur Fliegerabwehr. Eine Gruppe der Feld-Infanterie-Regiments-Mitrailleur-Kompanie I/4 bei Alle im April 1914.

Probeauflage

EIDGEN. ARMEE
Genie-Abteilung
im Armeestab

September 1917

Körperstellungen
zu den
Wurfübungen mit Handgranaten
nach Aufnahmen von der Versuchsstelle für Handgranaten im II. Ausbildungskurse für Handgranateninstruktoren
und
Skizzen von Wurfplatzanlagen

M. 8000.

I. Steinwurf.

Die gebräuchlichste und jedenfalls am meisten anzuwendende Wurfart ist der Steinwurf. Hauptmerkmal: Wurf aus dem Ellbogengelenk.

a) *Vorbereitende Stellung:*

Körpergewicht auf das vorgestreckte linke Bein verlegt.

Auszug aus dem Entwurf zum Reglement für die neue Handgranate 1917.

Im März 1916 wurden mit der ganzen Division auch die neuen Mitrailleure entlassen. Als sie im Dezember erneut einzurücken hatten, erwartete sie eine Enttäuschung: Inzwischen war beschlossen worden, pro Regiment drei Mitrailleur-Kompanien zu bilden, eine pro Bataillon; dies bedeutete die Auflösung der in harter Ausbildung zusammengeschweissten Kompanie. Sie erhielt nun neue Infanteristen zur Ausbildung, und das «Schleifen» begann von vorn. Ab 1917 begannen in den Bataillonen kombinierte Gefechtsschiessübungen mit Mitrailleuren und Artillerie. Insgesamt 1600 Maschinengewehre des Typs «Maxim» wurden während des Krieges beschafft.

In Bataillonschroniken werden die Mitrailleure gerne als Haudegen geschildert, die «wirklich nicht als die feinsten galten; gerade recht zum Kriegshandwerk wären wir gewesen». Dass die Mitrailleure offenbar tatsächlich «zu den unruhigsten Truppen» gehörten, sollte sich 1918 bei einer Serie von Gehorsamsverweigerungen zeigen.

Eine weitere Spezialausbildung erforderte die Stielhandgranate, eine neue Defensivwaffe, vor deren «gewaltiger Sprengwirkung» die Truppe bald Respekt bekommen sollte. Im Mai 1915 fand in Pruntrut ein erster Kurs für Grenadieroffiziere statt. «Übungshandgranaten mit Zündsatz ohne Ladung kamen dann an die Truppe und wurden um die Wette geworfen. Wer es in der Wurfweite am höchsten brachte, erhielt besonderen Unterricht und wurde als Grenadier ausgezogen», erzählt der Chronist des Füsilierbataillons 55. «Die Auserwählten machten später, am 7. Juni, bei Pleigne eine Übung mit scharfen Granaten mit, wobei es sich allerdings zeigte, wie gefährlich solche Möbel auch für die eigene Truppe werden können: Wegen Unachtsamkeit eines Werfenden wären beinahe etliche unserer Leute mitsamt dem Unterstand gen Himmel gefahren.»

Probleme mit dieser starken Waffe führten bald zu neuen Versuchen, so dass der Truppe ab 1917 ein einfacheres und weniger gefährliches Modell abgegeben werden konnte, das auch keine grossen Spezialkenntnisse mehr benötigte; bald wurde diese Infanteriewaffe, die ihre wachsende Bedeutung dem Grabenkrieg verdankte, auch in der 4. Division zur Gewohnheit.

Die Meuterei

Unrühmliche Ereignisse in der Aargauer Brigade 12 erschütterten im Frühjahr 1918 das Bild von dem mustergültigen Aargauer Soldaten,

c) *Abwurf:*
Arm von hinten am Kopf vorbei nach vorne geschnellt, im Ellbogengelenk gebogen; Schleuderbewegung des Unterarmes, Wurfenergie in erster Linie aus Ellbogengelenk und Schulter. Mit der scharfen Bewegung des Armes gleichzeitig Verlegung des Körpergewichtes auf das vorgestellte Bein.

b) *Ausholende Stellung zum Wurf:*
Oberkörper leicht zurückgebogen, Körpergewicht auf das zurückstehende rechte Bein verlegt. Arm nach rückwärts im Ellbogengelenk leicht gebogen.

wie es in offiziellen Berichten und in vielen Presseartikeln immer wieder gezeichnet worden war: Im Zusammenhang mit dem Ordnungsdienst in der Umgebung Zürichs kam es in praktisch allen Aargauer Bataillonen zu einer ganzen Serie von Gehorsamsverweigerungen und Verstössen gegen die Disziplin, die von General Wille mehrfach als Meuterei qualifiziert und kriegsgerichtlich mit aller Schärfe geahndet wurden.

Die «Oktoberrevolution» von 1917 in Russland mag eine nicht zu unterschätzende Signalwirkung ausgeübt haben, aber diese Vorfälle sind nicht zuletzt vor dem Hintergrund der wachsenden wirtschaftlichen Not zu sehen, die auch in der Schweiz «das Leben fast zu ersticken drohte», wie ein Zeitgenosse formulierte: Lebensmittelknappheit, Teuerung, Arbeitslosigkeit und ungenügende Sozialfürsorge plagten die Bevölkerung; die Stimmung war gedrückt. Die Dienstunwilligkeit nahm zu, nach nur viereinhalb Monaten Zivilleben unterzogen sich am 6. Februar 1918 viele Wehrmänner der Brigade 12 nur ungern dem erneuten Aufgebot. Überdies hatte sich herumgesprochen, dass es gegen «innen» gehen sollte und besonders schwierig werden könnte; die Landesregierung hatte, überzeugt davon, es seien – vor allem in Zürich – «revolutionäre Elemente» an der Arbeit, Truppenteile zur Abwehr allfälliger Ausschreitungen aufgeboten.

Die Brigade 12 wurde als Sicherungstruppe in den Raum Kloten–Bülach–Bassersdorf verlegt, wo jeweils eine Kompanie die Stadtwache in Zürich zu stellen hatte und das Gros unter erhöhter Bereitschaft Ausbildung betrieb. Während die Presse bald von der «Belagerung Zürichs» zu sprechen begann, fiel in der Truppe manch ungehaltenes Wort über die offenkundige Vorliebe des neuen Brigadekommandanten für strengen Drill und Taktschrittklopfen; die Bataillonschroniken zeugen davon. Über die Atmosphäre rapportierte am 25. Februar der Kommandant des Regiments 23: Die Tatsache, dass in Zürich alles ruhig blieb, trage nicht zur Besserung der Stimmung bei, die aber wohl «Ausfluss der allgemeinen, in der ganzen Schweizer Bevölkerung herrschenden Missstimmung» sei; im stillen finde wohl auch «eine Bearbeitung der Leute von antimilitaristisch-sozialistischer Seite» statt. Tags darauf meldete der Kommandant des Regiments 24: Der ganze unerfreuliche Gemütszustand der Truppe, «der nicht allein der gedrückten Lebenslage vieler Wehrmänner zuzuschreiben ist», lasse offene Widersetzlichkeiten befürchten. Er sollte recht behalten.

Die gravierendste der langen Reihe nun ein-

Die Armee als Sozialhelferin im Hungerjahr 1918: Suppenausteilung an arme Kinder durch Soldaten des Füs Bat 97 in Basel.

setzender Auflehnungen trug sich in Kloten zu, wo gemäss Tagebuch des Infanterieregiments 23 «einige schlimme Elemente der Mitr Kp III/23 ihre Kameraden zu einem unbedachten Streich zu bewegen» vermochten: Auf dem Bahnhof rotteten sich am Sonntagnachmittag etwa 150 Soldaten des Bataillons 57 und der Mitrailleur-Kompanie III/23 zusammen, bildeten einen alkoholgeschwängerten Demonstrationszug durch das Dorf zum Arrestlokal, brachen dessen Türen auf und befreiten zwei Kameraden, deren Bestrafung als zu hart empfunden wurde. Bis zum Abend vermochte das Kader wieder Ruhe herzustellen, die Rädelsführer wurden verhaftet. Die folgenden Tage jedoch brachten weitere Vorfälle, so eine kollektive Gehorsamsverweigerung durch 45 Mann der Mitrailleur-Kompanie II/23 in Fällanden; andere Zwischenfälle waren weniger gravierender Natur. Die Zürcher und Aargauer Presse berichtete in grosser Aufmachung über all diese Ereignisse, suchte nach den Gründen und machte sich Gedanken über die Disziplin in der Armee. Trotz des Wirbels hätten sowohl die direkten Vorgesetzten im Bataillon 57 als auch Divisionskommandant Schmid, der sich für seine Truppe zu wehren versuchte, die leidige Sache gerne intern disziplinarisch erledigt. Doch der General persönlich wehrte sich entschieden dagegen und drängte auf exemplarische Bestrafung: es handle sich hier um «sehr schwere Vergehen». Am 28. April verhängte das Divisionsgericht 4 in Aarau schwere Strafen: Der Haupt-Rädelsführer von Kloten, ein Mitrailleur, erhielt 2½ Jahre Gefängnis; weitere der insgesamt 27 Angeklagten erhielten Strafen zwischen einigen Monaten und 2 Jahren. Wille, der sich in diesen Tagen äusserst kritisch über die Aargauer Milizen im allgemeinen äusserte, erhoffte sich von diesen Strafen eine heilsame Wirkung nicht nur auf die Verurteilten. Schon im Juni machte der General indessen von seinem Begnadigungsrecht Gebrauch und erliess einen Grossteil der Strafen.

Bei der Suche nach den Ursachen all der Vorfälle wurde ein grosser Teil des Grolls auf den damaligen Brigadekommandanten, Otto Senn, konzentriert; nach dem Urteil von Willi Gautschi, dem unsere Darstellung dieser Ereignisse im wesentlichen folgt, hat das Brigadekommando «angesichts einer heiklen Situation zweifellos wenig Fingerspitzengefühl gezeigt».

Besichtigung Inf Rgt 22 durch den Kommandanten Brigade 11, Oberst Oegger (rechts). Rgt Kommandant Oberstlt Senn (links).

Der damalige Aargauer Landammann Emil Keller, der als Kommandant des Füsilierbataillons 55 den Ordnungsdienst der Brigade mitgemacht hatte, lastete die Sache bei der Diskussion innerhalb der Kantonsregierung «zu einem guten Teil dem Vorgehen des Brigadekommandanten» an. Dass auch der militärische Untersuchungsrichter eine «merkwürdige, ja sinnwidrige Dienstauffassung» Senns registrierte, äusserte Finanzdirektor Schmidt in der gleichen Diskussion. Der Brigadier sei so weit gegangen, «nur solche Leute zu beurlauben, welche sich über das Können der drei Disziplinen Taktschritt, Achtungsstellung, Gewehrgriff ausweisen konnten». Oberst Senn selber erblickte die Hauptursache der Vorfälle in der «mangelhaften soldatischen Ausbildung», wie er im Mai 1918 an den Divisionskommandanten schrieb.

Zweifellos war der Umstand, dass die Brigade 12 zwischen 1914 und 1918 nicht weniger als acht verschiedene Kommandanten gesehen hatte, nicht von Gutem gewesen. «Dieser häufige Wechsel hat weder die Schlagfertigkeit noch den Geist unserer Aargauer Brigade günstig beeinflusst», heisst es dazu in einer Bataillonsgeschichte. Aber auch «regional-psychologische» Gründe spielten offensichtlich eine Rolle oder wurden mindestens angeführt: Der legendäre Aarauer Arzt und spätere Divisionskommandant Eugen Bircher bezeichnete die damaligen Kommandoverhältnisse in der Brigade 12 als «unglückselig», weil sowohl der Brigadechef als auch beide Regimentskommandanten Basler waren: Dies sei «psychologisch zuviel für den Aargauer». Berner, Ostschweizer, Welsche, alles werde besser ertragen, aber es bestehe «ein Misstrauen gegen alles Baslerische». Finanzdirektor Schmidt erklärte, es sei schon lange unliebsam aufgefallen, «dass alle höheren Kommandostellen der Aargauer Truppen ausserkantonalen Offizieren übertragen worden seien und dabei im besonderen Offizieren aus der Stadt Basel, die infolge ihrer ganz anderen Denkweise unsere Leute nicht verstehen können. Andere Kantone wären in gleicher Lage schon längst in Bern vorstellig geworden.»

Nach den Klotener Ereignissen bildete sich im Aargau eine Bewegung, die auf die Abberufung des Brigade Kdt mittels Volkspetition hinzielte; Eugen Bircher traute einer allfälligen Unterschriftensammlung «einen vollständigen Erfolg, so 20–30 000 Unterschriften», zu. Mit dem Hinweis auf einen möglichen Kommandowechsel auf Neujahr vermochten Bircher und seine Freunde die Petition offenbar zu verhindern. Und tatsächlich wurde das Brigadekommando 1919 dem Schaffhauser Generalstabsobersten Roost übertragen.

Nach dem eher düsteren Ablösungsdienst der Brigade im Frühling 1918 reichte auch der Divisionskommandant nach fünf Kommandojahren seinen Abschied ein. Über Wilhelm Schmid, in vielen Bataillonschroniken meist sehr positiv geschildert, urteilte der General jedoch nicht minder hart als über die Aargauer Milizen. Schmid habe den «Sinn für Truppenerschaffung» verloren. Der erschreckende Mangel an Disziplin in der 12. Brigade habe «seinen entscheidenden Grund in der Art, wie in der 4. Division die soldatische Erziehung des Kaders und der Truppen aufgefasst und betrieben worden ist», schrieb er an den Generalstabschef. Es sei geboten, «das Übel an der Wurzel zu packen und eine vollständige Änderung in den massgebenden Anschauungen und im Betrieb der Kader- und Rekrutenausbildung der 4. Division herbeizuführen.» Der Mann, der dies erreichen sollte, war der als unnachsichtig-energisch bekannte Oberst Emil Sonderegger, der spätere Kommandant der Zürcher Ordnungstruppen im Landesstreik. Sonderegger sei, schrieb Wille, «ganz besonders geeignet für das Kommando der 4. Division unter den hier vorliegenden Verhältnissen».

Nebenbei hatte die Klotener Affäre auch zur Folge, dass auf die geplante Herausgabe einer Divisionsgeschichte als «nicht ratsam» verzichtet wurde; man solle der 12. Brigade erst Gelegenheit geben, sich zu rehabilitieren, riet ein Generalstabsoffizier dem Divisionskommandanten.

Die Obersten Schmid, Kommandant der 4. Division (links), und Iselin, Kommandant des 2. Armeekorps (rechts)

Landesstreik und Kriegsende

Mit dem Ablösungsdienst vom Frühjahr 1918 waren die schweren Zeiten noch keineswegs zu Ende. Im Gegenteil. Im Laufe des Jahres brach eine schwere Grippeepidemie über das Land herein; überfüllte Spitäler zwangen zur Einrichtung von Notlazaretten, wo immer es ging. Allein in der Woche zwischen dem 27. Oktober und dem 2. November 1918 starben im Aargau 102 Menschen an der heimtückischen Erkrankung, «spanische Grippe» genannt. Besonders stark wütete die Grippe in den Reihen jener Truppen, die während des Generalstreiks aufgeboten wurden und bereits mit deutlich geschwächten Beständen antraten.

Am 11. November, am gleichen Tag, da der Waffenstillstand zwischen den Entente-Mächten und Deutschland unterzeichnet wurde, begann in der Schweiz der vom Oltener Komitee ausgerufene Landesstreik. Gegen mögliche Ausschreitungen hatte der Bundesrat bereits am 6. und 9. November vorsorgliche Truppenaufgebote erlassen; Aargauer Infanterie war nicht dabei, vor allem verzichtete man wohlweislich auf das Aufgebot der Brigade 12. Am 11. November hingegen wurde das Regiment 21 aufgeboten: Das Freiämter Bataillon 46 hatte in Windeseile in Aarau anzutreten, während die beiden Baselbieter Bataillone 52 und 53 nach Basel befohlen wurden. Im Aargau sah sich die Regierung angesichts der «äusserst ernsten Lage» veranlasst, zusätzlich noch eine ganze Reihe von Landsturm-Kompanien aufzubieten. Bestreikt wurden Aarau, Baden und Brugg, wobei es vor allem im Industrieort Baden zu erregten Auftritten, nicht aber zu offenen Gewalttätigkeiten kam; die nach Baden beorderten Truppen in der Stärke von zwei Kompanien mit Kavallerie und Maschinengewehren hatten in der Regel Order, um nicht zu provozieren, sich nicht zu zeigen, sondern nur zur Unterstützung der zivilen Ordnungskräfte einzuschreiten. Als Streikende aus Zürich in Baden eintrafen, errichteten die Truppen Sperren und führten die Streikenden für kurze Zeit ab. In Basel bekamen die Landschäftler Truppen in den dichtgedrängten Strassen böse Worte zu hören und mussten sich gehörig zusammennehmen, berichtet der Chronist der Kompanie IV/52.

Besonders bewegte Tage hatte schon ab 7. November das zur 4. Division gehörige Luzerner Infanterieregiment 19 als Ordnungstruppe auf dem «allerschwierigsten Posten», nämlich im speziell unruhigen Zürich. Zu den dortigen Zusammenstössen wurde im erstmals gefassten neuen Stahlhelm, dem «eigentlichen Abzeichen der Ordnungstruppen», ausgerückt.

Emil Sonderegger, von Heiden (AR)
1918–1920 Kdt 5. Div

18. 11. 1868–14. 7. 1934

Kaufmann, Divisionskommandant, Chef der Generalstabsabteilung, Privatindustrie

Grundwaffengattung Artillerie
1901 Major, 1906 Oberstlt, 1912 Oberst, 1918 Oberstdivisionär

Nach der Lehre im väterlichen Stickereigeschäft arbeitete Sonderegger vorerst als Kaufmann und Stickereifabrikant, nach 1920 bei der Maschinenfabrik Oerlikon.

Militärisch treffen wir ihn während der sogenannten Kaisermanöver 1912 als Stabschef im 3. Armeekorps und während seiner Kommandozeit der Ordnungstruppen in Zürich. Von 1920 bis Mitte 1923 war er Chef der Generalstabsabteilung und Generalstabschef.

Sonderegger trat mit zahlreichen Publikationen vor das militärische Publikum, wie etwa «Ein Wendepunkt in unserer militärischen Entwicklung» (1898), «Der ungebremste Infanterieangriff» (1905), «Ordnung im Staat» (1933).

Er sprach 9 Fremdsprachen und besuchte während des Ersten Weltkrieges die österreichische Isonzo-Front sowie die deutsche Westfront.

Am Tag des Generalstreiks, erzählt der Chronist des Füsilierbataillons 43, «wurden einige Handgranaten gefasst; die Bevölkerung von Zürich erhielt Kenntnis davon, dass die Truppen angewiesen seien, in bestimmten Fällen von dieser gefährlichen Waffe Gebrauch zu machen. Die Drohung wirkte!» Die Truppe verrichtete ihren schwierigen Dienst mit zwiespältigen Gefühlen, aber in der Regel ruhig und diszipliniert.

Nach drei Tagen brach das Oltener Komitee unter dem bundesrätlichen Ultimatum den Generalstreik ab, und das Gros der Ordnungstruppen konnte bald darauf entlassen werden. Wiederum zählte man die Grippeopfer. Am 16. November defilierten die Ordnungstruppen in Zürich vor dem General und dem Befehlshaber der Ordnungstruppen, Oberstdivisionär Sonderegger, damals bereits Kommandant der 4. Division. «Das Bataillon 43 marschierte mit nur 231 Mann vorbei. Derart war durch die unheimliche Krankheit der Bestand vermindert worden», berichtet der Chronist dieser Luzerner Einheit, die noch bis Mitte Januar in Zürich weiter Ordnungsdienst leisten musste. «Mancher 43er wird, als er am 24. November vernahm, der General habe seine Demission eingereicht, gewünscht haben, er könnte ein Gleiches tun ...»

Die Zeit der Aktivdienste war auch nach Beendigung des Weltkriegs und nach Abbruch des Landesstreiks noch nicht zu Ende. In Zürich wurde weiterhin eine gewisse Truppenmacht zur Sicherung der Ordnung unter den Waffen behalten, und verschiedene Verbände der 4. Division hatten im Turnus den Wachtdienst zu übernehmen, so im April 1919 das Luzerner Regiment 20.

Am 10. Juni zogen die letzten Ordnungstruppen aus Zürich ab. Wenige Tage später kam es zu schweren Krawallen mit Toten und Verletzten, worauf der Bundesrat auf Ersuchen der

Das Füs Bat 59 Mitte Juni 1919 verladebereit am Bahnhof Aarau, zum Ordnungsdienst aufgeboten nach Zürich.

Zürcher Regierung das Aargauer Füsilierbataillon 59, die Mitrailleur-Kompanie I/24 und die Dragoner-Schwadron 21 aufbot. Trotz des unwillkommenen Einsatzes half dieses Aufgebot dem militärischen Selbstwertgefühl der Aargauer Verbände offensichtlich auf die Beine. «Wir konnten stolz darauf sein, dass wir trotz den Vorkommnissen des ersten Ordnungsdienstes immer noch, wie früher, als zuverlässig galten», schrieb das Bataillon 59, das ausserhalb der Stadt Quartier beziehen konnte und auch diesmal nicht dazu kam, in Zürich eingreifen zu müssen.

Zu blutigen Zusammenstössen kam es im Sommer 1919 in Basel im Gefolge eines Streiks. Wiederum wurde das Regiment 21 mit dem Freiämter und den beiden Baselbieter Bataillonen aufgeboten; «die Anwesenheit des Regiments tat sofort seine Wirkung», berichtet das Bataillon 46. In Zürich wiederum lösten die Basler Ereignisse Sympathiestreiks aus, und erneut musste das Luzerner Regiment 19 sehr zu seinem Missvergnügen unter die Fahne. Die Luzerner hatten gründlich genug und «kannten nur einen Gedanken: Wir wollen fertig machen, aber rasch, gehe was da wolle. Eine prächtige Entschlossenheit beherrschte die Soldaten ...», schrieb der Chronist des Bataillons 43, das die Stadt Zürich nachgerade auswendig kannte. Glücklicherweise kam es zu keinen ernsten Konflikten mehr, und nach fünf Tagen standen die Luzerner wieder in der eigenen Hauptstadt zur Demobilmachung bereit.

Damit waren auch für die 4. Division die langen Aktivdienstjahre vorüber. Die meisten Wehrmänner hatten zwischen 400 und 600 Diensttage geleistet. Trotz zahlreicher schöner Diensterlebnisse waren diese langen Ablösungsdienste nur unter grossen persönlichen Opfern zu leisten gewesen: «Wir wissen von zertrümmerten Hoffnungen, geknickten Geschäftsplänen, verlorenen Stellungen, von Arbeitslosigkeit, Krankheit und Elend», heisst es in der Denkschrift des Infanterieregiments 22 von 1917; gleichzeitig wird indessen klargemacht, dass all dies «inmitten der Welten von Entbehrung und der Meere von Jammer, die uns mit den kriegführenden Nationen umgeben», relativ geringe Opfer seien. Aber für Unzählige war die Lage schwer genug: Die Wirtschaft lag darnieder, von Staat und Armee gab es wenig, ein Lohnausgleich und andere Leistungen existierten nicht.

Armee unter Druck: Die Nachkriegsjahre

Die grauenhaften Folgen des Weltkriegs waren der Schweiz zwar erspart geblieben; dennoch erfüllten das Land Friedenssehnsucht und Abscheu vor Krieg wie in den Kriegsnationen. Auf die Aktivdienstjahre und das bittere Ende der Mobilmachungszeit folgten trostlos graue Jahre der Wirtschaftskrise und der sozialen Spannungen, die sich mit den Kriegserinnerungen kumulierten und deshalb auch in der Schweiz breite Kreise auf eine neue und bessere Zeit unter Einschränkung oder gar Abschaffung der militärischen Verteidigung hoffen liessen. Aber das harte Diktat des Versailler Friedensvertrags und der Zusammenbruch des Mächtegleich-

Ordnungsdienst Sommer 1919; «Die Anwesenheit des Regiments 21 tat sofort ihre Wirkung. Es gelang, Ruhe und Ordnung vollständig zu sichern». Das Füs Bat 46 in Basel.

Charles Sarasin, von Genf
24. 8. 1920–24. 12. 1920 Kdt 5. Div

21. 5. 1870–23. 10. 1933

Professor für Geologie und Paläontologie

Grundwaffengattung Infanterie
1905 Major, 1909 Oberstlt, 1916 Oberst, 1920 Oberstdivisionär, 1926 Oberstkorpskdt

Sarasin promovierte nach Studien in Leipzig, Berlin und Freiburg zum Dr. phil. Ab 1894 dozierte er an der Universität von Genf, ab 1899 bis 1917 als ordentlicher Professor, darauf als Honorarprofessor. Nach der kurzen Kommandozeit in der 4. Division kommandierte er von 1920–1926 die 2. Division und anschliessend, bis 1933, das 1. Armeekorps.

gewichts in Mitteleuropa bildeten kein Fundament für einen dauerhaften Frieden. Um so mehr Echo fand die von US-Präsident Wilson lancierte Idee des Völkerbundes als kollektives Instrument der Friedenssicherung. Auch in der Schweiz fand die Völkerbund-Idee starken Widerhall, und nach leidenschaftlichem Abstimmungskampf wurde der Beitritt der Schweiz im Mai 1920 an der Urne deutlich gutgeheissen. Die Völkerbunds-Idee prägte in starkem Masse auch die Auseinandersetzungen um die Armee: Breite Kreise riefen nach Abrüstung.

«In dieser trostlosen Zeit hatten auch die Schweizer nicht mehr viel für ihre Armee, ihre Wehrbereitschaft übrig, obwohl sie erkennen mussten, dass nur wer für seine Existenz sich einsetzt, um sie kämpft, die Berechtigung zum Dasein erlangt», formulierte es der Chronist des Bataillons 56. Kriegsmüdigkeit, Friedenswille und Zwang zu äusserster Sparsamkeit führten in den eidgenössischen Räten dazu, dass nur noch die allernötigsten Mittel für die Armee bewilligt wurden und demnach von einer Modernisierung des Wehrwesens nicht im entferntesten die

Arnold Biberstein, von Olten
1920–1925 Kdt 5. Div

10. 6. 1865–27. 8. 1934

Instruktionsoffizier

Grundwaffengattung Infanterie
1895 Major, 1901 Oberstlt, 1908 Oberst, 1917 Oberstdivisionär, 1925 Oberstkorpskdt

Biberstein war zuerst als Instruktor der 8. Division in Chur tätig. Als Sekretär des Waffenchefs der Infanterie entwarf er das Exerzierreglement dieser Waffengattung. Später wurde er Kreisinstruktor in Colombier und Leiter der Zentralschulen in Thun. Als Oberstdivisionär kommandierte er zuerst die Gotthard-Division, dann die 2. und schliesslich die 4. Division. Von 1925 bis zu seinem Tode unterstand das 3. Armeekorps seinem Kommando.

1921 wurde der gesetzliche Turnus der Wiederholungskurse wieder aufgenommen. Das Einüben neuer, lockerer Kampfformationen verlangte – als Folge der Lehren aus dem Krieg – von Truppen und Kader wesentliche Umstellungen.

Rede sein konnte. Es sei bei den Beratungen der Militärbudgets immer um die Frage der Landesverteidigung überhaupt gegangen, und nur unter heftigsten Auseinandersetzungen sei man jeweils zu einem «erträglichen Abschluss» gekommen, schildert ein freisinniger Nationalrat jene Debatten. Ausser einer spärlichen Rekrutenausbildung wurde nach dem Friedensschluss jede weitere Schulung der Armee vorderhand sistiert, die Bestände sanken aufgrund einer largen Handhabung der Tauglichkeits-Kriterien auf nie gesehene Tiefen, die 1921 mit nur noch 55,8 % Diensttauglichen den Rekord erreichten. «In grossen Teilen unseres Volkes blieb die Armee ein Übel, das nicht mehr notwendig, ja überflüssig war», kommentierte der Chronist des Bataillons 56.

Eine gewisse Pause in den Militärdienstleistungen war politisch und psychologisch wohl nicht zu umgehen. Nachdem 1920 wieder erste taktische Kurse für Offiziere stattgefunden hatten, wurde 1921 der gesetzliche Turnus der Wiederholungskurse wieder aufgenommen.

Das Gros der Division absolvierte im Laufe dieses Jahres einen ersten Detail-WK, der nach den Bataillonsgeschichten zwar mit geringen Beständen, aber in durchaus gewohntem Rahmen verlief. Vor allem ging es um das Einüben der neuen, wesentlich lockereren Kampfformationen, die der stärkeren Feuerwirkung der Maschinengewehre entgegentreten sollten: Für Kader und Truppe eine wesentliche Umstellung. All das in den Kriegsjahren Eingeimpfte, vor allem das Vorrücken in dichten Schützenlinien, musste als veraltet über Bord geworfen werden. Nunmehr waren über das Gelände verteilte Doppelgruppen mit gegenseitiger Feuerunterstützung Trumpf. Das Bataillon 55 berichtet: «Der Kampf einer Einheit in dieser nach der Breite und der Tiefe gegliederten Formation stellt selbstverständlich ganz andere Ansprüche an Offiziere, Unteroffiziere und den einzelnen Soldaten. Während die alte Schützenlinie dem Zugführer gestattete, in den meisten Fällen sein Feuer selbst zu leiten, ist er heute vollständig auf seine Unteroffiziere und den einzelnen Mann angewiesen. Jeder Soldat muss zum selbständigen Einzelkämpfer ausgebildet und erzogen werden.»

Die Sappeure ihrerseits hoben auf dem Gefechtsschiessplatz Gehren ein schon 1918 geplantes Übungswerk für den Stellungskrieg aus: Schützengräben mit Drahthindernissen. «Sachen von allen Fronten kopiert, brachte man zu uns. Alles war auf Stellungskrieg eingestellt.» In einer Nachtübung wurde das Werk auf Angriff und Verteidigung hin ausprobiert.

Gemäss Weisungen des inzwischen zum Generalstabschef avancierten Emil Sonderegger hatte bei Truppenübungen das Schwergewicht vorerst auf dem Gefechtsexerzieren zu liegen. Denn nach seiner Beurteilung befand sich «die Gefechtsausbildung unserer Truppen noch auf einem sehr tiefen Stand». Grössere Übungen seien deshalb vorerst «einfach ausgeschlossen».

Innerhalb der unteren Verbände aber wurde schon frühzeitig wieder «getürkt»: Im Wiederholungskurs von 1922 gab es im Infanterieregiment 23 zweitägige Regimentsmanöver unter Einbezug von Artillerie. Und im folgenden Jahr wurden im Aargau erstmals wieder Manöver im Brigadeverband unter Mitwirkung von Artillerie und Fliegern durchgeführt. Die 4. Division schickte sich an, wieder festen Tritt zu fassen.

Robert A. Jeker

Auf dem Weg zu einer Elite der Leistung

Grade und Karrieren im Wandel der Zeiten

Welches waren um die Jahrhundertwende und in den ersten Jahrzehnten des 20. Jahrhunderts die Merkmale des Offizierskaders der Schweizer Armee? Wie setzt sich das Offizierskader heute zusammen?

Wer heute alte Offiziersverzeichnisse durchblättert, stellt rasch einmal fest, dass die Namen sämtlicher einflussreicher Familien einer Stadt bzw. eines Kantons dominant vertreten sind. So kann man in den alten Offiziersetats der Basler Truppen unschwer alle Namen der zum sogenannten «Teig» gehörenden Familien ausmachen, als da sind Merian, Sarasin, Burckhardt, Vischer, Iselin usw. Die Sprösslinge dieser Familien waren schon auf Grund ihrer Abstammung für die Offiziersränge qualifiziert und stellten sich auch selbstverständlich zur Verfügung. Hervorragende Truppenführer sind aus diesen Geschlechtern hervorgegangen.

In jenen Jahren wurden die Mitglieder dieser «aristokratischen» Familien häufig auch in hohe politische Ämter gewählt, so dass sich schliesslich die zivilen, politischen und militärischen Fäden in den Händen einer einflussreichen Minderheit befanden.

Erwähnenswert auch die Wertschätzung, die in dieser Epoche den Offizieren entgegengebracht wurde.

Im Laufe dieses Jahrhunderts fand dann, parallel zur besseren und breiteren Ausbildung, zum wirtschaftlichen Aufstieg, dem Auf- und Ausbau des Sozialstaates, eine Entwicklung hin zur offenen Gesellschaft statt, in der die erbrachten Leistungen mehr und die Herkunft weniger gewichtet wurden, sowohl für den militärischen als auch den beruflichen Aufstieg.

Im Laufe der sechziger und siebziger Jahre wurden neue Strömungen, die die alten Traditionen und Autoritäten in Frage stellten, sichtbar. Auch unsere Armee blieb von diesen Strömungen nicht verschont. Das Ansehen der Offiziere schwächte sich – insbesondere bei der jüngeren Generation – deutlich ab. Trotzdem führte dies in keinem Zeitpunkt dazu, dass die Armee nicht genügend gute Offiziersanwärter gehabt hätte. Diese Probleme tauchten vielmehr – allerdings nur vorübergehend – bei den Unteroffiziersanwärtern auf.

Als Folge der «Oswald»-Reform anfangs der siebziger Jahre passte die Armee auch ihr Erscheinungsbild vermehrt der neuen Epoche an. Äusserlich wohl eine der wichtigsten Änderungen war, dass im Urlaub die Uniform nicht mehr getragen werden musste. Auch dies ein Zeichen, dass es nicht mehr unbedingt Gefallen fand, die «Hierarchie» auch im Urlaub sichtbar zu machen.

Wie präsentiert sich die Situation heute?

Als erstes kann festgehalten werden, dass die Aussage, nur Hochschulabsolventen hätten reelle Chancen für die Weiterausbildung, falsch ist. Etwa 40 Prozent aller Offiziere haben eine Hochschule besucht, während die anderen 60 Prozent, ziemlich gleichmässig verteilt, auf ehemalige Schüler von kaufmännischen Berufsschulen, Handelsschulen, Fachschulen und höheren technischen Lehranstalten entfallen.

Auch die Ansicht, dass vor allem Söhne von Offizieren die militärische Stufenleiter hinaufklettern, erweist sich als falsch, weisen doch alle Statistiken nach, dass heute rund 80 Prozent der Offiziere von Vätern stammen, die ihrerseits Unteroffiziere oder Soldaten, wenn nicht gar dienstuntauglich waren.

Die heutigen Auswahlkriterien stützen sich also weder auf die militärische noch auf die soziale Herkunft der Aufstiegswilligen.

Trotz einer, gegenüber früher etwas geringeren Wertschätzung, wird einer Weiterausbildung zum Offizier in breiten Kreisen unserer Bevölkerung immer noch Anerkennung gezollt. So wird auch in der Mehrzahl der Schweizer Firmen eine Weiterausbildung ihrer Mitarbeiter zum Offizier nach wie vor begrüsst, dies trotz den nicht unwesentlichen Kosten, die den Unternehmen dabei entstehen. Die Weiterausbildung bietet dem jungen Schweizer die Möglichkeit, bereits in jungen Jahren Erfahrung in der Menschenführung und im Umgang mit Verantwortung zu sammeln.

Probleme für junge Wehrmänner, die sich zur Weiterausbildung entschliessen, können allenfalls entstehen, wenn sie bei hier niedergelassenen, ausländischen Firmen in Stellung sind. Diese sind manchmal weniger an Personen interessiert, die während Monaten vom Arbeitsplatz abwesend sind. In den letzten Jahren ist auch unschwer festzustellen, dass Lehrer und Personen aus sozialen Berufen immer weniger bereit sind, sich für eine militärische Weiterausbildung zur Verfügung zu stellen.

Waren früher militärische *und* politische Milizkarrieren häufig anzutreffen, wird dies heute immer seltener. Ist in der Armee der Zeitfaktor durch Schulen und Kurse klar vorgegeben und damit auch kalkulierbar, fehlt dies in der Politik. Systembedingt schon mit kleinerer Effizienz «gesegnet», werden politische Entscheide oft so in die Länge gezogen, dass immer mehr Personen – insbesondere aus den Chefetagen – die Lust, aber auch die Zeit nicht mehr haben, sich in der Politik aktiv zu engagieren. War es früher noch möglich, gleichzeitig in Beruf, Politik und Militär aktiv und in entscheidenden Positionen mitzuwirken, geht dies heute bei den in allen Bereichen deutlich gestiegenen Anforderungen praktisch nicht mehr.

Trotz den vorerwähnten kritischen Bemerkungen ist es sehr erfreulich, abschliessend festhalten zu dürfen, dass die Bereitschaft zur militärischen Weiterausbildung gerade in den letzten Jahren wieder deutlich zugenommen hat und Beförderungen heute praktisch ausschliesslich auf Grund der Leistungen vorgenommen werden können.

Truppenordnung 1924
(Stand 1.7.1925)

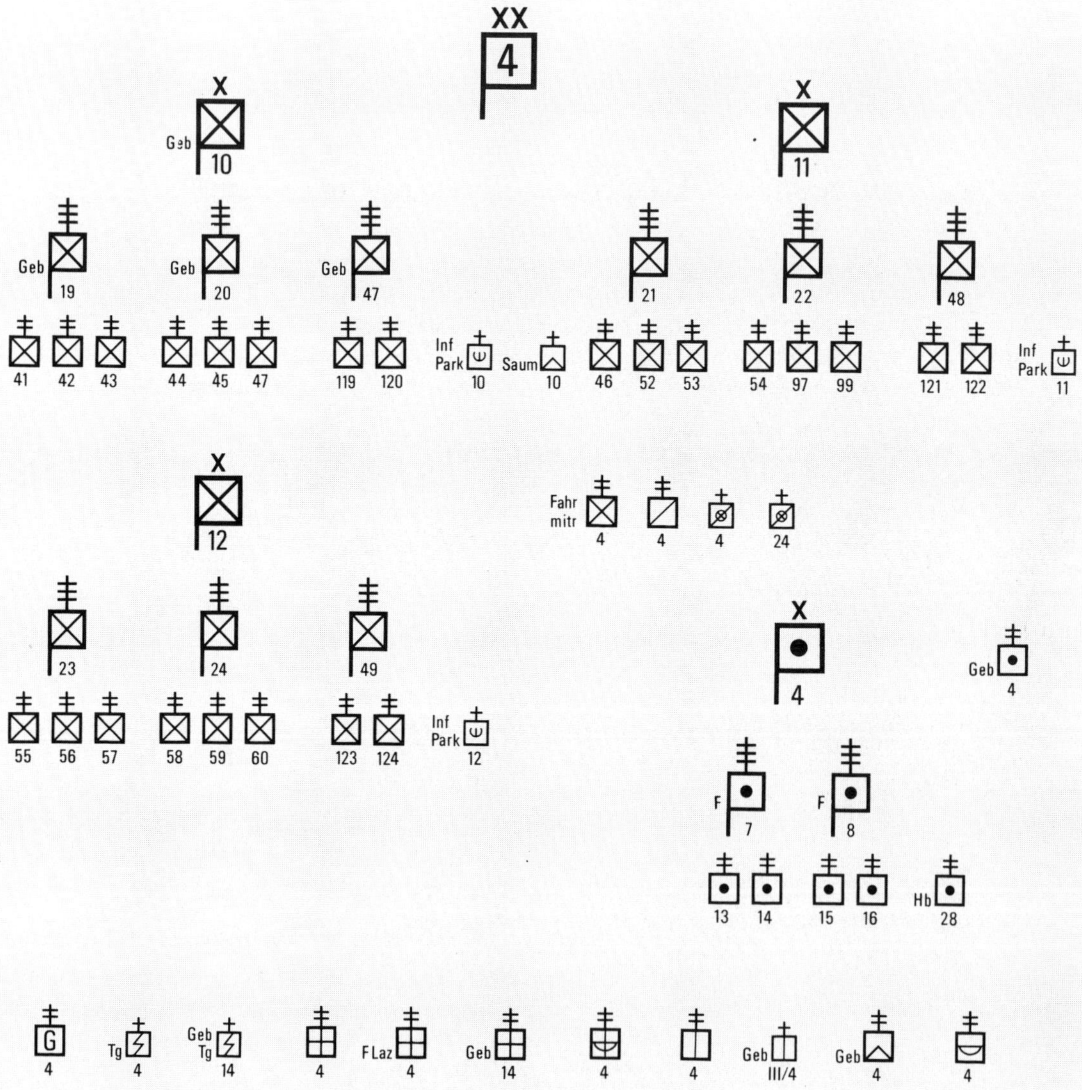

Hermann Rauber

Zwischenkriegszeit

1925–1937

In den Jahren nach dem Ersten Weltkrieg bewegten sich die Diskussionen um die Schweizer Armee auf zwei Ebenen. Im politisch-weltanschaulichen Bereich war es eine pazifistische Grundhaltung, der Ruf und die Hoffnung nach dem «Nie wieder Krieg!», die vor allem auch im literarischen Schaffen ihren Ausdruck fand, im verteidigungspolitischen Bereich – ebenfalls auf den Erfahrungen des Weltkrieges fussend – die Forderung nach einer effizienteren bewaffneten Landesverteidigung. Die Polarisierung in den beiden gegensätzlichen Lagern hatte ihre Auswirkungen bis in die Bundespolitik; für Regierung und Parlament in Bern war es kein leichtes Unterfangen, «die Armee aus einem Streitobjekt der Parteien wieder zu einem brauchbaren Verteidigungsinstrument zu machen» [1].

In dieser Situation war es vor allem das Verdienst von Bundesrat Karl Scheurer, dass auf dem Gebiet der Landesverteidigung wieder ein minimaler Konsens zustande kam, so dass das Militärdepartement mit halbwegs realistischen, wenn auch niedrig dotierten Budgets arbeiten konnte [2]. Scheurer verfolgte seine Anliegen mit integrativem Flair und mit Hartnäckigkeit, zum Schluss musste er sich aber dennoch mit dem eher bescheidenen Erfolg einer neuen Truppenordnung begnügen, wie sie die beiden Räte im Dezember 1924 beschlossen [3].

Kein Geringerer als der nachmalige Bundesrat Rudolf Minger, damals Präsident der nationalrätlichen Militärkommission, legte dar, dass man während der Grenzbesetzung 1914/18 «in zunehmendem Masse Infanteristen als technische Truppen verwenden musste», und dass es nun an der Zeit sei, die neu geschaffenen Kategorien der Motorfahrer und Flieger in die Armee zu integrieren, wie auch den im Aktivdienst begonnenen Ausbau der Gebirgstruppen zu legalisieren [4]. Die Truppenordnung von 1924 befriedigte jene Kräfte, die ein Leichtes Maschinengewehr (LMG) einführen und die Artillerie forcieren wollten, mehr Beachtung für den Nachschub forderten und die Motorisierung in die Wege leiteten. Artikel 5 der neuen Truppenordnung besagte: «Die Aushebung für die neuen Einheiten wird gleichmässig auf die Auszugsjahrgänge verteilt, sofern nicht Einheiten bereits bestehender Truppen zur Verfügung stehen.» Dass vor allem die Infanterie Haare lassen musste, um die Bedingungen dieses Artikels zu erfüllen, versteht sich von selbst. Weil die Infanteriebrigaden zum Teil bis auf 30 Prozent ihres bisherigen Bestandes reduziert wurden, erhielt die Truppenordnung 1924 in der Geschichtsschreibung die Bezeichnung «Abrüstungs-Truppenordnung».

Als wichtigste Änderung erhielt die 4. Division in der Ordre de bataille des 2. «Ausbildungskorps» (Armeekorps) neben zwei Infanterie-Brigaden neu eine Gebirgsinfanterie-Brigade zugeteilt. Hinzu kam noch eine Reihe von Spezialeinheiten. Die Zahl der stellungspflichtigen Kantone erhöhte sich auf sechs: ausser dem Aargau die Kantone Luzern, Ob- und Nidwalden, Baselland und Baselstadt.

Damit erreichte der Sollbestand der 4. Division genau 1389 Offiziere und 32 564 Unteroffiziere und Soldaten, was total 33 953 Mann ergab. Dazu eine Anmerkung: Das Füsilier-Bataillon erhielt anstelle einer 4. Füsilier-Kompanie neu eine Mitrailleur-Kompanie. An Fahrzeugen sollten gemäss Bestand 2309 Karren und Fuhrwerke sowie 66 Personen- und 152 Lastwagen vorhanden sein. Im Etat der Division figurierten ausserdem nicht weniger als 1616 Reit- und 5331 Zugpferde. Das Pferdewesen gab immer wieder zu Bemerkungen innerhalb der Landesverteidigungs-Kommission (LVK) Anlass. So bemängelte etwa Bundesrat Scheurer

Der Kommandant Inf Rgt 24, Oberstlt Bircher, mit seinem Stab 1921.

1925: «Der Pferdebestand ist gefährdet durch das mangelnde Verständnis der Truppe und der höheren Führung für die Pferdepflege.» Seine Sorge galt auch den Pferdereserven «für den Ernstfall, die heute nur 10000 ausmacht, während nach allen Erfahrungen 30000 Pferde nötig wären»[6].

Die Vorschriften «Felddienst 1927»

Die Realisierung der neuen Truppenordnung, die auf den 1. Juli 1925 durch Bundesratsbeschluss in Kraft gesetzt wurde, war nicht einfach und musste zudem in kurzer Zeit erfolgen. In einer Verordnung vom 27. Januar 1925 verlangte die oberste Landesbehörde: «Die Truppenkörper und Einheiten müssen vom 1. Juli des Jahres an gemäss neuer Truppenordnung auf den Korpssammelplätzen einrücken können.» Die Hauptarbeit lag bei den Kantonen. Bis zum 30. Juni 1925 hatten sie «die Zuteilung der Offiziere, Unteroffiziere und Soldaten der Infanterie auf die neuen Bataillonsstäbe und auf die Kompanien des Auszuges» vorzunehmen. Die Verwaltungen mussten bis zum gleichen Zeitpunkt auch die Korpskontrollen «unter Bereinigung der Dienstbüchlein und Mobilmachungszettel» bewerkstelligen. Ein gewaltiger Aufwand für die Bürokratie! Und schliesslich waren auch «alle Kommandanten der Infanterie-Kompanien des Auszugs und der Landwehr» von neuem zu ernennen oder zu bestätigen. Konnten die entsprechenden Arbeiten nicht im ordentlichen Wiederholungskurs durchgeführt werden, so mussten die Truppen zu einer zweitägigen «Organisationsmusterung» einberufen werden. Das hatte einen durchaus konkreten Hintergrund, mussten doch zum Beispiel die neuen Achselnummern und die «Änderungen der Käppinummern» während dieser Musterungen von den Soldaten eigenhändig aufgenäht werden.

Parallel zur neuen Truppenordnung regte sich, wiederum auf Initiative der Landesverteidigungs-Kommission, der Wunsch, «die Reglemente auf Grund der Kriegserfahrungen» zu revidieren. Ins Auge gefasst wurde nicht nur das Dienst-, sondern auch das Verwaltungsreglement, die Felddienstordnung und die Anleitung für Stäbe. Es ging vor allem um die Vereinheitlichung der bestehenden Ausbildungsvorschriften «für alle Waffen» und um «bindende Vor-

Regiments-WK 1928 in Kienberg. Abendliche Gewehrkontrolle

schriften für die militärischen Formen». Im Bereich der Ausbildung beendete der «Felddienst 1927» (FD 27) tatsächlich das Durcheinander der zahlreichen und zum Teil veralteten Reglemente, «Winke» und Vorschriften. Die Armee musste, so der FD 27 in Artikel 5, «überaus beweglich sein, im Angriff rasch und scharf, in der Verteidigung zäh und treu, im Rückzug verschlagen». Für «entscheidende Kämpfe» müsse «unsere Führung stets Gelände und Lagen suchen, wo der Feind seine Überzahl, seine überlegene Artillerie, seine Kampfwagen und Flieger nicht oder nur teilweise und verspätet verwenden kann». Die Bestimmungen zum Einsatz gegen Panzer und Panzertruppen, die Vorschriften zum Schutz vor Gaseinsätzen sowie Hinweise für die Tarnung muten recht modern an, doch mussten sie sich in der Praxis, also in den Stäben und den Wiederholungskursen, erst noch durchsetzen. Denn die Gliederung und Ausrüstung der Armee blieb, trotz technischer Verbesserungen, sozusagen in Vorkriegszuständen stecken[7].

Die Division wird im FD 27 definiert als «operativer Verband von zwei oder mehr Brigaden oder Detachementen, denen der Divisionskommandant die Kampfaufgaben zuweist» (Artikel 17). Insofern Infanterie und Artillerie unmittelbar dem Divisionskommando unterstehen, bilden sie eine Reserve, die erst im Laufe des Gefechtes bei der einen oder anderen Kampfgruppe eingesetzt wird. Das Schaffen von derartigen Reserven vor und während des Kampfes sei «unabweisbare Aufgabe der Führung». Die Division besitzt schliesslich eigene Aufklärungs- und Verbindungsmittel, Genietruppen und insbesondere die Truppen und Hilfsmittel des rückwärtigen Dienstes, von dem sie die unterstellten Brigaden soweit als möglich entlastet. Unter diesen Voraussetzungen sind die Stabsübungen, Dienstleistungen und Manöver der 4. Division in den kommenden Jahren zu betrachten.

Das Divisionsmanöver 1926

Im September 1926 finden wir die 4. Division im Rahmen ihres Wiederholungskurses für drei Tage im Manöver. Der Übungsleiter, Korpskommandant Bridler, stellte in seinem Rapport fest, dass «die höheren Stäbe seit vielen Jahren zum ersten Mal Gelegenheit hatten, sich praktisch in der Truppenführung zu üben». Und für

Füs Bat 56 auf dem Marsch, 1932

die Infanteristen, Artilleristen, Mitrailleure, Radfahrer, Dragoner, Sappeure und Kavalleristen gilt, was das Verhalten im Felde betrifft, die gleiche Feststellung. Nach bewährter Manier standen sich zwei Parteien gegenüber, die «rote» 4. Division (im Angriffs-Dispositiv) und die «blaue», eine leichte Manöverdivision. In seinen Schlussbetrachtungen zu dieser Truppenübung umschrieb Bridler den eigentlichen Zweck mit der Bemerkung, dass «im Kampf zwischen Jura und Alpen für unsere Armee die Verteidigung von Wasserläufen eine äusserst wichtige Rolle spielt». Die Widerstandskraft jedoch, die das Gelände selbst biete, bestehe nicht nur aus den Flussläufen; sehr oft seien die dazwischen liegenden Höhenzüge noch wichtiger. Damit ist auch die Ausgangslage zu verstehen: «Rot» bemühte sich am 20. September, dem ersten Manövertag, um einen Vorstoss über die Limmat im Raum Dietikon–Schlieren, während «Blau» Stellung an der Reuss mit den Übergängen vor Bremgarten und bei Gnadenthal sowie einem Kopf auf dem Mutschellen bezog. Im Laufe des 21. und 22. September kam es zu einem erbitterten Ringen um den Reussabschnitt zwischen Stetten und Unterlunkhofen. Beim Abbruch der Manöver am frühen Morgen des 23. September hatte die «rote» 4. Division die Front bis westlich der Bünz vorangetrieben, während sich die «blaue» gegen das südliche Hallwilerseeufer absetzte.

Die Truppe erhielt im Anschluss an diese drei Tage recht gute Noten, hatte sie doch «das Gelände im allgemeinen gut ausgenützt und sich damit über eine gute Einzelgefechtsausbildung ausgewiesen». Die Marschdisziplin war zufriedenstellend, einschränkend jedoch wurde festgestellt, dass «in den wenigen WK-Tagen eine wesentliche Steigerung des Marsch-Trainings ausgeschlossen ist». Einen speziellen Kranz verdiente sich das Bataillon 46 im Infanterie-Regiment 21: Die 1. Kompanie setzte in der Nacht vom 21. auf den 22. September bereits vor Beginn der befohlenen Angriffsstunde über die Reuss, richtete sich dort ein und ermöglichte damit dem ganzen Bataillon den Uferwechsel. «Das initiative Handeln verdient Anerkennung», heisst es dazu in der Manöverkritik. Die Überwachung dieses Handstreichs durch die Schiedsrichter war in der Nacht jedoch nicht möglich gewesen, weshalb auch «kein sachliches Urteil über Erfolg oder Misserfolg» abgegeben werden konnte.

Probleme gab es in diesem Jahre 1926 ganz

offensichtlich mit den Beständen: die Gebirgs-Telegrafen-Kompanie 17 zum Beispiel, die überhaupt zum ersten Mal mit Feldtruppen im Mittelland übte, rückte mit einem solch schwachen Bestand an Mannschaft und Material ein, dass sie nur die Verbindungen für die Übungsleitung zu erstellen vermochte. Aber auch die Truppensanität rückte zu diesem WK numerisch so schwach ein, dass sie den Gefechtssanitätsdienst nicht richtig üben konnte. Und schliesslich wiesen auch die Sanitäts-Kompanien derart kleine WK-Bestände auf, dass der Verbandsplatzdienst nur durch Zusammenlegen mehrerer Einheiten geübt werden konnte.

Die Truppe musste sich während der Manöverperiode zum Teil mit recht bescheidenen Unterkünften abfinden. «Dem anhaltend guten Wetter, den Zelten und den nachgeführten Biwakdecken ist es zu verdanken, dass die Truppe gesundheitlich nicht Schaden gelitten hat, obwohl ein grosser Teil der Einheiten mehrere Nächte hintereinander im Freien lagern musste», heisst es im Rapport. «Führung und Truppe gaben sich Mühe, ihr Bestes zu leisten. Die ernste Dienstauffassung und straffe Haltung traten nicht nur in den Manövern deutlich zutage, sondern auch beim nachherigen Defilieren in kombinierten Brigade-Gruppen vor dem Chef des Eidgenössischen Militärdepartementes», schliessen die Aufzeichnungen von Korpskommandant Bridler.

Turnen in der Infanterierekrutenschule Aarau, 1925

1928: Erstmals mit Motorlastwagen

Ende April 1928 war die Infanterie-Brigade 12 zum Wiederholungskurs aufgeboten worden. Für die zweite Dienstwoche hatte das Divisionskommando zwei- bis dreitägige Manöverübungen angesetzt. Deren Ziele waren klar umrissen: einmal ging es darum, die Kommandanten kombinierter Infanterieregimenter in der Führung zu üben, speziell das Zusammenarbeiten von Infanterie und Artillerie, weiter aber auch darum, der Truppe Gelegenheit zu geben, das eben eingeführte LMG in der Praxis taktisch zu erproben und dessen Verwendung im Gefecht auf Stufe Kompanie und Zug zu üben. Und noch eine Novität dürfte damals bei der Truppe viel zu reden gegeben haben: Zum ersten Mal waren den Einheiten auf breiter Basis Motorlastwagen zugeteilt, die «eine grosse Erleichterung für den Dienst bedeuteten». In diesem Zusammenhang fand man im Rahmen der WK-Besprechung die Tatsache der Erwähnung wert, dass die Hälfte der Tornister eines ganzen Regimentes in die ziemlich weit entfernten Vorkurskantonnemente transportiert wurden. «Der Neuheit der Sache wegen», heisst es in der Rückschau weiter, «mangelte es da und dort noch an einer zweckmässigen Verwendung dieser Motorwagen, die eben auch noch erlernt werden muss».[8]

Der damalige Brigadekommandant Bircher

Das Kader des Zuges 2/III der Infanterierekrutenschule 4 in Aarau, 1928

begründet die Wahl des Manövergeländes zwischen dem Raum Frick, dem Bözberg und den Juraübergängen im Süden, eines Gebietes, das sich «um so zweckmässiger erweist, als ja gerade der Jura mit seinem coupierten Gelände es unserer nicht genügend ausgebildeten, technisch nicht vollständig ausgerüsteten, numerisch auch schwachen Truppe gestattet, bei geschickter Führung auch einem stärkeren, besser ausgerüsteten Gegner mit Aussicht auf Erfolg entgegenzutreten». Bircher beruft sich bei dieser Behauptung auf einen prominenten Zeugen, sprach doch der englische Militär-Attaché, der die Manöver verfolgte, davon, dass «in diesem Gelände auf einen Verteidiger zehn Angreifer kommen müssen».

Füs Bat 57: Vom Kaistenberg auf den Benken

Es mag sich lohnen, die Einsätze des Füs Bat 57 an diesen Manövertagen zu verfolgen. Die 57er begannen den 2. Mai 1928 mit einer Bereitstellung im Gebiet Kaistenberghof–Warthof und dienten als Regiments-Reserve. Im Laufe des Morgens traf der Marschbefehl «Richtung Hornussen!» ein. Aus unerklärlichen Gründen erreichte das Bataillon den Wald östlich von Elfingen verspätet. Um 15.40 Uhr begann der Angriff, nach einer Stunde wurde er abgebrochen; das Bataillon schwenkte nach Süden ab und stieg hinab gegen das Kästal. Die Nacht dürfte für die 57er kurz gewesen sein, denn um 04.15 Uhr des zweiten Manövertages kam der Befehl zum Abmarsch aus dem Raum Bözen–Elfingen auf die Achse Ueken–Herznach zu. Um 08.10 Uhr fand sich das Gros der Truppe im Gebiet Strichen zwischen Herznach und Densbüren-Asp. Um 12 Uhr erhielt die Truppe eine Zwischenverpflegung, am Nachmittag herrschte Ruhe. In der Nacht verschob sich das Bataillon schliesslich an die neue «Hauptkampflinie» auf dem Benkerjoch-Raum Benken, ehe um 07.30 Uhr am dritten Tag mit dem Signal «Das Ganze Halt!» die Übung abgebrochen wurde.

Die kombinierte Infanterie-Brigade 12 erhielt bei der Manöver-Besprechung auf der Staffelegg gute Noten, wobei in erster Linie rühmend anerkannt wurde, dass «der weitaus grössere Teil der Truppe mit lebhaftem Interesse bei den Übungen mitgearbeitet hat». Das war nicht ganz selbstverständlich, weil gegen Schluss hin schlechtes Wetter einsetzte. Kommandant Bircher setzte daraufhin das Defilee ab und befahl, so rasch wie möglich die Kantonnemente aufzusuchen. Das Platzkommando Aarau erhielt gar den Befehl, die Truppenunterkünfte wegen der garstigen Witterung subito zu heizen.

Massnahmen für den Ordnungsdienst

Im Frühling 1930 erlebte der Ostteil des Kantons Aargau hektische Tage: Für den 11. Mai hatten BBC-Lehrlinge auf Betreiben der kommunistischen Jugendorganisation Zürich zu einer Demonstration nach Baden eingeladen[9]. Die Aktion wurde allerdings um eine Woche verschoben, wobei für die neu angesetzte Kundgebung vom 18. Mai nun die Kommunistische Partei der Schweiz verantwortlich zeichnete. Die «rote Badenfahrt» von 1930 wurde sowohl von der Aargauer Regierung als auch vom Bundesrat sehr ernst genommen, die «Modalitäten eines Truppenaufgebotes» wurden ins Auge gefasst. Nach einigem Hin und Her entschied man sich als potentielle Einsatztruppe für das Schützen-Bataillon 4, das am Ende seines Wiederholungskurses stand. Ein Teil der Truppe kam dann am Sonntag, dem 18. Mai, tatsächlich zum Einsatz, wobei dieser «militärische Ordnungsdienst» mit der Kantonspolizei zusammenwirkte. Die Anführer, unter ihnen Nationalrat Walter Bringolf aus Schaffhausen, wurden verhaftet und die «Ruhe wieder hergestellt».

Beförderung zum Wachtmeister

Am 8. Januar 1931 befasste sich die Landesverteidigungs-Kommission mit den «Massnahmen für Grenzsperren und Ordnungsdienste». Es wurden zunehmende «Unruhen in Deutschland» befürchtet und für den Winter mit einem Zustrom «unerwünschter Elemente» an der Grenze gerechnet. Deshalb entschied man sich, zur Unterstützung der Zoll- und Polizeiorgane Landsturmdetachemente aufzubieten; für die Sicherung der Hauptgrenzübergänge sah man Auszugstruppen vor. Eindeutig waren hierbei «Unruhen im Innern» im Visier. Die folgenden Einheiten der 4. Division sollten den militärischen Ordnungsdienst leisten: Truppen der Inf Rgt 11 und 12, die Radfahrer Kp 4 und 24 sowie die Dragoner-Abteilung 4. Diese «Massnahmen» hatten allerdings nur vorsorglichen Charakter, auf dem Papier hingegen blieben sie weiter bestehen.

Die Divisionsmanöver 1931

Nach den Übungen von 1926 hatte die 4. Division vom 6. bis 9. September 1931, also zu Beginn der zweiten WK-Woche, wieder ein Manöver im grossen Verband zu bestehen. Übungsleiter war erneut und zum letzten Mal der Kommandant des 2. Armeekorps, der mittlerweile 67jährige Otto Bridler. Dank seinem Bericht[10] sind wir über die Anlage und den Verlauf der Truppenübung im Detail im Bilde. Nach be-

Seite rechts: Funkstation der Feld-Artillerie-Abteilung 13. Aquarell von Ed. Elzingre.

währtem Muster standen sich die 4. Division («Blau», unter dem Kommando von Oberstdivisionär Miescher) und eine leichte Manöverdivision («Rot», unter Kommandant Oberst von der Mühll) gegenüber. Die allgemeine Lage präsentierte sich wie folgt: «Rot» stösst aus dem Raum nördlich von Basel in die Schweiz vor und überquert den Jura bis zur Aare. «Blau» erkennt die von Westen her drohende «Kriegsgefahr» noch «annähernd rechtzeitig» und macht sich im Raum Lenzburg–Luzern zur Verteidigung und zum Gegenangriff bereit. Die 4. Division stösst über das Suhren- und Uerketal bis an die Wigger und im Norden bis an die Aare vor. Die Truppen sind auf beiden Seiten in Kampfgruppen Nord und Süd aufgeteilt; eine zusätzliche Erschwerung der operativen Führung. So bilden sich im Abschnitt Pfaffnau und vor Langenthal Schwerpunkte der Gefechtstätigkeit, wobei am Abend des zweiten Tages von 21.00 bis 06.00 Uhr eine neutralisierte Phase eingeschaltet wird. Denn unter Zeitdruck muss der Übungsleiter «der Kriegslage Zwang antun» und die Hauptkampflinie weiter westlich an die Brückenköpfe Aarwangen und gegen die Klus bei Balsthal verlegen. Mit dem Einmarsch in die neu befohlene Angriffs-Grundstellung mit Stossrichtung West für die 4. Division endet das Manöver am 9. September.

Schwierigkeiten gab es allerdings gleich zu Beginn dieser ereignisreichen Tage. So musste wegen eines ansteckenden Katarrhs unter den Pferden die Feld-Artillerie-Abteilung 13 für die ganze Dauer der Manöver «von der Teilnahme ausgeschlossen werden». Und schon am ersten Tag ist, wie es im Rapport von Bridler heisst, «an einigen Orten das Trompetensignal ‹Gefechtsabbruch› abgegeben worden». Offenbar unbefugt oder im Scherz. Denn, wie Bridler weiter schreibt, «auf den Fuss folgte von höchster Stelle der Ukas, dass den Spielleuten nochmals einzuschärfen ist, dass dies nur auf Befehl eines Stabsoffiziers geschehen darf». Zudem herrschte «an der Front» heillose Verwirrung, da plötzlich unangemeldet der Durchmarsch des «blauen» Bataillons 41 durch die Linien erfolgte, mit dem Befehl, das Defilierfeld für den abschliessenden Vorbeimarsch herzurichten.

Friktionen gab es aber offensichtlich auch bei der Aufklärung. Die Beobachtung aus der Luft steckte damals noch in den Anfängen; den wichtigsten Beitrag zur Feindrekognoszierung

Guillaume Favre, von Genf
1925–1931 Kdt 4. Div

1875–19. 8. 1942

Instruktionsoffizier

Grundwaffengattung Kavallerie
1909 Major, 1916 Oberstlt, 1920 Oberst, 1925 Oberstdivisionär

Favre hat seine ganze militärische Laufbahn, mit Ausnahme seiner Zeit als Kommandant der 4. Division, bei der Kavallerie absolviert. Nach seinem Rücktritt als Divisionskommandant war er während zehn Jahren im Vorstand des Internationalen Komitees des Roten Kreuzes tätig. Politisch hat er sich im Grossen Rat des Kantons Genf eingesetzt.

leisteten die Kavallerie und die Radfahrer. Im Bereich der Bodenaufklärung gab es Kompetenzstreitigkeiten, hatten doch sowohl die Nachrichtenoffiziere des Divisionsstabes als auch die Abteilungen und Bataillone ihre Bedürfnisse. Ein letzter Hinweis sei in diesem Zusammenhang gestattet, der sich auf den Befehlsmechanismus bezieht und die ungefähren Zeitverhältnisse dokumentiert. So ergingen am zweiten Manövertag, am Spätnachmittag um 17.50 Uhr, schriftliche Weisungen der Übungsleitung per Kurier an die Division («Blau»). Der Entschluss des Kommandanten der 4. Division wurde um 19.25 Uhr ins Journal notiert. Erst um 22 Uhr ging dann der schriftliche Divisionsbefehl vom KP ab. Um 23.30 Uhr stand der Befehl des Brigade-Kommandanten 12 (Oberst Bircher) fest, während sich die Gebirgs-Infanterie-Brigade 10 (Oberst Schmid) gar bis 1 Uhr früh Zeit liess!

Tätigkeit der Fortifikations-kommandos

Oberstkorpskommandant Bridler geht in seinem Bericht auch auf die sogenannten Fortifikationskommandos ein. «In unseren Landwehr-Brigade-Stäben und in unserem Ingenieur-Offizierskorps sowie in den vom EMD zur Verfügung gestellten höheren Artillerieoffizieren haben wir eine kriegstaugliche intellektuelle Reservequelle, aus der wir leider in unseren Manövern nur selten zu schöpfen imstande sind. Welch grossen Nutzen wir aus ihr ziehen könnten, wissen diejenigen, welche sich während des Aktivdienstes (1914/18) mit den Fortifikationen von Murten und Hauenstein vertraut machen konnten. Leider konnte ich im Manöver von 1931 dem Fortifikationskommando-Stab keine Bautruppe zur Verfügung stellen, weil mir die Kredite für die unvermeidbaren grossen Kulturschäden nicht zur Verfügung standen». Die Probleme unter dem Stichwort «Landschaden» haben also schon vor einem halben Jahrhundert bestanden.

Die Manöver von 1931 endeten, wie jene zuvor, mit dem Vorbeimarsch der gesamten Division. Den Bericht über den Stand der Truppe fasste der Übungsleiter kurz und bündig zusammen: «Die 4. Division hat mit ihren Manövern ihren festen Willen, sich für die Landesverteidigung bereitzuhalten, neuerdings gezeigt.» Dieses Urteil nahm allerdings in keiner Weise Bezug auf die in diesen Jahren, gerade in Kreisen der Jugend, lebhafte allgemeine Diskussion um die Armee [11].

Vom Papierkrieg und von heissen Würsten

Während Oberstkorpskommandant Otto Bridler seine Beobachtungen über den Manöververlauf von 1931 vorwiegend bei den Stäben und Kommandoposten der Einheiten machte, besuchte Oberstdivisionär Rudolf Miescher mehrheitlich die «Front». Sein Kurzbericht über den WK der 4. Division [12] setzt deshalb die Akzente in anderen Bereichen des Dienstbetriebes; zwei davon sollen im folgenden dargelegt werden. Einmal ging es um das permanente Klagen der Kommandanten über den Papierkrieg. Miescher berührte es allerdings merkwürdig, dass «die Herren, welche die Klagen am lautesten vortragen, auch diejenigen sind, von denen man am meisten überflüssige Briefe bekommt und die am meisten sich aufregen, wenn der Divisions-Kommandant einmal etwas direkt erledigt, ohne alle Zwischeninstanzen zu begrüs-

Inspektion des Füs Bat 46 durch Oberst-divisionär Miescher, 1932

sen». Es handelte sich dabei also offensichtlich um ein heikles Kapitel, das jeweils im WK seinen Höhepunkt erreichte. Miescher weist darauf hin, dass «für die Beschäftigung, Verpflegung, Unterkunft und Gesundheit von 22000 Mann während 16 Tagen eben eine Menge Anordnungen nötig sind». Für viele Schreibereien liege aber die Ursache darin, dass man «zu wenig miteinander spricht». Der Oberstdivisionär empfiehlt den Kommandanten vor allem, im Verkehr mit dem Platzkommando, den Zeughäusern sowie den kantonalen und Ortsbehörden «sich in aller Freundschaft zu verständigen».

Interessant ist, dass beim Bataillon 46 nicht weniger als 55 Mann unentschuldigt zu diesem Wiederholungskurs nicht eingerückt sind; in den sieben Aargauer Bataillonen waren es 230 oder rund 4 Prozent der Pflichtigen, die sich drückten. In der Brigade 10 erreichte dieser Satz nur 1,7 und bei den Basler Einheiten gar nur 1,6 Prozent. Bei den Beständen fiel auf, dass die Brigade 12, und innerhalb dieses Verbandes vor allem die Bataillone 58 und 59, unterdotiert

Rudolf Miescher, von Basel
1931–1934 Kdt 4. Div

17. 3. 1880–31. 7. 1945

Zivilgerichtsschreiber, Vorsteher des Betreibungsamtes, Regierungsrat, Berufsoffizier

Grundwaffengattung Infanterie
1916 Major, 1921 Oberstlt, 1925 Oberst, 1931 Oberstdivisionär, 1934 Oberstkorpskdt

Miescher wurde in St. Gallen geboren, verbrachte aber sein ganzes Leben in Basel. Nach dem Studium der Rechte (1904 Dr. iur.) schlug er zunächst die Gerichtslaufbahn ein. Doch schon 1911 wurde er in den Grossen Rat gewählt, 1914 in den Regierungsrat. In dieser Funktion war er ein unermüdlicher Kämpfer für die Basler Rheinschiffahrt und ordnete auch das Basler Polizeiwesen neu. 1931 demissionierte er als Regierungsrat, um sich hauptamtlich dem Militär widmen zu können. Von 1919 bis 1934 gehörte Miescher dem Nationalrat an, in dem er als Fachmann für juristische und finanzpolitische Geschäfte brillierte. Von 1934 bis 1941 hatte er das Kommando des 3. Armeekorps inne.

Die Küche der Schützenkompanie I/5 in den dreissiger Jahren

waren. Auf der anderen Seite marschierten beim Sappeur-Bataillon 4 überflüssige Säumer hinter den Kolonnen mit.

Unter dem Stichwort «Verpflegung» bezeichnete Oberstdivisionär Miescher das Essen als gut und reichlich; die erstmalige Abgabe von Schachtelkäse habe Anklang gefunden. «Allerdings half, speziell während der Manövertage, eine ‹inoffizielle Verpflegung› aus, fuhren doch zahlreiche Marketender mit ihren Camions den Truppen nach.» Milch (Unterstützung der Landwirtschaft!), heisse Würste, Bäckereiwaren, Wähen, Schokolade und Mineralwasser aller Art wurden angeboten und auch abgekauft. «Ich halte dafür, dass des Guten fast zuviel geschieht und man mit den Hausierbewilligungen zurückhalten sollte», meinte Miescher und fügte militärisch knapp den Satz hinzu: «Die Truppe wird verwöhnt.»

Nach- und Rückschub erstmals getestet

Wer den Beschrieb von Truppenmanövern nach dem Ersten Weltkrieg liest, stösst betreffend den rückwärtigen Raum meistens auf das ominöse Wörtchen «supponiert». Die 4. Division konnte erst 1932 erstmals Übungen im Nach- und Rückschub durchführen. Und dies nur dank dem glücklichen Umstand, dass in diesem Jahr eine grosse Anzahl von Landwehreinheiten der Spezialwaffen, insbesondere Park- und Sanitätsformationen, ihren Wiederholungskurs abzuleisten hatten. Bisher hatte man sich auf diesem Gebiet in der Hauptsache mit Übungen «auf dem Papier» begnügen müssen. Nun fand erstmals eine real, vom 18. bis 21. Juli im Rahmen der gesamten Division unter dem Kommando des Chefs der Generalstabsabteilung statt. Sie hatte einen ausgesprochenen «Versuchscharakter», wobei das Schwergewicht bei der Durchführung des Munitionsersatzes vom Depot bis zur Front sowie im Verwundetenrückschub von der Stufe Zug bis zum Verbandsplatz lag. Einzig beim Verpflegungsnachschub hatte man in vorhergehenden Manövern im praktischen Einsatz bereits ausgiebig Erfahrungen sammeln können. Schliesslich sollte in diesen Übungen auch ein Versuch mit der Strassenpolizei gemacht werden, die – auf dem Papier – schon längst bestand, aber noch nie zur praktischen Erprobung gekommen war. An der Übung, die sich zur Hauptsache im Raume Hitzkirch–Hochdorf abspielte und durch schwere Unwetter gestört wurde, nahmen unter anderem 32 Motorlastwagen sowie über 300 Zug- und Saumpferde teil. Bezüglich der Strassenpolizei hält der abschliessende Rapport fest, dass «die Radfahrertruppe dafür zweifellos geeignet ist». Allerdings könne keine Rede davon sein, «die heute organisatorisch vorhandenen Radfahrerverbände hiefür zu benützen», hingegen denkbar, «einen Teil der allmählich wachsenden Landwehrbestände zu verwenden. Für

Vorführung der neuen Infanteriekanone (IK) 1937 vor Teilnehmern des freiwilligen Grenzschutzes in Bülach.

einzelne Aufgaben wäre es notwendig, berittene Strassenpolizisten zu besitzen. Doch könnten dafür wohl einzelne geeignete Elemente aus der Landwehrkavallerie ausgezogen werden», schliesst die Erkenntnis aus dieser gross angelegten Übung[13].

Die Wende in den dreissiger Jahren

Die Jahre nach 1930 brachten in der Grundeinstellung zur Landesverteidigung eine entscheidende Wende. Verschiedene Faktoren waren dafür ausschlaggebend, nicht zuletzt die internationale Lage mit den gescheiterten Abrüstungsverhandlungen sowie die Militarisierung Deutschlands nach der Machtergreifung Hitlers. Innenpolitisch kam der frische Wind im Eidgenössischen Militärdepartement dazu, das seit 1930 durch den populären Berner Bauern Rudolf Minger geführt wurde. Militärpolitische Vorlagen folgten sich Schlag auf Schlag: ab 1934 wurden von Volk und Ständen Millionenkredite für die Armee sowie Dienstverlängerungsvorlagen gutgeheissen. 1935 wurde die Wehrvorlage (das Bundesgesetz brachte unter anderem eine Verlängerung der Rekrutenschule) in der Volksabstimmung angenommen, ein Jahr später die eidgenössische Wehranleihe von 235 Millionen Franken um volle 100 Millionen überzeichnet. Mingers Politik beruhte vor allem auf vier Säulen: erstens strebte er die Erhöhung der Militärausgaben an, wobei sowohl die Bedrohung von aussen als auch die Arbeitsbeschaffung im Innern eine Rolle spielten. In zweiter Linie versuchte Minger, eine Verbesserung der Ausbildung in qualitativer und quantitativer Hinsicht zu erlangen, was ihm mit der revidierten Militärorganisation vom 24. Februar 1935 auch gelang. Daneben realisierte er Fortschritte innerhalb der Armeeleitung und im Verwaltungsapparat des EMD. An vierter Stelle stand die Popularisierung der Armee, indem sogenannte «Volkstage» im ganzen Land veranstaltet wurden. Die Armee konnte damit, als Instrument der Friedenssicherung, dem Bürger mit Erfolg nähergebracht werden[14].

Es war eine bewegte Zeit, denn die Diskussionen am Stammtisch, am Arbeitsplatz und wohl auch in den Kasernen oder während des WKs drehten sich auch um die weltwirtschaftliche Krise mit den hohen Arbeitslosenzahlen. Hinzu kam in der Deutschschweiz die ideologische Auseinandersetzung um die «Fronten», jene deutschfreundlichen Grüppchen, die sich – allerdings mit wenig Erfolg – sogar um Parlamentssitze bemühten und mit einigen Grossveranstaltungen aufhorchen liessen.

Für die 4. Division kam schliesslich Ende 1934 der Kommandowechsel an der Spitze hinzu. Mit dem Chirurgen Eugen Bircher trat eine dezidierte, aber auch umstrittene Persönlichkeit ins Rampenlicht. Die Wahl Birchers war eine logische Folge seiner Offizierskarriere und seiner Aktivitäten in Vereinen und Verbänden. Es ist hier nicht der Ort, auf die ganze Diskussion und Kontroverse rund um die Person von Oberstdivisionär Bircher näher einzugehen. Nur soviel: die damalige Wahl des Bundesrates verschärfte die Debatte, vor allem innerhalb der sozialdemokratischen Partei, bezüglich der Haltung zur Landesverteidigung[15].

Fest steht, dass mit Bircher ein Truppenführer am Werk war, der, fast prophetisch, an eine bewaffnete Auseinandersetzung in absehbarer Zeit glaubte und demgemäss handelte. 1932 hatte die Landesverteidigungs-Kommission den Turnus der Wiederholungskurse neu festgelegt: einem Detail-WK auf Stufen Zug, Kompa-

Der erste Skikurs des Füsilier-Bataillons 99

vom 8. bis 15. Januar 1933 im Parsenngebiet

hat derart nach allen Seiten hin Freude und Genugtuung ausgelöst, dass er verdient, dass man in Wort und Bild eine kleine, dauernde Erinnerung an ihn vorlegt. Der Text soll nüchtern nur die hauptsächlichsten Tatsachen festhalten, die Bilder aber sollen vom Erlebnis erzählen.

Über die Notwendigkeit des militärischen Skilaufes in der Schweiz in Hinsicht auf unsere Landesverteidigung im Winter, braucht man kein Wort mehr zu verlieren, wenn man weiss, was unsere Nachbarstaaten, die meist viel weniger Winter haben und über weniger Skigelände wachen müssen, in dieser Hinsicht alles tun. Und wenn das offizielle Geld ausgeht, weil man – in der Zwangslage zu sparen – oft für das Notwendige keine Mittel mehr aufbringt, so muss eben der Weg der Freiwilligkeit begangen werden. Unser Volk aber sollte mehr Vertrauen haben zu sich selber; denn das Selbstvertrauen des Schweizervolkes ist auch das Vertrauen zu seiner Armee und zu den militärischen Behörden. Die Freiwilligkeit auf dem Gebiete des Militär-Skilaufes ist nur ein Notbehelf; doch es gehört mit zum Erfreulichen an diesem Kurs, dass sie in unerwartetem Ausmass vorhanden war.

Die Beteiligung: Auf den Ruf ihres Bataillons sind eingerückt:

	Offiziere		Unteroffiziere		Soldaten	Total
vom Stab 99:	5		1		1	7
von I/99:	1		1		7	9
von II/99:	4		6		10	20
von III/99:	3		3		13	19
von IV/99:	2		4		6	12
total:	15	+	15	+	37	67 Mann
Dazu kamen als Zugewandte:						7 Mann

Defilee der Infanteriebrigade 11, 1937

nie und Bataillon sollte im nächsten Jahr der Divisions-WK unter Einbezug der Artillerie folgen, im dritten Jahr der Brigade-WK und im vierten Jahr der sogenannte Manöver-WK. Bircher, kaum hatte er die Division übernommen, stellte an die Landesverteidigungs-Kommission den geradezu revolutionären Antrag, den Wiederholungskurs bereits am ersten Tag mit einer Mobilmachungsübung beginnen zu lassen. Entgegen der bisherigen Praxis bewilligte «Bern», das auf die «verheerenden Erfahrungen bei früheren Versuchen» verwies (die Offiziere kannten zum guten Teil ihre Leute nicht), das Begehren. Die 4. Division hatte bisher nur die sogenannte «Friedensmobilmachung» gekannt, und die war bei diesem schwerfälligen Truppenkörper noch mit genug Schwierigkeiten verbunden.

Die veränderten wehrpolitischen Verhältnisse beeinflussten auch das Verhältnis zur Einrichtung des Defilees, das jeweils den Abschluss der Manövertage bildete. 1931 schrieb Oberstdivisionär Miescher, dass er «lebhafte Bedenken» gegenüber dieser Parade habe, auch wenn er «die Bedeutung für die Propaganda» durchaus anerkenne. Die Aufmerksamkeit der Truppe und des Volkes werde von der Hauptsache abgelenkt, das «Ganze wird vom Gedanken an das Defilee beherrscht». Oberstdivisionär Bircher teilte offenbar diese Ansicht; schon als junger Offizier hatte er sich gegen den «Stechschritt» gewandt, der bei solch feierlichen Anlässen üblich war. Originalton Bircher: «Der auch bei uns auf fast allen Waffenplätzen eingeführte Takt- oder Paradeschritt ist nicht nur eine vom gesunden Menschenverstand aus lächerliche, sondern auch vom ärztlichen Standpunkt aus betrachtet eine geradezu gesundheitsgefährdende Schrittart.» Bircher war aber zu sehr auch Bürger dieses Staates, um nicht die Wirkung eines Truppenvorbeimarsches auf die Bevölkerung zu erkennen. So liess er «seine» Division am 5. September 1935 bei Ettiswil in unmittelbarer Nähe von Willisau vor Bundesrat Minger paradieren. Die Kulisse war mit Ehrentribüne und Sitzplätzen für Behörden und Offiziere geradezu gigantisch. Wie das letzte Kapitel zeigen wird, war es ausgerechnet ein Defilee, das zwei Jahre später dem forschen Oberstdivisionär Ungemach brachte.

Die Stanser Ereignisse von 1937

Am Vorabend der durch die Truppenordnung von 1938 vorgesehenen Neuordnung der Divi-

sionen kam es bei der Verabschiedung der beiden Luzerner Gebirgsinfanterie-Regimenter 19 und 20 (Geb Inf Brigade 10) aus dem Verband der 4. Division zu einem Zwischenfall, der als «Skandal von Stans» in die Militärgeschichte eingegangen ist. Nach einem harten Wiederholungskurs im Raum Engelberg sollte die Truppe zum letzten Mal vor Oberstdivisionär Eugen Bircher defilieren. Die Inspektion war auf Freitag, den 12. August, um die Mittagszeit, auf der Wiler Allmend bei Stans angesetzt. Verschiedene Umstände, vor allem Fehldispositionen auf Stufe Regiment und Bataillon, führten zu turbulenten Szenen. Man sprach von Pfiffen, Hitzschlägen «reihenweise» und Alkoholexzessen. In der Presse wurde das Ereignis Tage später kritisch kommentiert, wobei linke Blätter mit Schussrichtung Bircher von «preussischen Methoden» (KP-Organ «Die Freiheit») und Innerschweizer Zeitungen von «Soldatenschinderei» schrieben. Die ganze Sache hatte ein Nachspiel mit verschiedenen Kommandoenthebungen, wobei es zu einer politischen Verstimmung zwischen Bern und dem Stand Luzern kam[16]. Bircher hatte wohl für das Defilee einen Befehl herausgegeben, doch lagen die Ursachen für diesen missglückten Abgang der Gebirgsinfanteristen nicht beim Divisionskommandanten, wie eine vom EMD angeordnete Administrativuntersuchung zutage förderte, die von Oberstkorpskommandant Friedrich Prisi (der Bircher sehr kritisch gegenüberstand) durchgeführt wurde. Im umfangreichen Bericht[17] wird klar festgehalten, dass der Lärm und Tumult erst ausbrach, als sich Bircher bereits vom Defilee entfernt hatte und der Truppe nicht mehr gegenüberstand. Die Schlagzeile «Oberstdivisionär Bircher wird ausgepfiffen» entspreche deshalb keineswegs den Tatsachen. Das Pfeifen und Rufen habe sich auf die Bataillone 41 und 42 beschränkt, weshalb man nicht von einer «offenen Rebellion» sprechen könne. Die Stimmung bei der Truppe sei während des WKs gut gewesen, hingegen hätten beim Anmarsch zum Inspektionsplatz zum Teil falsche oder fehlerhafte Anordnungen von Offizieren zu den erwähnten Vorfällen geführt. Prisi kommt zur Feststellung, dass «sich beide Regimentskommandanten schwerer Unterlassungen schuldig gemacht haben durch Nichterfüllung ihrer dienstlichen Pflichten». Der Antrag, die beiden Kommandanten sowie weitere Offiziere von ihren Positionen zu suspendieren, wurde vom Eidgenössischen Militärdepartement übernommen und am 5. November 1937 auch verfügt.

Bruno Nüsperli

Masseinheiten der Kampfkraft

Die drei Säulen Rüstung, Ausbildung und Wehrwille

Die Beurteilung der Stärke einer Armee beginnt meist mit dem Zählen von Mann, Panzern, Flugzeugen, Geschützen. Obgleich ausreichend für eine erste Abschätzung, sagen solche Zahlen nicht alles aus über die wirkliche Kampfkraft. Noch so viele moderne Waffen nützen wenig, wenn sie im Kampf nicht blind beherrscht und unter kundiger Führung richtig eingesetzt werden. Zum Material gesellt sich also die Ausbildung. Beides zusammen verspricht indessen erst Erfolg, wenn gleichzeitig Kampfwille und Opferbereitschaft jedes Einzelnen vorhanden sind. Dieses Dreisäulenprinzip – Material, Ausbildung und Kampfwille – gibt eine gute Grundlage ab für die Beurteilung einer Armee, wie viele Beispiele belegen. Die militärische Stärke der Römer gründete im einheitlichen und hohen Stand aller drei Komponenten, mehr als tausend Jahre lang, bis der erlahmende Kampfwille Volk und Armee erfasste und zum Niedergang führte.

Das Dreisäulenprinzip findet seine mathematische Abbildung in der Multiplikation von drei Faktoren: hat einer von ihnen den Wert Null, ist auch das Resultat Null. Das beste Resultat im Verhältnis zum Gesamteinsatz entsteht, wenn alle Faktoren ausgeglichen gut sind. Den tapferen Polen konnte 1939 beim Ansturm der Deutschen kein Erfolg beschieden sein, weil ihre Ausrüstung (Kavallerie und Maschinengewehr) keinem Vergleich mit den deutschen Panzerdivisionen standhielt – obwohl der Kampfwille vorbildlich und die Ausbildung sicher genügend waren. Die Ägypter besassen zwar 1967 modernes russisches Material, aber mit der Bedienung haperte es; ohne blinde Beherrschung büssen moderne Waffen auf dem heutigen, durch Geschwindigkeit bestimmten Gefechtsfeld ihre Überlegenheit weitgehend ein. Und in Vietnam – wir wissen es – führten weder schlechte Waffen noch mangelhafte Ausbildung zur Niederlage, sondern der fehlende Kampfwille einer Nation, sichtbar gemacht an den Kongressbeschlüssen.

Zur Ausbildung im weitesten Sinne zählt auch die Befähigung des militärischen Kaders zu Führung und Einsatz sowie die geltenden Vorschriften, insbesondere für die Kampfführung. Das Vermögen, resp. Unvermögen, auf eine neue Waffentechnik zu reagieren und die Kampfdoktrin anzupassen, stellt ebenfalls ein Beurteilungskriterium dar, gewissermassen als Bindeglied der beiden Säulen ‹Ausbildung› und ‹Material›. Es wäre interessant, die Frage der gegenseitigen Beeinflussung von Waffentechnik und Taktik historisch zu untersuchen, berühren sich dabei doch zwei gegensätzliche militärische Prinzipien: das Erfordernis nach ausgeglichener Konstanz einerseits sowie die Notwendigkeit der laufenden Anpassung an veränderte Verhältnisse, Gegner und technischen Fortschritt andererseits.

Eine Armee, besonders eine Milizarmee, verträgt keine häufigen Wechsel. Sie ist in diesem Punkt empfindlich und zurückhaltend, muss es sein. Was einmal gelernt worden ist, was nach langer Übung beherrscht wird, lässt sich so leicht nicht mehr ersetzen; gerade darin gründet die Sicherheit, welche erfahrene Soldaten und altgediente Führer auszeichnet. Dabei bezieht sich diese Standhaftigkeit nicht nur auf Waffendrill und Kampfdoktrin; auch das Formelle zählt dazu, vorab in Friedenszeiten. Die innere Sicherheit der Truppe verlangt nach Formen, welche dauerhaft sind.

Auf der andern Seite verlangt der militärische Erfolg im Krieg nicht nur Einsatz, Härte und Können; ebenso wichtig ist die Bereitschaft, sich dauernd den wechselnden Lagen anzupassen. Dies kann, im Extremfall, bis

Mehrfachraketenwerfer sind seit dem Zweiten Weltkrieg unter dem Namen Stalinorgeln bekannt. Die Entwicklung hat auch vor dieser Waffe nicht haltgemacht. Gegenwärtig wird in verschiedenen NATO-Armeen das amerikanische System MLRS (multy launch rocket system) eingeführt. Ein einziger Werfer mit 3 Mann Bedienung verschiesst pro Minute gleichviel Munition wie 14 Panzerhaubitzen M109, auf eine Distanz von gegen 35 Kilometern. Das zivile Anforderungsprofil an die Mannschaft verlangt nur 6 Jahre Grundschule, die Ausbildungszeit ist kurz. Für die neunziger Jahre ist eine Rakete mit Subgeschossen angekündigt, deren jedes einen Panzer selbständig sucht und vernichtet.

Sind bei solchen Entwicklungen nicht Einflüsse auf die gängige Taktik zu erwarten?

zum vorübergehenden Aufgeben bewährter Grundsätze führen (wofür in der k. u. k. Armee der Maria-Theresia Orden zustand – aber nur im Erfolgsfall!) Diese geistige Beweglichkeit anzuwenden fällt seltsamerweise in Friedenszeiten schwerer, wie die Erfahrung lehrt. Als Beispiel diene die wenig erfolgreiche Maginot-Idee im Frankreich der Zwischenkriegszeit. Im Grunde nichts anderes als eine modernisierte Version der Schützengrabentaktik des Ersten Weltkrieges. Auf Statik angelegt, berücksichtigte sie die Möglichkeiten eines raumgreifenden, mechanisierten und luftunterstützten Angreifers in keiner Weise. Der junge de Gaulle sah die Gefahr, konnte sich aber nicht durchsetzen.

Die grösste Bereitschaft, mit alten Vorstellungen zu brechen und die neuen Mittel Panzer und Flugwaffe konsequent und rücksichtslos einzusetzen, bekundete bezeichnenderweise die Armee, welche sich auf eine diktatorische und unter revolutionären Umständen an die Macht gekommene politische Führung abstützen konnte: die deutsche Wehrmacht. Umgekehrt brachte es im Ersten Weltkrieg während langer Jahre keine Kriegspartei fertig, sich aus der Lethargie der Schützengrabendoktrin zu befreien. Entsprechende Mittel, die eine Taktik des Durchbruchs ermöglicht hätten, wurden erst ganz am Schluss eingesetzt, obwohl die technischen Voraussetzungen schon 1914 vorhanden gewesen wären.

Doch wenden wir den Blick der Gegenwart zu. Die Umwälzungen, welche das heutige Leben im Gefolge der fortwährenden Ausweitung der Elektronik erfährt, sind bekannt. Es ist unverkennbar, dass diese Veränderungen nicht an der Oberfläche haften bleiben; sie verbessern vorerst die Qualität der Arbeit, beeinflussen aber zunehmend Verfahren, Denkweise und Entscheidungsabläufe, ja sogar die Sprache. Wenn Aurelio Peccei sagt, dass die Informatik nicht nur die Formen ändere, sondern auch die Inhalte, so heisst das auf den militärischen Bereich übertragen nichts anderes, als dass sich die Taktik in ihren Grundzügen anzupassen habe. Wie aber sieht die Wirklichkeit aus?

Seit 25 Jahren gilt die gleiche Truppenordnung, länger als je zuvor, und seit 20 Jahren die gleiche Konzeption der Landesverteidigung. In derselben Zeit hat die neue Technologie weltweit im Wehrbereich Einzug gehalten in Form elektronischer «Intelligenz»: in zielsuchenden Gefechtsköpfen, in selbstortenden Fahrzeugen, im ganzen Bereich der Aufklärung, des Nachrichtendienstes, der Übermittlung, der Logistik und in der Stabsarbeit. Die ausländische Wehrwissenschaft erwähnt neben den klassischen Bereichen der Verteidigung – Land, Luft und Wasser – die Elektronik als vierte Dimension.

Wir haben das Geld nicht, um laufend gleichzuziehen. Da und dort entstehen Lücken. Die Frage ist deshalb berechtigt, ob die geltende Konzeption noch immer optimal genutzt werden kann. Die Lehre der Abwehr ist in den vergangenen 20 Jahren zur Perfektion herangereift und beginnt dogmatische Züge anzunehmen. Das führt leicht zu einer trügerischen Sicherheit. Anstatt in der elektronischen Revolution eine Bedrohung des status quo zu sehen, sollten wir die Chancen erkennen, welche sie gerade dem Verteidiger mit beschränkten Mitteln bietet. Dies setzt aber die Bereitschaft voraus, Bestehendes in Frage zu stellen. Die Zeit dafür ist reif.

Truppenordnung 1936
(Stand 1.4.1938)

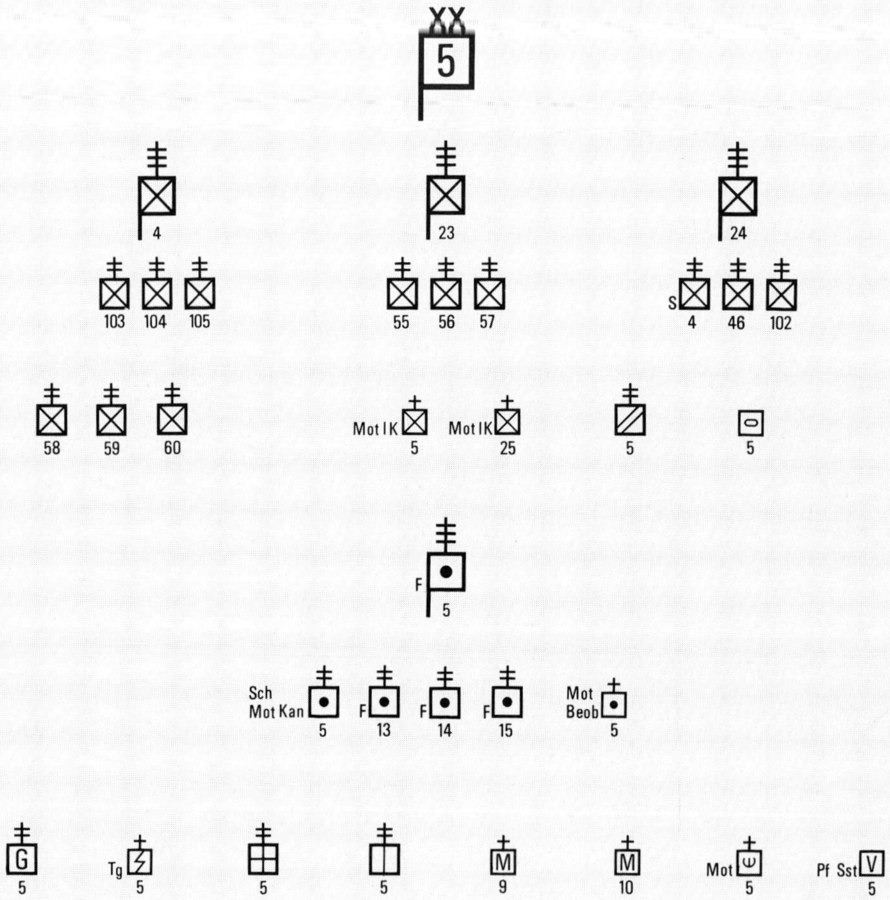

Karl J. Walde

Der Zweite Weltkrieg

1938–1950

Die Truppenordnung 38

Die neue 5. Division der Truppenordnung 1938 wurde im Rahmen der Massnahmen zur Stärkung der Armee in der zweiten Hälfte der dreissiger Jahre geschaffen. Damals spürte man, dass die Kriegsgefahr wuchs.

Die Division sollte beweglicher werden und im wesentlichen aus besonders leistungsfähigen Auszügern (20–32 Jahre) bestehen. Weil mit diesen die als notwendig betrachtete Anzahl von Truppenkörpern nicht zu erreichen war, schuf man zusätzliche Bataillone aus der Landwehr I (33–36 Jahre).

Beweglicher sollte die Division vor allem auch dadurch werden, dass nun der Kommandant ohne die Zwischenstufe der Brigade, und damit schneller und kräftiger als bisher, auf die drei Inf Rgt einwirken und sie für den Kampf zweckmässig verstärken konnte; konsequent wurde die Dreiteilung durchgeführt. Das Art Rgt zählte drei Abteilungen Feldkanonen, also je eine pro Inf Rgt. Dem Divisionär blieb damit immer noch eine Schwere Motorkanonenabteilung, um, falls nötig, zusammen mit Reserven den Kampf direkt zu beeinflussen. Die anderen Spezialtruppen, Sappeure zum Beispiel, waren ähnlich gegliedert.

Diese neue Division war nur noch halb so gross wie ihre Vorgängerin: 15717 Mann statt wie bisher 33953 Mann. Übernommen wurden die aargauischen Inf Rgt 23 und 24; das Rgt 24 allerdings in neuer Zusammensetzung: das Schützen Bat 4 und die Füs Bat 46 und 102. Dazu stiess das Stadtzürcher Rgt 4 mit den Bataillonen 103, 104 und 105.

Die Bataillone 58, 59 und 60, die bisher das Rgt 24 gebildet hatten, wurden nun «selbständig», nicht mehr in Regimenter eingegliedert, sondern Auszugs-Anteile der neu gegründeten Grenzbrigaden. Sie waren altersmässig durchmischt, in jeder Einheit der Grenzregimenter dienten Soldaten der Altersklassen zwischen 20 und 48 Jahren. Damit verfügte man über genügend Männer, die im Grenzraum zu Hause waren, so dass eine äusserst rasche Bereitschaft garantiert war. Es liess sich verantworten, auch Soldaten mit geringerer körperlicher Leistungsfähigkeit einzugliedern, weil der Kampf der Grenztruppen recht ortsgebunden sein sollte.

Die Grenzbrigaden sicherten die Feldarmee, vor allem deren Mobilisierung; so deckte die Grenzbrigade 5 die 5. Division. Sie war dem Divisions-Kommandanten unterstellt: Oberstdivisionär Bircher, der schon die bisherige 4. Division kommandiert hatte. Unter ihm wurden die beiden letzten Wiederholungskurse vor Kriegsausbruch absolviert. Er hatte vorausgesehen, dass er nicht mehr zu verhindern sein würde und deshalb den Truppenkommandanten befohlen, eine Ausbildungsperiode von sechs Wochen vorzubereiten; sollte es zu einem Aktivdienst kommen, würde das Schicksal vielleicht erlauben, in einem langen «WK» gesteigerte Kriegstauglichkeit zu erlangen. Das Schicksal war so gnädig.

Vorbemerkung zum Aktivdienst

Die Jahre des aktiven Dienstes während des Zweiten Weltkrieges lassen sich in zwei Perioden unterteilen: Zuerst stand die Feldarmee während etwa eines Jahres ununterbrochen unter den Waffen. Das bedeutete eine aussergewöhnlich grosse Belastung für den Milizsoldaten und für das ganze Volk; man war an einen drei Wochen dauernden Dienst gewöhnt. Später erlaubte die Weltlage, den grössten Teil der Armee auf Pikett zu entlassen und jeweilen nur

Winterwacht im Jura, 1940 (Karte von Kunstmaler Pümpin)

Soldatenweihnacht 1940 (Ausschnitt aus einer Postkarte)

Himmelried, im Winter 1939

Lieber Soldat!

Ich wünsche Dir viel Glück und Segen
zur Weihnacht. Ich danke Dir, dass
Du für mich an der Grenze stehst.
Ich habe Mitleid mit Dir. Man mu
nur Geduld haben und treu dem
Vaterlande dienen. Es ist nicht schön
an der Grenze zu stehen wärend den
kalten Tagen. Du und Deine Kameraden
haben Sensucht nach Hause. Ich hoffe,
der Krieg werde nicht ewig dauern.
Während Du an der Grenze stehst, kön-
nen andere Leute in der warmen Stube
sein. Ich wünsche Dir fröhliche Weihnacht
und guten Dienst.

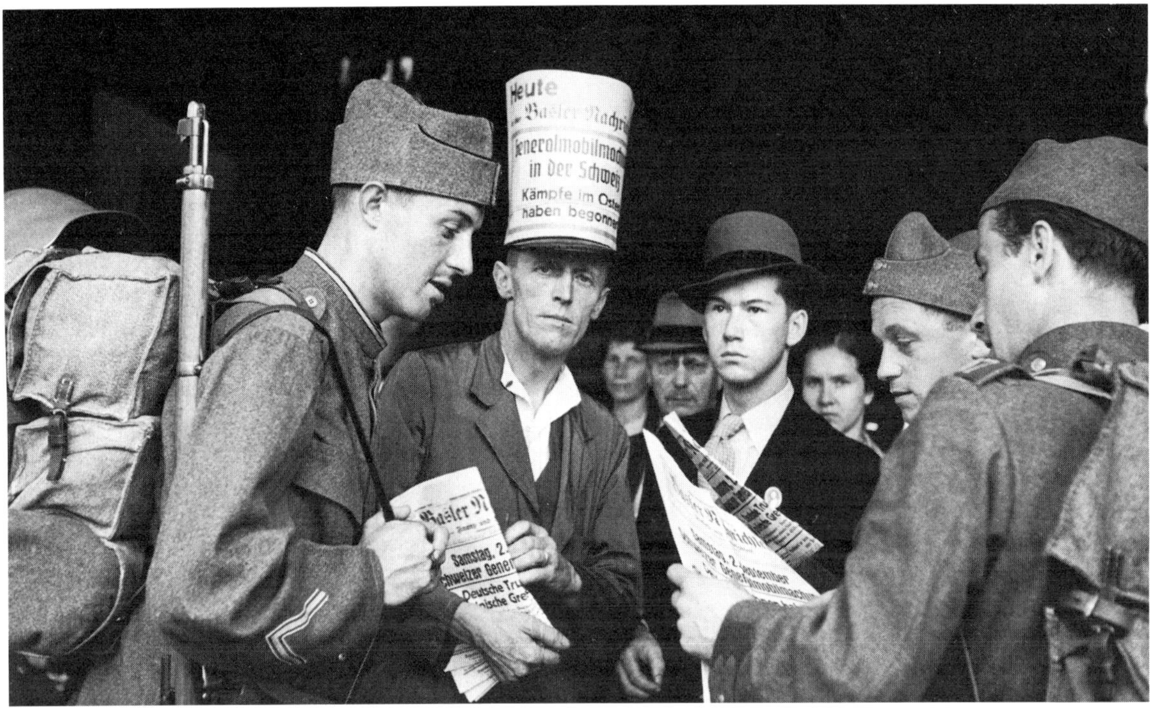

2. September 1939: Generalmobilmachung

etwa zehn Regimenter im Dienst zu halten. Sie hielten sich bereit in «Ablösungsdiensten» von je etwa einem Monat Dauer.

Während der Soldat in der zweiten Kriegsperiode mehrheitlich zu Hause und nicht im Dienst war, bedeutete das erste Jahr die andauernde Trennung von Familie und Arbeitsplatz. Wie konnte er diese Zeit geistig-seelisch durchstehen? Das muss im Anschluss an die Darstellung der ersten Periode untersucht werden, ebenso die Frage, wie die sozialen und wirtschaftlichen Probleme des Wehrmannes gelöst wurden. Mehr technische Fragen leiten dann zur Schilderung der zweiten Periode über.

Die erste Generalmobilmachung. Nordfront I

Der Angriff Deutschlands auf Polen stürzte den grössten Teil Europas und schliesslich fast die ganze Welt in den Krieg. Der Bundesrat ordnete für den 29. August die Mobilmachung der Dekkungstruppen, für den 2. September die allgemeine Mobilmachung an.

Die Vereidigung «machte auf die Truppe einen gewaltigen Eindruck», notiert der Schreiber ins Tagebuch des Rgt 24. Die 5. Division bezog ihre Neutralitätsaufstellung in kurzen Märschen im Raume Brugg und westlich davon, die Einheiten eng nebeneinander, das Divisions-Kommando in Aarau.

«Man hat das Gefühl», steht im Tagebuch des Füs Bat 55, «in einen langen WK eingerückt zu sein.» Gemäss dem bereits erwähnten 6-Wochen-Programm bildete man kräftig aus; erst gegen Ende des Monats waren die koordinierten Pläne für die Nordstellung bereit, von der aus

2. September 1939: Was Räder hatte, rollte.

ein Angriff aus Süddeutschland oder Ostfrankreich hätte abgewehrt werden können. Man begann mit dem Ausbau.

Das Rgt 4 verteidigte das Aaretal von Siggenthal–Villigen bis zum Bruggerberg, das Rgt 23 richtete sich auf breiter Front auf den bewaldeten Jurahöhen zwischen Bürersteig und Zeihen ein, während das Rgt 24 links anschloss, später dann jedoch zurückgezogen wurde, um als Divisions-Reserve das «Kernwerk Bözberg» zu bilden. Auf dem Bözberg stand auch die Masse der Artillerie. Die 5. Division war eingerahmt durch die 8. Division rechts, die 4. Division links, die Gz Brigade 5 vorne und Teile der 3. Division hinten.

Ab Ende September widmete man einen Drittel der Zeit der Ausbildung, zwei Drittel dem Stellungsbau. Nach zwei Monaten war eine gewisse verstärkte Abwehrbereitschaft erreicht; am 4. Dezember besichtigte Oberstkorpskommandant Prisi, begleitet von den Oberstdivisionären, das Ergebnis der Arbeiten.

Natürlich war die Bauerei für die Soldaten eine ganz ungewohnte Aufgabe. Doch das Milizsystem bewährte sich; die Truppe verfügte über Fachleute aller Richtungen. «Das Füs Bat 105 errichtete mit Fachleuten ein eigenes Baubüro», steht z. B. in einem Bericht dieses Zürcher Landwehr-Verbandes.

Als Schützenlöcher, leichtere Waffenstellungen und viele Drahtverhaue bereit waren, ergaben die grösseren Vorhaben, wie zum Beispiel Unterstände, ein derartiges Arbeitsvolumen, dass man die Ausbildung längere Zeit zurückstellte; im Bericht des Füs Bat 105 findet sich auch die Bemerkung: «Durch den Schichtbetrieb war es unmöglich, weiter Ausbildung zu treiben, da die Leute durch dieses System zu sehr ermüdet wurden und für den Kriegsfall übermüdet angetreten wären.»

Die Verteidigung war in der 5. Division wohldurchdacht. Am 16. 10. 39 erliess Bircher eine Fortsetzung der «Weisung für den Ausbau der Verteidigungsstellung und die Führung des Abwehrkampfes», in welcher er die Kampfführung beschrieb. Eingehend wird erklärt, warum und wie die Verteidigung beweglich sein muss.

Einige Pläne jener Kampfdispositive sind erhalten geblieben und bestätigen, woran wir Senioren uns noch erinnern: Wir vermieden offene Vorderhänge. Das Feuer legten wir zusammenhängend in natürliche und künstliche Waldschneisen, enge Tälchen und Schluchten, aus sturmfreien Stellungen auf offene Hinterhänge. Nach Möglichkeit folgte ein zweiter Feuergürtel dem ersten. Die Feuer der Minenwerfer und der Artillerie, beispielsweise auf feindliche Bereitstellungsräume, waren vorbe-

Vereidigung Inf Rgt 22, 1939: «Es schwören und geloben die Offiziere, Unteroffiziere und Soldaten, der Eidgenossenschaft Treue zu halten, für die Verteidigung des Vaterlandes und seiner Verfassung Leib und Leben zu opfern; die Fahne niemals zu verlassen ...»

Der Marsch an die Nordfront

reitet. Die ganze Abwehr zog sich durch nicht panzergängiges Gelände. Wo dennoch Panzer durchgekommen wären, baute man Sperren, bereitete das Legen von Minen vor, und es wurden die Infanteriekanonen (Ik) eingesetzt; sie hätten die Kampfwagen von damals durchschlagen. Die Kampftruppen lauerten in splittersicheren Stellungen, die Stützpunkte waren verdrahtet, und mit der Zeit entstanden volltreffersichere Unterstände.

Das Bauen war mit ungeheuren Schwierigkeiten verbunden. Unter den zehn Zentimetern Humus stiess man auf Kalkstein. Mit Pickel und Schaufel, die zum grössten Teil requiriert worden waren, war ihm schwer beizukommen; oft mussten sogar einfache Schützenlöcher gesprengt werden. Zunehmend wurde es kälter; im Januar 1940 mass man am Rhein bis zu 30° unter Null. Der Boden gefror, die klammen Hände mussten immer wieder am Feuer gewärmt werden. Es fehlte an Material. Noch am 5. Juni 1940 steht im Tagebuch des Rgt 23: «Der

Verteidigungsstellung Schützenbat 4 im Oktober 1939, Schinberg

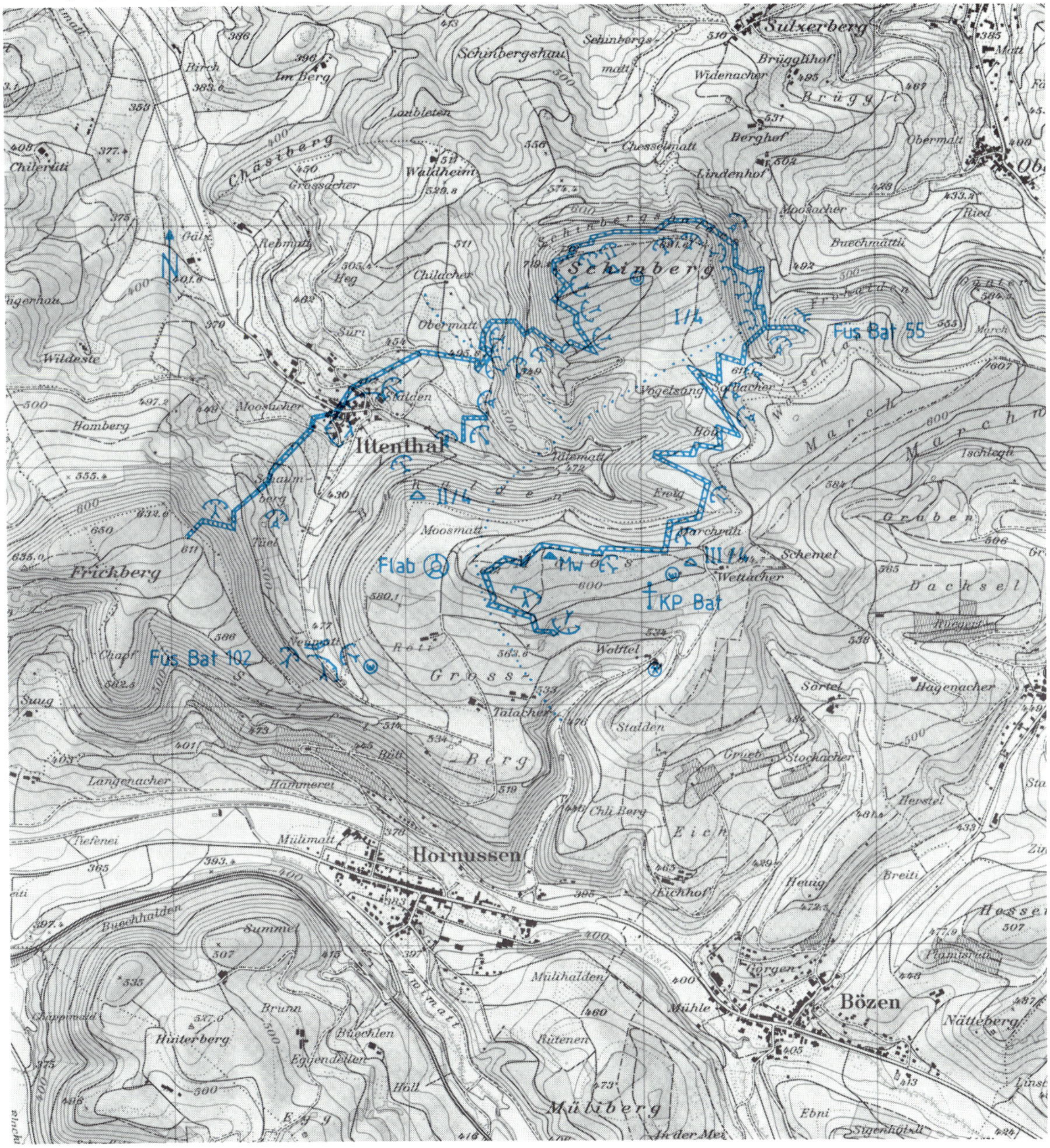

Folgender Originalkommentar zu diesem Bild von 1940 stammt aus dem Buch «Soldaten Kameraden», erschienen 1941 im Fraumünsterverlag AG Zürich: «Wir haben nicht auf Sand gebaut, denn der Sturm, gegen den es standzuhalten gilt, der würde an den Grundfesten der Heimat rütteln, die wir nie verlieren wollen.»

Materialnachschub ... lässt derart zu wünschen übrig, dass es nachgerade deprimierend auf die Truppe wirkt.»

So kam man nur langsam zum Ziel. Im März 1940 war die optimale Abwehrbereitschaft beinahe erreicht. So steht im Tätigkeitsbericht der F Bttr 55: «Es sind fertig erstellt die Geschützstände, ca. 150 m Laufgraben und der Rohbau des mit Betondecke versehenen Unterstandes.

Winter 1939/40: Hindernisbau in Dietikon

Gedenkstein zur Anerkennung des Baus der Nordfront, eingeweiht am 15.9.1940 in Rein

Es bleiben noch auszuführen der Anschluss an die Kanalisation, Planierungsarbeiten und der Innenausbau des Unterstandes.»

Schliesslich war man stolz auf das Errichte. Am 15. September 1940 wurde das Denkmal in Rein eingeweiht, das heute noch an die Leistungen der 5. Division erinnert. Behörden und Bevölkerung feierten mit.

Dass schlussendlich ein optimaler Stand erreicht wurde, ist zu einem guten Teil den Einheitskommandanten zu verdanken. Sie machten die Pläne, leiteten den Arbeitseinsatz, berechneten und bestellten das Material. Daneben schufen sie die Programme für die Ausbildungstage, bereiteten die Rapporte mit den Kadern, die Aussprachen mit der Einheit vor, verarbeiteten die täglich eintreffenden Befehle, führten die schwierigen Gespräche mit den um Urlaub Bittenden und mussten oft mit deren Gemeindebehörden und Arbeitgebern korrespondieren. Tagsüber waren sie meistens draussen bei der Truppe, dann kam die Arbeit im Büro bis spät in die Nacht.

Ein Wort zur Gz Br 5. Der Grossteil ihrer Truppen hatte ähnliche Aufgaben zu bewältigen wie die Einheiten der Division. Doch war die Verteidigung, insbesondere der Rheinlinie, zum Zeitpunkt der Mobilmachung schon vorbereitet; es gab Bunkerlinien mit permanenten Hindernissen und Artilleriewerke. Darum konnten am 9. Dezember Landwehr und Landsturm entlassen werden, die Auszüger wurden wieder in den selbständigen Bataillonen zusammengefasst. Als jedoch im Frühling die Gefahr kriegerischer Operationen in Landesnähe zunahm, wurde die Brigade auf den 26. 3. 40 erneut aufgeboten. Nun unterstand sie aber nicht mehr der Division, sondern direkt dem 2. Armeekorps.

Standartenübernahme im Schachen Aarau, 1. August 1940

Diese erste Periode des Aktivdienstes wurde geprägt von Oberstdivisionär Bircher. Wir haben gesehen, wie er den Aktivdienst voraussah und vorbereitete. Am 20.9.39 bemerkte er vor den versammelten Kommandanten, dass nach seiner Schätzung der Kampf im Westen erst im Frühling beginne. Und am 20. November steht – sicher durch ihn inspiriert – in der «Grenzschutzzeitung»: «Das, was bis anhin geschah, ist nur ein Vorspiel des furchtbaren Dramas, das sich über Europa abzuspielen beginnt.»

Einstellung, Stimmung und Haltung der Truppe

Um es vorauszunehmen: Es stimmt zuversichtlich, wie gut die an kurze Dienstzeiten gewöhnten Milizsoldaten den langen Aktivdienst überstanden. Sicher gab es Stimmungsschwankungen, aber die Einstellung zur Verteidigungsaufgabe blieb immer positiv.

Dazu trug bei, dass der Truppe immer wieder

Daniel Heller

Eugen Bircher – Arzt, Militär und Politiker

Wohl die bekannteste und interessanteste Persönlichkeit in der Reihe der Divisionskommandanten ist der 1882 geborene Küttiger Eugen Bircher. Noch heute ist sein Name weiten Kreisen im Aargau ein Begriff, und Anekdoten und Legenden machen dreissig Jahre nach seinem Tod noch die Runde.

Der Sohn des Korpsarztes und Spitaldirektors Heinrich Bircher trat in die Fussstapfen seines Vaters und liess sich zum Arzt ausbilden. Seine medizinische Karriere führte den begabten Chirurgen über den Posten eines Chefarztes für Chirurgie (1917) bis zum Direktor des Kantonsspitals (1932). Eugen Bircher galt namentlich auf dem Gebiete der Kropf-, Magen- und Kniegelenkchirurgie als Kapazität. Durch zahlreiche wissenschaftliche Abhandlungen bekannt, gehörte er bald zu den führenden Schweizer Chirurgen seiner Zeit und war in der Leitung zahlreicher in- und ausländischer medizinischer Gesellschaften tätig. Im Volk genoss er als Arzt weitherum Ansehen und Vertrauen, gar Verehrung, was ihm als Truppenführer und Politiker sehr zustatten kam.

Auf Wunsch seines Vaters absolvierte Bircher vorzeitig die Rekrutenschule und wurde mit 19 Jahren 1901 bereits zum Leutnant brevetiert. 1910 kommandierte er die Füs Kp III/59, bei Kriegsausbruch 1914 wurde er als Generalstabshauptmann Stabschef des Fortifikationskommandos Murten unter dem Schaffhauser Ständerat und Oberst Beat Heinrich Bolli. 1920 kommandierte er für ein Jahr das Zofinger Bataillon (Füs Bat 55), um 1921 als Oberstleutnant das Inf Rgt 24 zu übernehmen. Von 1927 bis 1934 führte Bircher die Inf Br 12. Auf Betreiben des Berner Bauernbundesrates Rudolf Minger entschied sich Eugen Bircher 1934 ganz für die militärische Laufbahn; zum Oberstdivisionär befördert, trat er das Kommando der alten 4. Division an.

Früh profilierte sich Bircher als Militärwissenschafter. Erste Studien galten kriegschirurgischen Problemen. Seit 1913 las er an der militärwissenschaftlichen Abteilung der ETH über Waffen- und Geschosswirkung, 1926 wurde er Dozent für Kriegsgeschichte. Aufsehen erregte er 1918 mit einer ersten umfangreichen Abhandlung über die Marneschlacht. Das «Drama» oder «Wunder» an der Marne, wo 1914 der deutsche Vormarsch von den Franzosen zum Stehen gebracht worden war, war eines der erstrangigen militärhistorischen Themen der Nachkriegsjahre. Eugen Birchers originellster Beitrag zur Erforschung der Marneschlacht war seine 1926 vorgetragene Hypothese der «kranken Heerführer». Darin verband er seine medizinischen Kenntnisse fruchtbar mit der historischen Analyse; das Versagen der verantwortlichen Deutschen an der Marne führte er auf deren angeschlagene Gesundheit zurück. Durch diese Studien wurde er mit zahlreichen hohen und höchsten Offizieren in Frankreich und Deutschland bekannt und war in beiden Ländern ein gerne gesehener Manövergast.

Das zentrale politische Ereignis für Bircher war der Landesgeneralstreik 1918. Die Entwicklung in Russland und Deutschland als prägendes Antileitbild vor Augen, reagierte er auf den als Revolutionsversuch eingeschätzten Landesstreik mit der Gründung und Organisation von Bürgerwehren und wurde erster Präsident der Dachorganisation dieser Wehren, dem Schweizerischen Vaterländischen Verband. Ein Nachrichtendienst belieferte ihn aus ganz Europa mit Meldungen über die politische und militärische Lage. Als Reaktion auf die in den zwanziger Jahren in weiten Bevölkerungskreisen fehlende Bereitschaft zur Landesverteidigung setzte er sich in Wort und Schrift für die

Diese Aufnahme aus dem Archiv des Bayerischen Hauptstaatsarchivs zeigt die Beachtung, welche Bircher ausserhalb der Schweizer Grenzen gefunden hat.

Der Kommandant der Schweizer Infanterie-Brigade 12, Oberst Brigadier Eugen Bircher aus Aarau, der ein bekannter und angesehener Kriegswissenschaftler, gleichzeitig aber in seinem Privatberuf ein namhafter Chirurg ist

Erhaltung der Wehrkraft ein. Als einflussreicher Zentralpräsident der Schweizerischen Offiziersgesellschaft (1931–1937) und Chefredaktor der Allgemeinen Schweizerischen Militärzeitschrift (1932–1945) war er auch in den dreissiger Jahren, die nun ganz im Zeichen der Aufrüstung standen, entschiedener Vorkämpfer für den Ausbau unseres Wehrwesens. Als Leitartikler, Verfasser verschiedener Broschüren und als impulsiver und mitreissender Volksredner focht er manchen Streit mit den Armeegegnern aus. Die kämpferische, spontane und haudegenhafte Art des temperamentvollen Küttigers, seine scharfe Frontstellung gegen die Linksparteien, trugen ihm etliche Affären und Zeitungspolemiken, aber auch landesweite Popularität als «Aargauer Volksgeneral» ein.

Mit prophetischer Gewissheit sah Bircher seit Ende der zwanziger Jahre einen neuen Krieg voraus. Im Sommer 1934 setzte er sich erstmals für die Befestigung der Rheingrenze und den Ausbau des Grenzschutzes ein. Trotzdem er klar die Kriegsgefahr als vom Dritten Reich ausgehend erkannte, hielt er seine Beziehungen zur Generalität der Wehrmacht und zur wissenschaftlichen Medizin Deutschlands auch in den dreissiger Jahren aufrecht, was oft zu Missdeutungen und Verdächtigungen Anlass gab.

Mit der Truppenordnung 38 wechselte Bircher zur neuen 5. Division über, die er bis 1942 kommandierte. Seine Divisionsbefehle, jeweils in kritischen Phasen des Kriegsgeschehens erlassen, zeugen von einem guten Verständnis für die Nöte und Sorgen der Truppe. Es war Bircher, der 1936 mit der Forderung «Vergessen wir die Seele des Soldaten nicht» psychologische Ansätze in die militär-

Oberstdiv Bircher im Aarauer Schachen, August 1940

wissenschaftliche Diskussion der Schweiz eingeführt hatte. In den Maitagen 1940 weilte er viel bei der Truppe.

Den Kriegsverlauf verfolgte Bircher mit dem Interesse und der Besorgnis des hohen Truppenführers; dem engsten Freundeskreis vertraute er seine Zweifel an der Möglichkeit zur erfolgreichen Abwehr eines deutschen Angriffes an. In Deutschland setzte er sich deshalb persönlich für die Entlastung des äusserst gespannten Verhältnisses zwischen der Schweiz und dem Dritten Reich ein. Seine Bemühungen gipfelten 1941 in der Initiierung der Schweizer Ärztemissionen an die deutsche Ostfront. Bircher erhoffte sich für die Schweizer Sanitätsoffiziere davon aber auch Erfahrungsgewinn in kriegschirurgischen Fragen. Dieses Engagement brachte ihm neue Missdeutungen und Anfeindungen ein.

Als starke Persönlichkeit hatte Eugen Bircher ein gespanntes Verhältnis zu seinem direkten Vorgesetzten Korpskommandant Fritz Prisi. Auch mit der Armeeführung bestanden Differenzen in militärischen Fragen. Trotzdem fiel es ihm 1942 nicht leicht, auf sein Divisionskommando zu verzichten, als er als erster Ersatzmann der Bauern-Gewerbe- und Bürgerpartei die Nachfolge des verstorbenen Roman Abt im Nationalrat annahm.

Im Parlament setzte er sein Wissen als prominentes Mitglied der Militärkommission vornehmlich in den Dienst der Wehrpolitik. In militärischen und medizinischen Fragen war er *der* Fachmann. Ein von ihm angeregtes und über Jahre mit grosser Energie verfolgtes Gesetz zur Tuberkulosebekämpfung wurde wegen des darin enthaltenen Schirmbildobligatoriums von ärztlicher und bürgerlicher Seite bekämpft und schliesslich 1949 in der Referendumsabstimmung zu Fall gebracht. Eugen Bircher, jeweils mit Spitzenresultaten wiedergewählt, zog sich 1955, gesundheitlich bereits angeschlagen, von der politischen Bühne zurück und starb ein Jahr später in Aarau. Mit ihm schied ein Zeitgenosse, der – auf mehreren Gebieten mit genialen Anlagen versehen, durch Charakter und politische Anschauung allerdings exponiert und umstritten – unsere jüngere Vergangenheit mitgeprägt hat.

die Notwendigkeit der Kampfbereitschaft in Erinnerung gerufen wurde, durch das Radio zum Beispiel, vor allem aber durch die Kommandanten, vorbildlich durch Bircher selbst. «Zum hundertschte Dienschttag», am Sonntag, dem 10. Dezember 1939, wandte er sich in Mundart an seine Soldaten. Anspielend auf den russischen Angriff gegen Finnland meinte er: «... Was di Tag höch obe-im-Norde g'scheh isch, het eus alle zäme zeigt, dass d'Gfohr no lang nid umen-isch. Über Nacht chöned au mir i-n-e bluetige Chrieg ine grisse wärde.» Die Soldaten möchten doch dem Volk zeigen, «wi me ohni sech öppis vor-z'mache, doch muetig cha fürsi luege». Zum gleichen Anlass steht im Tagebuch des Füs Bat 55 (einst durch Bircher kommandiert): «Der Geist in unserem Bat ist heute, nach 100 Tagen, noch genau so gut wie am 2.9.39, und es wird auch die folgenden Diensttage so bleiben.»

Die Ereignisse im Ausland sorgten dafür, dass man die Aufgabe ernst nahm. Zwar herrschte nach dem Polenfeldzug vorerst Ruhe, doch zeigten deutsche Flugzeuge am 17. November, dass diese trügerisch war. Aus Versehen warfen sie Flugblätter, die für die Franzosen bestimmt waren, im Aaretal ab; Soldaten des Rgt 24 fanden sie.

Es kamen die Überfälle auf Dänemark und Norwegen. Der Kdt Füs Bat 57 schreibt im Bericht zum April 1940: «Es ist unverkennbar, dass die Ereignisse im Norden Europas bei der Mannschaft tiefsten Eindruck hinterlassen haben.» Ähnlich stärkte der Feldzug in Frankreich unseren Abwehr- und Einsatzwillen.

Dann wurde die motivierende Wirkung unmittelbarer Gefahr schwächer; als der Krieg verstärkt wieder aufflammte, geschah das weit weg. Zwar liess das Brummen der fremden Bomber über unserem Land ihn nicht vergessen, aber unsere Führung musste den Abwehrgeist nun vermehrt stärken. Der nachdenkliche Kdt Füs Kp III/103 schreibt in seinem Dezemberbericht 1940: «Wir werden unbedingt, je länger der Aktivdienst dauert, desto intensiver das Problem der geistig-seelischen Beeinflussung unserer Leute in Angriff nehmen müssen, und zwar systematisch, gut vorbereitet und ‹diskussionsfähig›.» Ein halbes Jahr später war der Einsatzwille wieder optimal; dank neuem Einsatz, aber auch, weil die Dienste nun befristet werden konnten. Der Bericht der F Bttr 60 über die Herbstperiode 1941 zeugt davon: «Anderseits haben die Dislokation in den Zentralraum und die zum voraus bestimmte Dienstdauer sich auf den Geist der Truppe und die Haltung günstig ausgewirkt.»

Die Gemeinden waren vielfach dem Ansturm der Truppen nicht gewachsen. Waschen im Freien ...

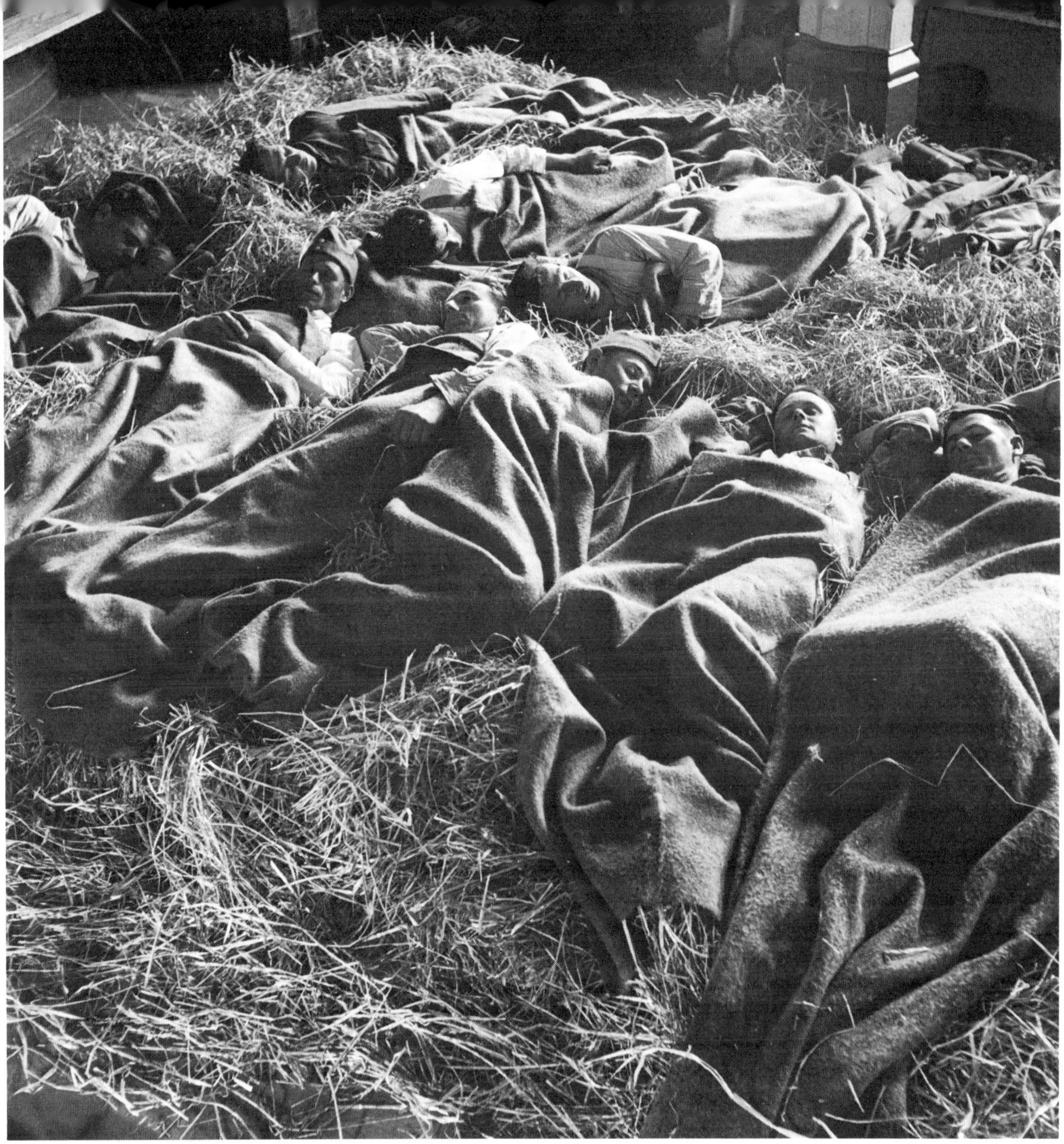

... und Schlafen im Heu stellten die Regel dar (Gundeldinger-Schulhaus Basel)

Wir werden im nächsten Kapitel sehen, dass das Urlaubswesen und soziale Probleme an der positiven Einstellung der Truppe nagten. Ganz liess sie sich jedoch nicht unterkriegen, obzwar ihre Einstellung nicht immer so gut war wie jene des Holzfäller-Detachementes des S Bat 4 im März 1940. Die Zeitung «La Sentinelle» in St. Imier brachte einen Bericht darüber; ein kurzer Auszug daraus darf nicht fehlen, auch weil er einen weiteren Hinweis auf die Bautätigkeit gibt. Der Holzbedarf für den Ausbau der Nordstellung war so gross, dass das Bat Kommando, um einen Raubbau an den Wäldern seiner Umgebung zu vermeiden, zwei Unteroffiziere und zwölf Soldaten nach St. Imier schickte, um dort Bauholz zu fällen. Nach Abschluss dieser Arbeiten sandte der Gemeinderat ein Anerkennungsschreiben an die 5. Division, und die Zeitung lobte: «Es muss vermerkt werden, dass die kleine Gruppe ein Beispiel gab durch ihre prächtige Haltung, ihren Einsatz bei dieser besonders mühsamen Arbeit sowie den Geist der Kameradschaft, den man anderswo vergeblich suchte ... Diese Gruppe machte den Eindruck eines festen, untrennbaren Blockes, der, herrschte ein solcher Geist überall in unserem Lande, Vertrauen in die Zukunft einflösst.»

Bürger und Soldat, Soziales, Urlaubswesen

Der Aktivdienst, besonders die langen Monate der ersten Etappe, brachte eine schwere Belastung auch für die Gemeinden, in denen die Truppe hauste. Zwar blieben die Wirte bis zum Ende mit den Soldaten zufrieden; sie füllten abends ihre Stuben und Kassen. Aber die Behörden hatten Schwierigkeiten, weil Schulzimmer, Turnhallen und Gemeindesäle als Truppenunterkünfte belegt waren, und die Bevölkerung empfand die Feldgrauen, die sich nicht immer gesittet aufführten, oft als Belastung. Reibereien entstanden zum Beispiel wegen der Requirierung von Werkzeug und der Belegung von Zimmern für die Kader.

Die Kommandanten aller Grade suchten das Wohlwollen in den Dörfern zu erhalten, indem sie sich für die Dienste bedankten. Die «Grenzschutzzeitung» weckte zudem das Interesse auch des Soldaten für seinen Einsatzraum, indem sie sehr interessant in etwa 20 Folgen über das Brugger Becken und das Schenkenberger Tal berichtete. In der Bevölkerung gab es denn auch viele Beispiele von Grossherzigkeit für die Truppe; so wurden beispielsweise Flickstuben organisiert, in denen viele Frauen ihre Freizeit opferten, um die Wäsche von Wehrmännern in Ordnung zu bringen.

Natürlich waren nicht nur die belegten Dörfer belastet. Überall riss die Abwesenheit fast aller Männer im besten Alter Lücken. Man mochte noch so überzeugt sein von der Notwendigkeit des Aufgebots, man war trotzdem irritiert, oft in Not. Schon am 2. Oktober schrieb die «Grenzschutzzeitung»: «... Deine Frau wartet auf einen Brief ... Hast Du Dir auch schon überlegt, dass die Grenzbesetzung für die daheim viel schwerer ist als für Dich? ...» – In der Truppe anderseits herrschte manchmal der Eindruck vor, dass das «Hinterland», wie die Soldaten sagten, für sie, die sich für seinen Schutz abrackerten, wenig Verständnis habe.

Soziale Probleme gab es jedoch weniger als im Aktivdienst von 1914–18; die Einrichtung der Lohnausgleichskassen trägt dafür das Hauptverdienst. Trotzdem wurden in vielen Haushalten die Mittel knapp, je länger der Krieg dauerte, desto knapper. Im Bericht der S Kp II/4 über das letzte Quartal 1944 steht: «Es trafen in vermehrtem Masse Unterstützungsgesuche ein. Einige Leute waren geradezu verzweifelt, da sie ihren finanziellen Verpflichtungen nicht mehr nachkommen konnten.» Es gab Härtefälle. Die «Grenzschutzzeitung» berichtet von einer Bauernfrau, die ohne Familienhilfe mit den Kindern und 15 Stück Vieh zurückblieb. Derartiges belastete die Stimmung sowohl der Truppe als auch des «Hinterlandes».

Auch wenn in solchen Fällen die Nachbarn einsprangen, war es notwendig, die Härten mit Urlaub zu mildern. Nach den ersten 10 Tagen Aktivdienst bewilligte der General jedem Wehrmann 24 Stunden Urlaub, um persönliche Angelegenheiten zu regeln. Die Freude darüber war gross, aber natürlich genügten 24 Stunden nicht, um die Wirtschaft in Gang zu halten,

Der Erlös dieser Soldatenbriefmarken floss in die Fürsorge zur Unterstützung bedürftiger Wehrmänner.

Die Marke mit dem Aufdruck «D'Schnörre halte» wurde 1939 vom Divisionsstab herausgegeben. Der Text, welcher Ausdruck der burschikos-derben Sprache Oberstdiv Birchers war, erregte Anstoss bei hoher militärischer Stelle und bildete Anlass zu einer Intervention im Nationalrat. Er wurde deshalb in einer neuen Auflage abgeändert. (Quelle: Gautschi, Geschichte des Kantons Aargau, Band 3)

Die an Manneskraft geschwächte Landwirtschaft schätzte die Hilfe der Truppe gerade im heissen Sommer 1941 besonders

Bauern und Gewerbetreibenden zu helfen. In der Folge bewilligte das Armeekommando mehr und mehr Urlaubsgesuche, bis zu 35 Prozent. Der Anteil wurde der Kriegslage angepasst, selten ganz aufgehoben. Zu den Urlaubern kamen die Dispensierten, Männer, die selber oder deren Arbeitgeber nachweisen konnten, dass ihre Arbeit in der Wirtschaft unentbehrlich war.

Diese Massnahmen waren notwendig. Aber die Durchführung brachte Schwierigkeiten: Wieso hat Müller Urlaub bekommen und ich nicht? Wieso ist Huber dispensiert worden? Der besitzt offenbar gute Beziehungen zu den Regierenden. Für den Einheitskommandanten bedeutete das Urlaubswesen – im Tagebuch des Inf Rgt 23 steht am 4. 6. 40 «Urlaubsunwesen» – eine unerhörte Belastung, nicht nur während des ersten Jahres ununterbrochenen Dienstes, sondern auch während der späteren Ablösungsdienste. «Der Kampf um Urlaub begann schon Wochen vor dem Einrücken und hielt während des ganzen Dienstes an», schreibt der Kommandant der F Bttr 60 in seinem Bericht über die Herbstperiode 1941.

Kulturelles und Unterhaltung

Das Kommando der 5. Division unterstützte die Kommandanten in ihrem Bemühen, den Soldaten nicht nur dienstlichen Alltag, sondern auch geistige Anregung und Unterhaltung zu bieten. Der 1. Adjutant, Major Schäfer, Direktor des Lehrerseminars Wettingen, war besonders tätig auf diesem Gebiet. Als die Ablösungsdienste einsetzten und die Truppe nur noch während eines Viertels des Jahres Dienst leistete, war dieses Gebiet nicht mehr ganz so bedeutungsvoll wie vorher; die Männer hatten während des Zivillebens Gelegenheit genug, zu finden, wonach sie suchten. Immerhin wurden auch im Verlauf dieser Dienste Vorträge gehalten und Filme vorgeführt.

Während der ersten Dienstperiode aber, beim langweiligen Stellungsbau im Jura, an den eintönigen Abenden in Zelten und kleinen Dörfern, fehlten die Anregungen von zu Hause. Wie gross das Bedürfnis nach Abwechslung und Kontakt war, zeigte sich darin, dass sich die Männer während der Pausen um die damals noch seltenen Radioapparate scharten.

Ein Ereignis besonderer Art stellte der Besuch der «Landi» in Zürich dar. Die Landesausstellung, noch vor der Mobilmachung eröffnet, gedieh in der gefahrvollen Zeit zu einem grossartigen Gemeinschaftswerk, welches Geist und Seele jedes Schweizers packte. Bircher fand, man dürfe sie den Soldaten nicht vorenthalten. Und sie sollten sie ohne Beeinträchtigung erle-

Soldatenstube der Füs Kp III/46 im Rebstock, Schinznach Dorf. Gemäss Chronik «aufgehoben und zerstört durch Befehl des Kommandanten der 5. Division»!

Bote aus einer anderen Zeit: Landiplakat 1939

ben, weshalb er die Soldaten für die Zeitdauer des Landi-Besuchs von der Grusspflicht entband, was ihm einen Rüffel des Oberstkorpskommandanten eintrug. An den 6 Besuchstagen Ende September besuchten über 20 000 Mann die Ausstellung. Durch Aufteilen der Einheiten auf verschiedene Tage wurde für die nötige Präsenz im Einsatzraum gesorgt. Es fuhren täglich drei Extrazüge ab Brugg, Wildegg und Schönenwerd; Hinfahrt am frühen Morgen, Rückfahrt am späten Nachmittag. Die Mittagsverpflegung nahmen die Soldaten im Brotsack mit, am Maggi-Stand erhielten sie gratis eine Suppe. Die Division bezahlte je Besucher 20 Rappen; «Der Eintrittspreis für die Soldaten darf nicht veröffentlicht werden», wurde in ihrem vierseitigen Befehl vermerkt.

Anfangs November 1939 wurde «Das kleine Soldatenliederbuch der 5. Division» verteilt, von «militärfreundlicher Seite» gespendet; es enthielt die Texte von 31 Liedern. «Das Lied verknüpft den Soldaten mit den Seinen in der Heimat», schrieb Bircher im Vorwort dazu. Durch Herausgabe einer Referentenliste belebte die Division das Vortragswesen.

Ab Januar 1940 wurde der «Bildungs- und Unterhaltungsdienst der 5. Division» straffer geführt. In einem sechsseitigen Befehl orientierte Schäfer grundlegend und befahl in Birchers Auftrag, für jeden Stab und jede Einheit einen Verbindungsmann als Berater des Kommandanten zu bestimmen. Dieser sollte z. B. die Korrespondenz übernehmen, über die Veranstaltungen berichten und mit der Sektion «Heer und Haus» im Armeestab über das Divisionskommando Verbindung halten.

In der Folge erschienen die «Bulletins» mit den Berichten und Anregungen Schäfers in etwa monatlichen Abständen. Da ist zum Beispiel von einem Besuch des Vindonissa-Museums die Rede. Der Verbindungsmann berichtet: «Meine Erwartungen hatte ich auf Null gesetzt, war dann aber gründlich erstaunt über das Interesse der Leute.» Im Monat März 1940 wurden unentgeltlich 65 Vorträge gehalten und Kurse durchgeführt, unter anderem sieben Sprachkurse und drei Obstbaumkurse. Gewisse Einheiten führten Firmenbesichtigungen durch. So wurden in Laufenburg die Keramikwerke und das Elektrizitätswerk besucht.

Das Divisionskommando wusste natürlich, dass der Einsatz der Verbindungsmänner zwar eine Hilfe darstellte, die Verantwortung für diesen Dienst aber bei den Einheitskommandanten blieb. Diese wurden in mehreren Rapporten darauf vorbereitet. So sprach E. Jucker über «Die Taktik der 5. Kolonne», und der bekannte Pädagoge Hptm Wartenweiler referierte über den Zusammenbruch Jugoslawiens. Diese Vorträge wurden auch vor mehreren Einheiten gehalten.

Wer wüsste nicht, dass der Sport nicht nur den Körper stärkt, sondern auch die Menschen verbindet? Besonders ab 1940 wurde dafür viel Zeit eingeräumt. Division und Truppenkörper führten Sporttage durch: Der Tagebuchführer des Inf Rgt 23 findet des Notierens wert, was die 1200 Mann am Sporttag – ausser Brunnenwasser – tranken: 1154 Flaschen Bier und 595 Getränke ohne Alkohol. – Eine Fussballmannschaft der 5. Division gewann den Match gegen die 3. Division; das Spiel wurde natürlich vor grossem Publikum ausgetragen.

Und man bemühte sich, das «Hinterland» noch mehr als bisher für die Armee zu interessieren. Bereits am 10. Dezember 1939 wurde im prallvollen Saalbau in Aarau «Die Feuft het Sunndig!» aufgeführt, eine «Revue» mit Militärmusik, Soldatenchören, Turnen und Akrobatik sowie kleinen humoristischen Szenen. Den Erlös aus der Veranstaltung erhielt die Hilfskasse der Division. Im Februar 1941 gelangte in Aarau, Zürich und Basel ein ähnliches Programm zur Aufführung: «500 Tag im Dienscht», wieder mit gewaltigem Erfolg.

Im Frühjahr 1940 wurden im Gewerbemuseum Aarau 220 Werke von in der Division eingeteilten Künstlern ausgestellt. Das Kommando will «den Künstlern, die unter dem Aktivdienst und der allgemeinen Lage besonders leiden, eine Möglichkeit zum Verkauf bieten und so einen gewissen Ersatz für die fehlende Lohnausfallentschädigung schaffen». Am 27. März besuchte der General, der nachher durch die aargauische Regierung empfangen wurde, die Ausstellung. Es wurden für über 10000 Franken Bilder verkauft: Der Erlös kam fast vollständig den Künstlern zugute. Die Ausstellung wurde, teilweise mit anderen Werken, mit grossem Erfolg in Zürich wiederholt.

Eine bewundernswerte Leistung bedeutet die Herausgabe der «Grenzschutzzeitung der 5. Division». Ihre erste Nummer erschien – wieder ein Beweis der erstaunlichen Voraussicht Birchers – schon am 30. August 1939. Die Publikation wurde dank einem grosszügigen Entgegenkommen der Direktion des «Aargauer Tagblatt» möglich. Täglich erschienen in Zeitungsformat zwei Seiten. Die Redaktion «will helfen, frisch zu bleiben», indem sie «alle wichtigen Nachrichten aus dem In- und Ausland übermittelt», kommentarlos, denn «der Schweizer Soldat und Bürger ist mündig und macht sich seine Gedanken selber». Sie will auch «Unterhaltung bringen und mehr: Durch Ernst und Scherz Dienstfreude wecken» (zitiert aus Nr. 2, 31. 8. 39).

In der Folge kommt der Hauptinhalt der wichtigsten Reden von Daladier, Chamberlain, Hitler; eine Karte Polens und die Kriegsnachrichten, Lehren aus dem Krieg in Polen, vielleicht von Bircher verfasst, zum mindesten

Diese Photo mit dem Titel «Feierabend» erschien 1941 in einem Photoband und durchlief – wie alle militärischen Aufnahmen damals – die Zensur. Wurden die Bierflaschen auf dem Tisch wohl von der Zensur beschlagnahmt, oder hatte der Soldat damals einfach keinen Durst?

durch ihn beeinflusst, und immer wieder «Zur militärischen Lage».

Die Zeitung orientiert über die Massnahmen des Bundesrates, eidgenössische Wahlen, «wichtige Armeebefehle», zum Beispiel am 9. Oktober über «Definitive Ordnung des Urlaubswesens». Sie gibt in mehreren Folgen einen packenden Rückblick auf die Entwicklung unseres Wehrwesens seit dem Dreissigjährigen Krieg bis zum Ersten Weltkrieg.

Wie geschickt die Grenzschutzzeitung die Beziehungen der Soldaten zum «Hinterland» pflegte, wurde schon erzählt. In diesen Zusammenhang gehört wohl auch die Mahnung Mumenthalers, seine treffenden Verse «Reden und Schweigen», keine militärischen Geheimnisse auszuplaudern und Gerüchte zu bekämpfen. So wird am 30. Oktober berichtet: «Amtlich wird mitgeteilt: Die von London und Paris verbreitete Nachricht über den Aufmarsch von zwölf deutschen Divisionen an unserer Nordgrenze entspricht den Tatsachen in keiner Weise. Die Besetzung an unserer Nordgrenze gibt keinen Anlass zu besonderer Beunruhigung.»

Plötzlich kam das Ende dieser hervorragenden Zeitung. Die Redaktion teilte in Nr. 71 mit: «Durch einen Befehl des Herrn Generaladjutanten wird verfügt», es werde eine für die ganze Armee bestimmte Soldatenzeitung geschaffen, schon bestehende hätten ihr Erscheinen einzustellen. Drei Tage später wurde die letzte Nummer verteilt.

Die 2. Generalmobilmachung. Nordfront II

Als am 10. Mai 1940 die Deutschen im Westen angriffen, wurde auf den folgenden Tag die 2. Generalmobilmachung verfügt. Sie rief alle Urlauber zurück. Gewiss, man machte sich Sorgen: Die Gefahr war näher gerückt, schon am 15. Mai hörte man die Nachrichten über die Kapitulation der Niederlande. Aber die erhöhte Gefahr bewirkte auch einen neuen Schwung in den Einheiten, die nun wieder volle Bestände hatten; man fühlte sich bereit und stark. Der Kommandant der Stabskp Füs Bat 103 berichtet: «Erfreulich ist die volle Einsatzbereitschaft der Mannschaft, die sich vor allem im guten Fortschritt im Stellungsbau zeigt.»

Zweimal wurde für wenige Tage «Erhöhte Bereitschaft» befohlen, am 19. Mai und wiederum am 15. Juni, als die Deutschen den Oberrhein überschritten; auch das wirkte sich auf die Einstellung zum Dienst positiv aus. Kurz danach fiel die Entscheidung im Westen, und «Unverkennbar hat die überraschende und schnelle Niederlage Frankreichs auch unseren Soldaten einen sehr starken Schlag versetzt ... Die erste Reaktion ... war Urlaubs- und Entlassungshoffnung; erst nach Stunden und Tagen kam den Soldaten die Tragik und besonders auch die einschneidende Bedeutung für unser Land zum Bewusstein» (Bericht Füs Kp II/103 zum Juni 1940).

Der Divisionskommandant sah den Stimmungswandel und wandte sich an die Soldaten: «... es heisst auf dem Posten ausharren, bis eine noch grössere Sicherheit eingetreten ist. Auch können wir die Werke nicht unvollendet, die Arbeitsplätze nicht unaufgeräumt verlassen.» Und am 2. September, zum Abschluss des ersten Aktivdienstjahres: «Unsere Grenzwache ist vorläufig noch nötig. Bringt dieses Opfer, das im Vergleich zu dem, was die in den Krieg verwickelten Völker ertragen müssen, gering ist, unserer Heimat und unserem Volke in treuer Pflichterfüllung dar.»

Inzwischen hatten der Kriegseintritt Italiens und die Niederlage Frankreichs eine Änderung des Einsatzes unserer Armee notwendig gemacht. Die eingeschlossene Schweiz würde nicht in einer einzigen Richtung zu kämpfen haben, sie musste zur Rundumverteidigung in einem «Reduit» bereit sein. Im sehr starken Gelände der Voralpen und Alpen, wo Panzerarmeen wenig Aussicht auf Erfolg hatten, sollte jeder Feind, woher er auch käme, abgewehrt und so das Weiterbestehen der Schweiz garantiert werden. Gleichzeitig würde die Besitznahme der Alpenbahnen und -strassen, sicher ein Hauptziel jeden Angreifers, verhindert und damit die Wahrscheinlichkeit eines Angriffs verringert.

Um eine optimale Abwehrkraft des Reduits zu erreichen, brauchte man viel Zeit: für den Bau von Festungen, Stellungen, Hindernissen, Unterständen, von Depoträumen für Vorräte an Munition, Betriebsstoffen, Nahrungs- und Futtermitteln, die sich zum grössten Teil noch ausserhalb des Zentralraumes befanden. Der General entschied, vorläufig könne nur etwa die Hälfte der Divisionen das Reduit beziehen, die anderen sollten im Jura und Mittelland den Ausbau des Zentralraumes sichern und später nachfolgen. Damit wurde auch der Bevölkerung des Mittellandes der Schock erspart, auf einen Schlag von der ganzen Feldarmee verlassen zu werden.

Die 5. Division verblieb in der Armeestellung Nord. Da ihr bisheriger Nachbar zur Linken ins Reduit zurückgezogen wurde, wuchs ihr Verantwortungsbereich nach Westen. Während das Rgt 4 weiterhin die Einbruchachse unteres Aaretal sperrte, deckte nun das Rgt 23 Staffelegg und Benken, das Rgt 24 den Hauenstein. Ein Territorialregiment übernahm die Sicherung des Bözbergs und der dortigen Artilleriestellungen. Der Kampfraum war nun mehr als doppelt so breit.

Die bestehende Geländeverstärkung war auch für den neuen Auftrag in der Nordfront II nützlich. Aber jetzt galt es vorwiegend, Zeit zu gewinnen, damit die hinteren Divisionen das

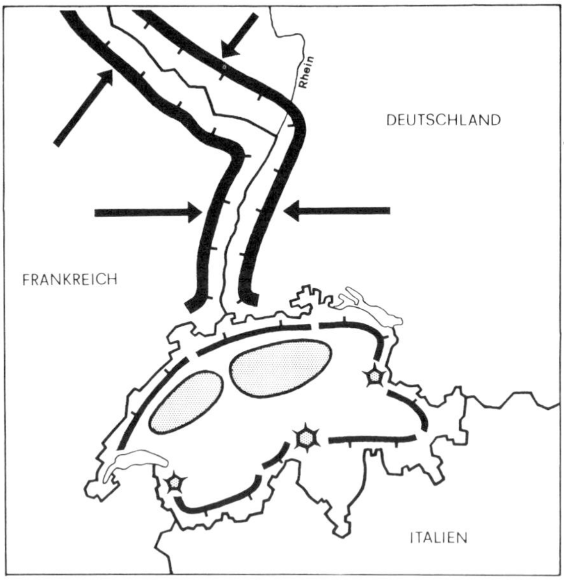

Nach der Mobilmachung 1939 bezog die Armee eine Bereitschaftsaufstellung im Mittelland, um den Versuch der einen oder andern Kriegspartei zur Umgehung der befestigten Front ihres Gegners durch schweizerisches Gebiet zu verhindern.

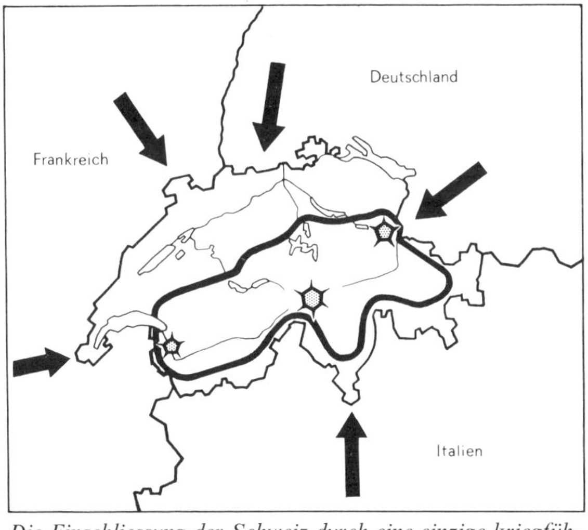

Die Einschliessung der Schweiz durch eine einzige kriegführende Mächteallianz machte den Angriff aus allen Richtungen möglich. In dieser Lage entschloss sich der General 1940 zum Bezug der Reduitstellung, welche eine Rundumverteidigung ermöglichte.
Mit dem Vorstoss der 1944 in Südfrankreich gelandeten alliierten Invasionsverbände wurde der Einschliessungsring um die Schweiz aufgebrochen, so dass unsere Armee mit grösseren Teilen das Reduit verlassen und wieder den Grenzraum sichern musste.

Reduit besetzen und sich dort stark machen konnten. Unmittelbar südlich der Grenzbrigaden waren «vier hintereinander liegende Kampfräume» vorgesehen; der Kommandant hatte je nach Lage zu entscheiden, welchen dieser Räume er verteidigen, aufgeben, im Gegenangriff in Besitz nehmen oder endgültig halten wolle. Zwischen den Regimentern gab es zu Beginn der zweiten Kriegsperiode wenig Verbindung; sie konnten leicht umgangen werden. Da an einen Rückzug ins Reduit, nachdem der Feind einmal ins Mittelland eingedrungen wäre, nicht zu denken war, musste die Division bereit sein, gegebenenfalls zusammengeballt im Jura bis zur Erschöpfung aller Mittel zu kämpfen. – In Manövern, die später geschildert werden, wurde für diese neue Aufgabe trainiert.

Das Nachlassen der Gefahr, die Preisgabe der bisher als notwendig dargestellten Aufgabe und das ungeduldige Warten auf Urlaub schwächten teilweise das Pflichtbewusstsein. Fast täglich mussten dem Divisionsgericht Fälle schwerer Wachtvergehen übergeben werden. Der Kommandant des Rgt 23 sah sich gar veranlasst, das ganze Regiment am 12. August um 10 Uhr auf dem Turnplatz in Frick zu versammeln, um vor versammelter Mannschaft solche Vergehen zu behandeln und von allen ganze Pflichterfüllung zu verlangen.

Die Geländeverstärkungen der Nordfront I konnten wohl benutzt werden, aber es blieben doch gewisse Stellungen und Hindernisse, die neu zu bauen waren. Dies geschah nun aber hauptsächlich durch Zivilunternehmen, Arbeitskompanien und Internierte. So machte es die vorläufige Entspannung nach dem Zusammenbruch Frankreichs möglich, die Division vom 21. September bis zum 11. November zu beurlauben, eingeleitet am 16. September durch einen Vorbeimarsch im Schachen Aarau.

Bei Kriegsbeginn stand einer geringen Zahl an Motorfahrzeugen …

Die materielle Entwicklung der Division im Aktivdienst

Die Division begann den Aktivdienst mit einer Bewaffnung und Ausrüstung, wie man es sich heute nur mit Mühe vorstellen kann. Als Panzerabwehr gab es nur zwei Infanteriekanonen im Bataillon; später kamen zwei weitere dazu. Die Aufklärungsabteilung verfügte über eine motorisierte Infanteriekanonen Kp.

Die Motorisierung steckte noch in den Anfängen; ein einziges Motorfahrzeug rollte im Bataillon. Um die 36 Geschütze zu ziehen, standen dem Artillerieregiment 5 am 5.9.39 1678 Pferde zur Verfügung, aber nur 23 Motorfahrzeuge. Anachronistisch war das jedoch nicht; auch in den damaligen deutschen Divisio-

… eine grosse Zahl an Pferden gegenüber

nen war die Artillerie vor allem hippomobil.

Um die Armee zu modernisieren war die Zeit ungünstig; wegen der gedrosselten Einfuhren waren die Rohstoffe knapp, und sie mussten zudem mit der Zivilbevölkerung geteilt werden. Die Munitionsausstattung der Armee war zu Beginn des Aktivdienstes viel zu klein gewesen, wie man im Bericht des Generalstabschefs nachlesen kann; ein grosser Teil der Stahlmenge, die ihr zufiel, musste deshalb für die Fabrikation von Munition verwendet werden. Zudem wurden Festungen gebaut und armiert, die Fliegerabwehr neu geschaffen. Da blieb für Neuerungen auf Stufe Division wenig übrig.

Der Polenfeldzug hatte gezeigt, welch entscheidende Rolle die Panzerwagen im Kampfe spielen. Unsere Division verfügte jedoch nur über ein kleines Detachement von Praga-Pan-

zern, ohne jede Aussicht auf Verstärkung. Man konnte der Truppe damit lediglich die Geländegängigkeit des Tanks vorführen, so etwa im November 1939 dem Rgt 24.

In Manövern wurde die «Rote Partei» durch diese veralteten Panzer verstärkt und ihre Beweglichkeit durch Motorisierung erhöht; die «Blaue Partei» war damit gezwungen, sich mit den Möglichkeiten ausländischer Truppen auseinanderzusetzen. So verfügte Ende Januar 1941 das «rote» Rgt 24 über eine «Panzergruppe Döbeli» (Major Döbeli war Kdt S Bat 4).

Diese gedankliche Auseinandersetzung mit der Panzerwaffe hätte mit einer gewaltigen Steigerung der Panzerabwehrmöglichkeiten verbunden sein müssen; wie schlimm es in Tat und Wahrheit darum stand, habe ich vorgängig erwähnt. Die 5. Division bemühte sich, diese Lage durch verstärkten Schutz der Infanteriekanone zu bessern. Den Regimentern wurde am 17. 6. 40 befohlen: «Im Abschnitt der 5. Division werden ... zahlreiche (offene oder gedeckte) Betonschilder gemäss den Plänen des Geniechefs ... errichtet, hinter welchen Ik oder auch einzelne Feldgeschütze aufgestellt werden sollen. Es besteht die Absicht, das Gelände hinter der Abwehrfront ... im Laufe der Zeit mit solchen Betonschildern zu übersäen (6–8 Stück pro Bat), eventuell nach allen Fronten ...» Es seien Stellungen und Wechselstellungen nach Dringlichkeit festzulegen. Eine weitere Verstärkung bedeutete die Einführung von Tankbüchsen 20 mm in den Füs Kp der Armee. Die fehlenden Flabmittel wurden durch den behelfsmässigen Einsatz von Maschinengewehren zum Teil kompensiert.

Bei den Sappeuren hatte man die Fähigkeit zum Kampf auf kurze Entfernung mit Sprengladungen und Flammenwerfern verbessert. Weil zu dieser Kampfart jedes Inf Rgt fähig sein musste, wurden neu Grenadierkompanien geschaffen. Ein Befehl der 5. Division vom Mai 1943 regelte die Einzelheiten: Kader und Mannschaften kamen aus den Inf Rgt, das Sap Bat 5 stellte die Ausbilder. Für den Ausbildungskurs stand nur wenig Zeit zur Verfügung: acht Wochen für die Offiziere, sieben Wochen für die Unteroffiziere und sechs Wochen für die Umschulung der künftigen Grenadiere mussten genügen. Wie knapp die Mittel damals waren, zeigt auch die Bestimmung: «Die für diese Kurse notwendige Munition ist der dotierten Übungsmunition ... zu entnehmen.» Einen Flammenwerfer, der sich bewährte, entwickelte die 5. Division selber.

Im Dezember 1940 konnte das Sap Bat zum ersten Mal Schlauchboote verwenden, um das Füs Bat 56 und die F Bttr 55 vom Südufer aus über die Aare zu setzen.

Man verlangte Beweglichkeit. Kehrte aber der Soldat, der weder motorisiert noch beritten war, nicht an seinen Standort zurück, musste er die schwere Vollpackung mitschleppen, was ihn unbeweglich machte. Erst 1944 lesen wir im Tagebuch des Füs Bat 55 unter dem 4. Juli: «... fasste das Bat zum ersten Mal pro Kp je 1 Traktor mit Anhänger zum Verlad der Tornister, sodass die Mannschaft nun mit der leichten Pakkung marschieren konnte ...» – Der Beweglichkeit diente auch die Einführung von Funker-Zügen in den Inf Rgt, was die Befehlsgebung beschleunigte.

Ausbildung

Alle Möglichkeiten zeitlicher Aufteilung zwischen Stellungsbau und Ausbildung wurden erprobt: ein Ausbildungstag je Woche, eine Ausbildungswoche je Ablösungsdienst. Dienste

1943 wurde die Nahkampfausbildung für alle Infanteristen intensiviert

mit ausschliesslicher Ausbildung waren weitgehend unbekannt, im Gegenteil: Wenn die Bauarbeiten besonders dringend waren, beschränkte man sich auf eine äusserst kurze Ausbildung, liess sie manchmal überhaupt fallen. Dieses Vorgehen allerdings bewährte sich nicht. Ein Minimum soldatischen Tuns brauchte es, um zu verhindern, dass die Soldaten passiv wurden. Darum wurde die Bauarbeit oft durch eine Viertelstunde Exerzieren eingeleitet. Dazu gab es damals mehr Möglichkeiten als heute: Zu Zugschule und Achtungstellung kamen Gewehrgriff und Taktschritt; das Rgt 23 zum Beispiel defilierte im November 1941 nach anstrengenden Manövern auf der Allmend Luzern im Taktschritt vor dem General.

Trotz beschränkter Ausbildung an Bau-Tagen wurden die Präsenzzeiten lang. Im Aprilbericht 1940 der Mitr Kp IV/103 wird zusammengefasst: Morgenbetrieb 1½ Stunden, Bauzeit 8 Stunden, Marsch zu und von den Baustellen 1–2 Stunden, Ausbildung 1 Stunde, Retablieren 1 Stunde, ergibt rund 13 Stunden; es folgen noch befohlenes Abendessen und Hauptverlesen.

Wertvoll war, dass immer wieder neue Ideen die Ausbildung belebten, besonders, als nach Vollendung der dringendsten Bauten im Frühjahr 1940 Ausbildungswochen eingeführt wurden. Das Rgt 23 berichtet, wie in jedem Bat-Abschnitt ein Bunker auf Gegenseitigkeit umkämpft wurde. Eine Kompanie des Rgt 24 fasst kurz zusammen: «Systematische Einzelgefechts-Ausbildung auf Übungspisten, Gruppengefechtsausbildung mit Scharfschiessen, körperliches Training durch angewandtes Turnen.» Später: «Ausbau der Übungspisten (Ein-

Das Maschinengewehr als behelfsmässiges Flabgeschütz. Ausbildung des Füs Bat 102 im Mai 1938.

flechten von Scharfschiessen).» Der Kommandant Füs Kp III/55 schreibt Ende 1940: «Die moderne Ausbildung, wie sie jetzt in unserer Division betrieben wird, d. h. die bewusste Beweglichkeit, geistig und körperlich im Sinne des Draufgängertums, und der sich daraus ergebende abwechslungsreiche Dienstbetrieb wirkt belebend und moralisch positiv auf den Soldaten.»

Belebung ergab sich oft auch durch den Wechsel des Standortes oder des Kommandanten. Das Bat 55 benützte den Ablösungsdienst im Oktober 1941 in der Innerschweiz, um bei der Tankbahn Stans die Taktik von Panzern und deren Abwehr zu demonstrieren und zwei Wochen später als «Fallschirmjäger-Bat» den Angriff zu üben. – Oberstdivisionär v. Erlach erklärte kurz nach seiner Ernennung zum Kommandanten der 5. Division in wertvollen «Weisungen», worauf beim Ausbilden in den neuen Verhältnissen besonders zu achten sei (6. 8. 42).

Die Arbeit wurde während der ersten Periode des Aktivdienstes durch den Mangel an Übungsmaterial erschwert. Das galt besonders für Handgranaten; trotz Erhöhung der Kriegsdotation durften sie nicht geworfen werden: Aufsparen für den Ernstfall! hiess die Devise. Lange Zeit gab es keine blinden HG, um mit ihnen das Manipulieren zu üben; man musste sich darauf beschränken, darüber zu reden und behelfsmässige Wurfkörper zu werfen.

Da der Erfolg der Ausbildung fast vollständig von Persönlichkeit und Können der Vorgesetzten abhängt, legte man in der 5. Division frühzeitig besonderen Wert auf deren Weiterbildung. Das Rgt 4 schulte im März 1940 in dreiwöchigen Kursen die Unteroffiziere. Das S Bat 4 führte im gleichen Zeitraum sogar einen Ausbildungskurs für Gruppenführer-Stellvertreter durch. 1941, nach Einführung des Systems der Ablösungsdienste, wurden diese oft durch einen Kadervorkurs eingeleitet, der für Offiziere sieben, für Unteroffiziere vier Tage dauerte: eine ausgezeichnete Schulung, vorausgesetzt, die Hauptleute hatten sie gut vorbereitet.

Auch auf dem Gebiet der Ausbildung nimmt der Hauptmann eine Schlüsselstellung ein. Es wurde besonders viel getan, ihm dabei zu helfen, nicht nur durch das Armeekommando, auch durch die Division. An den Divisionsrapporten, an welchen die Hauptleute teilnahmen, war jeweils viel von Ausbildung die Rede. 1941 wurde in den Rgt Gruppen ein Kurs für Einheitskommandanten durchgeführt. Ein Bat Kdt schreibt darüber: «Die zeitweise Loslösung von Truppe und täglichem Kleinkram wirkte wie ein erfrischendes Bad und sollte gelegentlich in ähnlicher Form wiederholt werden.»

Übungen von Truppenkörpern mit dem Ziel, das Können von Kommandanten, Stäben und Truppe zu prüfen, fanden im ersten Jahr des Aktivdienstes selten statt; es fehlte an Zeit und Munition. Ich erinnere mich an das kombinierte Scharfschiessen der schweren Mot Kan Abt 5 und Inf Rgt 24 vom 1. 3. 40 gegen den Nordhang der Gislifluh. Der Grossteil der Infanteristen schaute zu, ebenso wir Teilnehmer der Zentralschule I/5, denn ein Hauptzweck der Übung war, «die Wirkung des Artilleriefeuers zu zeigen». Aber davon sah man wenig, denn Munition war rar. Der Kommandant des Inf Rgt 4 leitete am 20. April eine ähnliche Übung mit dem Füs Bat 104 und der F Art Abt 15. – Spätere Wiederholungen in grösserem Umfang verbot allerdings der fortgeschrittene Stand der Kulturen wie auch die Kriegslage. Erst im November 1940, als die Division nach zwei Monaten Urlaub erneut einrückte, wurde reichlich nachgeholt, was man im Sommer nicht hatte tun können; die Division leitete zwei Manöver und wurde selbst vor ihrer Entlassung durch das Kommando des Armeekorps beübt.

Die Übung des Rgt 24 gegen das blaue Rgt 4 Ende Januar 41 stiess nicht nur beim Kader, sondern auch bei den Soldaten auf reges Interesse. Die Leute «waren mit Leib und Seele dabei», steht im Bericht des S Bat 4. General Guisan besuchte das Manöver und schrieb dem Divisionär: «Was ich in diesen beiden Tagen gesehen habe, hat mich gefreut; ich weiss, dass ich auf die 5. Division zählen kann.»

Acht Tage später, vom 3.–5. Februar, nahm die ganze 5. Division an Korpsmanövern teil. Sie hatte ihren Auftrag im Rahmen von «Nordfront II» auszuführen – und war stolz auf dessen Gelingen.

Sie wurde durch die 4. Division aus Norden angegriffen. Ihre Aufklärung erkannte frühzeitig die Absichten des Gegners und kam gewissen Aktionen durch Handstreiche zuvor. Auch als zusätzlich die Leichte Brigade 3 sie ihm Rücken angriff, war sie nicht etwa überrascht, sondern raffte zusammen, was an der Nordfront gerade frei war, zog auch die in Aarau arbeitende Offiziersschule an sich und hielt so an der Aare stand. Am Schluss des Manövers war kein einziger der definitiven Stützpunkte gefallen. Auch wenn die Übermacht des Angreifers nicht so gross dargestellt werden konnte, wie sie im Ernstfall sicher gewesen wäre, gelangte man doch zur Überzeugung, dass die Verteidigungsvorkehren der Division zweckmässig waren. Das kam an der Übungsbesprechung, an welcher Bundesrat, Oberbefehlshaber, Generalstabschef und Ausbildungschef teilnahmen, zum Ausdruck.

Am 8. Februar wurde die Division entlassen. Sie rückte erst im November 1944 wieder als Ganzes ein.

Der General in Bremgarten, 1940

Im Reduit

Am 29.4.41 rückten die Inf Rgt 4 und 23 mit vielen Spezialtruppen zum Ablösungsdienst ein. Am 19. Mai wurde das Divisionskommando durch den Befehl überrascht, die Reduit-Verteidigung im Raume Bürgenstock–Pilatus–Engelberg vorzubereiten und seine im Augenblick unter den Fahnen stehenden Truppen dorthin zu verschieben. Das Rgt 4 allerdings habe sich in den Talkessel von Schwyz zu begeben, wo es dem 4. Armeekorps unterstellt werde.

Etwa gleichzeitig kam der Befehl, das Füs Bat 46 – jetzt beurlaubt – scheide aus dem Rgt 24 aus und werde Armeereserve im Raum südlich von Schwyz. Damit hatte die 5. Division fast die Hälfte ihrer Infanterie verloren – bis im Herbst 1944 die Wiedervereinigung stattfand.

Zurück zum Marsch ins Reduit: Das Rgt 23 erfuhr am 20. Mai, es habe sich zur Dislokation mit unbekanntem Ziel bereitzumachen. Am 21.

Mai wurde für alle Truppen das Geheimnis gelüftet, und am 24. Mai trafen sie in der Innerschweiz ein. Am 4. Juli dann wurden sie entlassen, hatten also Zeit genug, sich mit der neuen Aufgabe vertraut zu machen.

Operativ hatte die 5. Division die wichtigste Aufgabe im 2. Armeekorps zu lösen: sie hatte die Zugänge zum Brünigpass zu sperren, der in den Rücken des 1. Armeekorps führte. Dazu setzte sie das Inf Rgt 23 ein – das einzige normal organisierte Regiment, während das Inf Rgt 24, mit nur 2 Bataillonen, auf der linken Flanke den Rengg-Pass zu verteidigen, den Pilatus zu halten und mit der 8. Division weiter links Verbindung aufzunehmen hatte.

Das Rgt 23 hielt Verbindung zur 6. Division, die das Reusstal behauptete, und damit zum 4. Armeekorps. Mit einem Bataillon sperrte es die Enge des Vierwaldstättersees zwischen den

Einrückender Brieftaubensoldat

befestigten Ober Nas und Unter Nas und hielt zudem den anschliessenden Bürgenstock. Dieses Bataillon musste auch Seelandungen zwischen Beckenried und Ennetbürgen bekämpfen. Während dieser Raum für ein Bataillon riesengross war, verteidigte das zweite einen durchaus zu seiner Kampfkraft passenden Abschnitt: den Raum zwischen den Westhängen des Bürgenstocks und dem Lopper. Damit verhinderte es einen Vorstoss beidseits des Alpnacher Sees. Ein rückwärtiges Bataillon schliesslich sollte die Ostflanke vom Isental bis zum Surenenpass, den Rücken bis zum Jochpass und damit auch den Artillerieraum decken, Übergriffe von Osten her ins Melch- und Sarner Aatal verhindern.

Die Artillerie spielte in diesem weiträumigen Kampf eine besonders wichtige Rolle. Gegen Umgehungen, gegen manche See- und Luftlandungen wäre sie während Stunden das einzige Kampfmittel gewesen.

Weitere Truppen des 2. Armeekorps befanden sich im Tal der Sarner Aa brünigwärts, so dass die Reserven der Division sehr mager gehalten werden konnten: eine Füs Kp und die motorisierte Infanteriekanonen-Kp 5. Die Sappeure waren teils den Inf Rgt unterstellt, teils zur unmittelbaren Verfügung der Division.

Ober Nas, Stützpunkt des Rgt 23, befindet sich auf dem rechten Ufer des Sees. Es war taktisch ungünstig, die Grenze zum 4. Armeekorps unmittelbar östlich davon durchlaufen zu lassen. Ende Jahr korrigierte das Armeekommando: Rigi-Kaltbad und der folgende Südwesthang des Berges wurden zum 2. Armeekorps geschlagen, der bereits riesige Verantwortungsbereich des Rgt 23 dadurch nochmals erweitert.

Die Mobilmachungsplätze der ins Reduit verlegten Truppen sollten in die Nähe des Einsatzraumes verlegt werden, damit sie diesen bei

Seite rechts: 1979 wurde im Rathaus Aarau beim Aufräumen in einem versiegelten Paket von Geheimakten dieser Plan gefunden. Er zeigt die vorbereiteten behelfsmässigen Sperren zur Verteidigung der Stadt Aarau unter dem Kommandanten der Ortswehr, Major G. Keller. In den Begleitanweisungen fand sich der Satz: «... die Barrikaden sind so stark zu machen, dass sie nicht von Panzerwagen etc. überrannt noch weggeschoben werden können ...»

einem überraschenden Kriegsausbruch auch erreichen konnten. Das Rgt 23 und die Spezialtruppen sollten um Stans mobilisieren, das Rgt 24 am Nordwestende des Sees. Diese Umorganisation war 1941 noch nicht beendet, und die Einheiten rückten während einiger Zeit noch auf den angestammten Plätzen ein.

Kaum jedoch war die neue Regelung bereit, wurde sie auch schon wieder geändert. Die 1941 verschobene Abschnittsgrenze zwischen dem 2. und 4. Armeekorps hatte nicht zu befriedigen vermocht. Das vierte sollte alle Zugänge zum Gotthard sperren, wozu auch die Strasse gehörte, die ab Küssnacht über Weggis nach Brunnen führt. Nach dem bisherigen Befehl lag diese jedoch im Bereich des 2. Armeekorps. Das Armeekommando korrigierte ein zweites Mal: Ab Januar 1944 zog sich die Grenze von Meggen (4. Armeekorps) durch die Seemitte bis Beckenried (2. Armeekorps) und von dort nach Süden; einzige Ausnahme: Unter Nas, das als Eckpfeiler der schon bekannten Seesperre zum 4. Armeekorps kam.

Die 5. Division unterstand nun mit neuer Aufgabe dem 4. Armeekorps; ihr waren die Zugänge anvertraut, die beidseits der Rigi in den Kessel von Schwyz führten. Sie sicherte diese durch ein «Leichtes Detachement» im Raume Rotkreuz zwischen Zugersee und Reuss, bestehend aus einer Mot Mitr- und einer Infanteriekanonen-Kp, dem Grossteil der Grenadier Kp 23 und 24, der Dragoner Schwadron 22 und der und 24, der Dragoner Schwadron 22 und der Mot Sappeur Kp III/5. Die Reichweite der Schweren Kanonen der Kan Abt 5 ermöglichte seine Unterstützung.

Die Verantwortung für die Rigi blieb geteilt; das Rgt 24 verteidigte auf der Südwest-, das Rgt 23 auf der Nordostseite. Das Rgt 24 verfügte über das S Bat 4 und die Masse von zwei Territorial Bat, über die Schwere Minenwerfer-Kp 5, einen Zug seiner Grenadier Kp, eine Sappeur-Kp sowie über eine bewaffnete Motorbootflottille. Es hielt Rigi-Kaltbad, sperrte die Seestrasse zwischen Weggis und Vitznau und hielt Verbindung zu den Werken Ober und Unter Nas.

Das Rgt 23 sperrte mit dem Bat 57 die Strasse Immensee–Arth und verhinderte mit dem Bat 55 ein Vorrücken des Feindes im Raum Rigi-Kulm. Ihm waren ein Zug seiner Grenadier Kp, eine Territorial-Kp und eine Sappeur-Kp unterstellt. Das Bat 56 war bei Lauerz Divisionsreserve.

Die drei Artillerieabteilungen – eine war im 2. Armeekorps verblieben – konnten aus der Gegend von Arth die ganze Divisionsfront unterstützen. Ihr Raum wurde gedeckt durch ein Terr Bat, das auch die Seestrasse nördlich von Arth sperrte und Verbindung zur 6. Division hielt.

Die drei erwähnten Terr Bat waren neu zugeteilt, während das Bat 102 auf dem linken Seeufer verblieb. So verfügte die 5. Division nur noch über vier ihrer ursprünglich neun Bataillone. Das war schmerzlich für unsere Heereseinheit, die während der ersten Jahre des Aktivdienstes so fest zusammengewachsen war. Aber sie hatte eine sehr bedeutende Aufgabe zu übernehmen; die Truppe lernte neues Gelände kennen und führte auch, mit und gegen 6. Division, interessante Übungen durch. Gegen Jahresende schliesslich führte ein ganz anderer Einsatz sie wieder zusammen.

Ablösungsdienste, Bewachung, Kommandantenwechsel

Die Entspannung nach der Niederlage Frankreichs erlaubte, drei Viertel der Armee zu entlas-

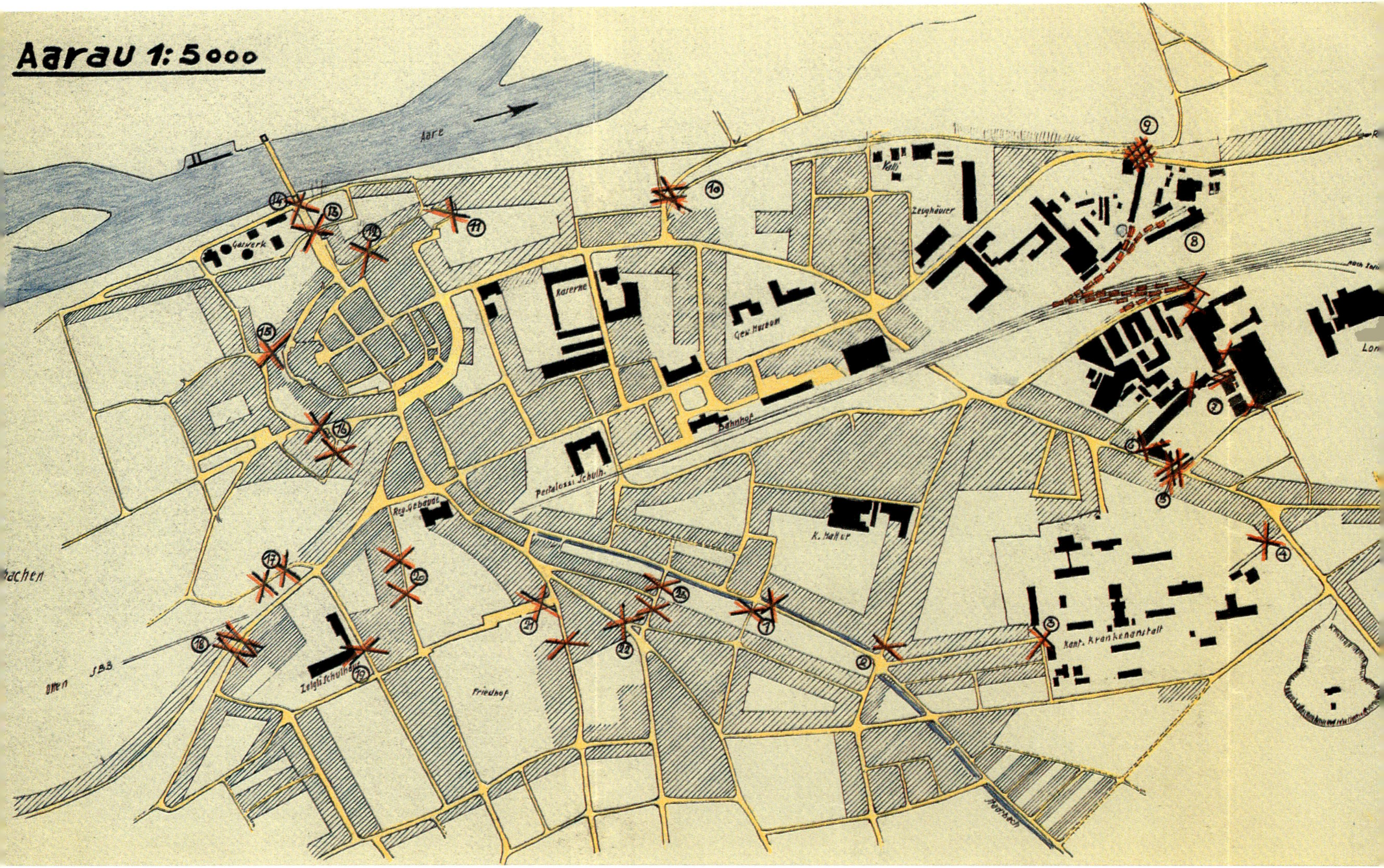
Aarau 1:5000
Aare
Gaswerk
Kaserne
Gew. Museum
Zeughäuser
Bahnhof
Pestalozzi Schulh.
Reg. Gebäude
K. Haller
Kant. Krankenanstalt
Friedhof
Zelgli Schulhaus
SBB
Aurbach

Auch ein Gesicht des Krieges: Flüchtlinge aus dem Elsass

sen. Das Armeekommando brauchte nur noch eine Präsenz von etwa zehn Inf Rgt mit einem entsprechenden Anteil von Spezialtruppen. Zwei Drittel davon wurden für Bewachungsdienste benötigt, ein Drittel als Reserve. Diese drei verstärkten Inf Rgt konnten ihre Ausbildung vertiefen (für die 5. Division neu: die Gebirgsausbildung) und die neuen Aufgaben im Rahmen der Reduit-Verteidigung kennenlernen.

Für unsere Division begann das neue System am 29. 4. 41; wir wissen darüber schon Bescheid. Es würde im Rahmen dieser Darstellung zu weit führen, die Ablösungsdienste im einzelnen aufzuzählen; sie sind in den «Periodischen Berichten» beschrieben. Die 1946 erschienene, wertvolle Darstellung des Aktivdienstes der Division enthält darüber Einzelheiten.

Unsere Soldaten leisteten die Ablösungsdienste mit neuem Schwung; sie lernten andere Aufgaben kennen, und die Sorgen um das private Leben waren weniger gross, weil von Anfang an die Dienstdauer (meistens ein, höchstens drei Monate) bekannt war. Allerdings kamen für die Auszüger bis zu drei solcher Aufgebote pro Jahr. Und Überraschungen waren durchaus möglich: um die Jahreswende 42/43 erfuhren das auch das Inf Rgt 24 und die F Art Abt 14: es traf ein Armeebefehl ein, wonach sie nicht nach, sondern vor den Festtagen einzurücken hatten!

Grosse Bewachungsaufgaben waren schon 1940 zu lösen. Die erste stellte sich kurz vor der Niederlage Frankreichs, als dessen 45. Armeekorps mit 42000 Mann interniert wurde. «Das Füs Bat 56 war vom 22. 7. bis 19. 8. 40 dem Ter Insp 2, Internierungen, zur Bewachung internierter Franzosen in der Region Napf unterstellt. Zu bewachen waren in wechselnder Stärke zwischen 5500 und 6000 Int. in zeitweilig 26 Ortschaften, wobei in der Zeit der stärksten Belastung dem Bat noch die Geb Füs Kp II/39 unterstellt war.» So beginnt der Bericht des Kommandanten Major Kistler (später Kdt Gz Br 5). Er beschreibt auf sechs Seiten die Probleme, die sich damals stellten. Es war schwierig, die verantwortlichen fremden Offiziere überhaupt zu finden, manchmal mussten

Schweizer die Führung von Abteilungen übernehmen. «Für etwa ¾ der Leute war keine praktische Arbeit zu finden, denn erst nach Ausweis der Arbeitseinsatzstelle, dass keine schweiz. Arbeitskräfte erhältlich sind, darf man Internierte einsetzen. Bewachung ist fragwürdig, weil nicht vermieden werden kann, dass einer praktisch nach Belieben ausreissen kann.» Kistler schlägt vor, in Barackenlagern zu internieren und Arbeiten für die Armee ausführen zu lassen, z. B. Bau der «strategisch wichtigen Strassen» im Jura, «die wir ... in der Armeestellung vermisst haben.» So konnte an Wachtmannschaft gespart, dafür Ausbildung getrieben werden. Im übrigen schadete «der schlampige Betrieb bei den Internierten» der eigenen Truppe nicht; sie sei «eher bemüht, den Internierten etwas vorzumachen». – Später hat man das Interniertenwesen weitgehend so vereinfacht, wie es Kistler vorschwebte.

Natürlich fragte man die fremden Militärs über die Kriegswirklichkeit aus, über deutsche Angriffstaktik, Panzereinsatz usw. Im Bericht eines Bewachungsoffiziers findet sich der Satz, «dass eine erfolgreiche Tankabwehr durch Infanteriekanonen durchaus möglich sei, wenn diese Abwehr sehr stark in die Tiefe gegliedert würde». Das Schreiben befindet sich im Nachlass Bircher und hatte wohl Einfluss auf die Überlegungen zur Gestaltung von Nordfront II.

Bald waren auch zivile Internierte zu bewachen, Flüchtlinge, denen es gelungen war, unsere Grenze zu überschreiten. Ferner wurden unsere Soldaten dazu eingesetzt, die Grenzpolizei zu verstärken. Als Beispiel folgt eine Zusammenstellung des Rgt 24 über die Flüchtlinge, die vom 28. 10.–23. 11. 43 durch die Kp I/105 und II/4 in die Lager von Cassina, Ligornetto und Chiasso gebracht wurden: 78 italienische, 327 englische, 20 südafrikanische und 88 griechische Militärpersonen, 551 italienische und 42 jugoslawische Zivilpersonen, dazu einzelne Franzosen, Nordafrikaner, Serben, Polen, Russen, Amerikaner, Deutsche, Luxemburger, Österreicher und Portugiesen, total 1345 Personen.

Interniertenbewachung leistete noch vom 11. 6.–12. 7. 45 das Rgt 4. Es war dazu auf die ganze Schweiz verteilt. Betreffend dieses letzte Aktivdienstjahr sei noch erwähnt, dass das Füs Bat 56 als Übungstruppe im Kombinierten Schiesskurs und vom 9. 7.–9. 8. 45 die Füs Kp I/57 zur Bewachung des schon kleiner gewordenen Armeekommandos eingesetzt wurden; das Bat 57 hatte schon vom 27. 3.–27. 4. 44 das Armeehauptquartier bewacht.

Ausser Interniertenlagern mussten sehr viele Bewachungsobjekte wie Depots, Flugplätze, Bahnanlagen, Kunstbauten, Sprengobjekte und Kommandoposten geschützt werden. Sowohl gegen Diebe und Saboteure als auch gegen Versuche in grösserem Rahmen, sie in Besitz zu nehmen.

Die Märsche aus den Mobilmachungs- in die Bewachungsräume wurden zu Übungen benützt. So erhielt das Rgt 24 beim Einrücken am 26. 7. 43 den Auftrag, «sich im Raume Luzern so bereit zu halten, dass es ein feindliches Festsetzen in diesem Raum, insbesondere eine Besitzergreifung der Flugplätze Littau und Emmen, und feindliche Vorstösse aus dem Raum Luzern in Richtung Brünigpass verhindern kann». Nach Übungsabbruch bezog es so Unterkunft, dass es die Reduiteingänge im Bereich des 2. Armeekorps bewachen konnte. Vom 14.–28. 8. 43 war es «Einsatz-Rgt Tessin».

Den Tessin lernten unsere Soldaten auch bei der Bewachung der Gotthardbahn näher kennen, einer hochwichtigen, aber eintönigen Aufgabe. Das Rgt 23 löste sie vom 7. 5. bis 9. 6. 43. Es gab sich Mühe, nicht im Wachtdienst zu

Rudolf von Erlach, von Bern
1942–1944 Kdt 5. Div.

1891–1944

Fürsprech

Grundwaffengattung Infanterie
1924 Major, 1930 Oberstl, 1936 Oberst, 1942 Oberstdivisionär

Nach dem Studium der Rechte in Bern, Lausanne und Leipzig erwarb sich von Erlach das Bernische Fürsprechpatent. Bereits nach kurzer Tätigkeit in der Steuerverwaltung wurde er zum Sekretär der Landesverteidigungskommission berufen. Dieses Amt versah er während 6 Jahren. Danach wurde er bei der Generalstabsabteilung Chef Sektion Personelles (Heeresorganisation) und Chef Operationssektion, als welcher er massgeblich an der Neuorganisation und dem Einsatz der Grenzbrigaden beteiligt war. 1932 wurde v. Erlach zur Deutschen Reichswehr, 1937 zu den grossen Manövern nach Frankreich abkommandiert. Kurz nach der Kriegsmobilmachung wurde ihm das Kommando der Geb Br 12, 1942 dasjenige der 5. Div übertragen. Noch im Dienst, am 7. August 1944, starb er überraschend an den Folgen einer Angina Pectoris.

Rudolf v. Erlach besass ein ausgeprägtes Lehrtalent. Gleicherweise war er auch als Trp Of und als Kdt auffallend begabt und verstand es – zwar viel und unmissverständlich fordernd – die Herzen seiner Untergebenen zu gewinnen.

versauern: Alarmübungen, Einsatzübungen von Kompanien und Übungen in der Flugplatzverteidigung unterbrachen den Alltag. Es war während dieses Ablösungsdienstes dem Kdt der 9. Division unterstellt; die Unterstellungen wechselten jeweils entsprechend dem Einsatzraum.

Die Ablösungsdienste zu Präsenz- und Ausbildungszwecken waren unerlässlich, um das Können der Truppe auf der Höhe zu halten. Einer davon muss besonders erwähnt werden. Am 4. 9. 42 war das Inf Rgt 24 zusammen mit der F Art Abt 14, dem Sappeur Bat 5 und der Sanitätsabt 5 eingerückt. Am 26. September hatte es drei Manövertage an der Rigi hinter sich und war nun am Aufpolieren des technischen Könnens. Der Rgt Stab musste geweckt werden, als kurz nach Mitternacht der Divisionskommandant mit dem Stabschef eintraf, um zu orientieren und zu befehlen: In Steinen bei Schwyz waren Beamte des Bundes und des Kantons durch die Bevölkerung gehindert worden, eine Untersuchung wegen Schwarzhandels durchzuführen. Die Schwyzer Regierung hatte um Truppeneinsatz gebeten, der Bundesrat ihn bewilligt. Das verstärkte Regiment wurde nun Ordnungstruppe und stellte sich im Raum Schwyz, unter Vermeidung von Steinen, bereit. Nun konnte die Untersuchung ungestört durchgeführt werden, und die Truppe wurde am 1. Oktober zurückgezogen. Schon am Tage vorher hatte der Rgt Stab ein grosses Gefechtsschiessen vorbereitet. Es bildete den Abschluss dieser Ausbildungsperiode; am 7. Oktober war Entlassung.

In die Zeit der Ablösungsdienste fallen die Wechsel im Divisionskommando. Bircher erlebte einen letzten Höhepunkt seiner militärischen Laufbahn, als er im April 1942 die Manöver des Rgt 22 gegen das Rgt 24 leitete und die Verbände, darunter viele Spezialtruppen, anschliessend vor dem General auf der Strasse Ebikon–Root vorbeimarschieren liess.

Nachfolger Birchers wurde Oberstdivisionär Rudolf von Erlach. Nach ziviler Tätigkeit als Jurist hatte er in der Generalstabsabteilung wichtige Funktionen ausgeübt und wurde dann Kdt der Geb Br 12. Er führte die Division straff und gab ihr wertvolle Anregungen. Nach dem Aargauer Volksmann Bircher hatte es der Berner Aristokrat v. Erlach nicht leicht, den Kontakt zu den Soldaten zu finden. Als er auf dem besten Weg dazu war, starb er durch Herzversagen am 7. August 1944.

Ihm folgte Divisionär Paul Wacker, von Beruf Jurist und Instruktionsoffizier. Nach umfassender Tätigkeit in den Schulen und Kursen der Armee war er Sektionschef in der Generalstabsabteilung gewesen und, wie v. Erlach, auch Kommandant der Geb Br 12. Seine Ausgeglichenheit, verbunden mit Gedankenreichtum und Bestimmtheit, wurde hoch geschätzt. Er führte die Division bis 1950.

Wieder an der Nordfront

Der Dienst der 5. Division im Spätherbst 1944 war nicht der letzte Aktivdienst ihrer Truppen, aber ihr letzter Dienst in ursprünglicher Zusammensetzung, der letzte auch, der mit dem Kriegsgeschehen in unmittelbarem Zusammenhang stand.

Dienstag, den 3. Oktober, traf der Befehl ein, die ganze 5. Division sei auf Samstag, bis zum 7. Dezember, aufzubieten; die 8. Division sei bei der Grenzsicherung im Raume Basel abzulösen. Freitagvormittag rückten die Generalstabsoffiziere ein, um die Befehle für Verschiebung und Einsatz auszuarbeiten. Nachmittags wurden die direkt unterstellten Kommandanten orientiert. Am Samstagmorgen meldet das Tagebuch des Div Stabes munter: «Die 5. Div mit einem Bestand wie Jahre nicht mehr mobilisiert an über 30 Orten. Das Rgt 4 ist wieder dabei, das Rgt 24 mit dem S Bat 4, Bat 46 und Bat 102 erscheint wieder ...» Für dieses Rgt war die Überraschung hart gewesen: Die Auszüger waren erst am 28. September aus dem letzten Ablösungsdienst entlassen worden.

Paul Wacker, von Basel
1944–1950 Kdt der 5. Div
6. 10. 1891–9. 12. 1965
Dr. iur., Lehrer und Instruktor
Grundwaffengattung Infanterie (Mitr)
1925 Major, 1931 Oberstl, 1937 Oberst, 1942 Brigadier, 1944 Oberstdivisionär

Nach Schulabschluss studierte Wacker Jurisprudenz in Basel. 1914 promovierte er zum Dr. iur. Danach gab er in Dornach 4 Jahre Schulunterricht, ehe er 1918 die Laufbahn des Instruktionsoffiziers einschlug. 1935 bis 1942 amtete er als Sektionschef in der Generalstabsabteilung. Nach Abgabe des Divisionskommandos war er bis 1954 Kommandant der Korea-Mission.

Ein Angriff der Franzosen durch die Burgunder Pforte längs unserer Nordwestgrenze in die Rheinebene stand bevor. Es drohte die Gefahr, dass sie oder die Deutschen versuchen würden, für ihre Bewegungen die Basler Rheinbrücken zu verwenden. Das verstärkte Rgt 23 sollte Brücken und Stadt bewachen, während die Masse der Division sich bereithielt, irgendwo im Raume Basel einzugreifen, falls die Kämpfe über unsere Grenzen branden sollten.

Das Rgt 23 marschierte in zwei Nächten nach Basel und führte die Ablösung durch, bewachte die fünf Rheinbrücken, stellte die Verteidigung von wichtigen Strassenknoten sicher und bemannte sieben Beobachtungsposten. Durch viel Training erreichte man, dass die Pikettmannschaften – ein Drittel der Gesamtstärke – in vier Minuten abwehrbereit waren.

Als am 14. November die Offensive der 1. französischen Armee begann, wurde die Lage gespannt. Am 22. fiel Mühlhausen, aber hartnäckig hielten sich deutsche Stützpunkte knapp nördlich von Basel. Unsere Soldaten beobachteten die Kämpfe auf 50–300 m Entfernung, «speziell auch …, wie man es nicht machen soll», schreibt der Regimentskommandant.

In Massen wurden schon am 21. November zivile und militärische Flüchtlinge interniert und in den Hallen der Mustermesse untergebracht. Täglich suchten weitere Menschen Schutz bei uns, am frühen Morgen des 1. Dezember kamen etwa 2000 zivile Flüchtlinge, die lange in den Kellern der umkämpften Ortschaften Neudorf und Hüningen gelebt hatten, über die Grenze. Zerlumpt, erschöpft, vollbepackt. An diesem Tag überschritten die letzten deutschen Soldaten den Rhein.

Bombardierung des Güterbahnhofs Basel, 1945

Vorbereitete Sperren in den Strassen von Basel, 1945

Die Hilfe unserer Soldaten bei der Internierung war zwar bedeutend. Trotzdem bestand die wichtigste Aufgabe während dieser Tage im Schutz der Bevölkerung. Diese zeigte sich auch auf rührende Weise dafür dankbar. Nach der Ablösung des Regiments am 2. Dezember durch das Geb Inf Rgt 5 beschenkten die Frauen des Gotthelf- und Weiherwegquartiers die 55er mit so viel selbstgebackenen Gugelhöpfen und Kuchen, dass es für die 650 Mann mehr als ausreichte.

Während das Rgt 23 nach Basel marschierte, um dort direkt dem Kommando des 2. Armeekorps unterstellt zu werden, wurde das Gros der Division Richtung Umgebung der Stadt in Bewegung gesetzt, teils zu Fuss und hippomobil, teils durch Bahntransport. Als die Transporte schon angelaufen waren, befahl das 2. Armeekorps, doch nicht Unterkunft zu beziehen, sondern am folgenden Morgen auf dem Plateau von Gempen abwehrbereit zu sein. Erst am übernächsten Tag erreichte die Truppe ihre friedlichen Quartiere.

Das war der Beginn von vielen Übungen, die fast alle die Beweglichkeit von Stäben und Truppe schulen sollten. Der Divisionskommandant leitete drei Einsatzübungen und zwei Übungen auf Gegenseitigkeit, der Kommandant des Inf Rgt 4 fünf Übungen und eine kombinierte Scharfschiessübung, der Kommandant des Inf Rgt 24 sechs Übungen auf Gegenseitigkeit und der Kommandant des Art Rgt 5 fünf Scharfschiessen sowie zwei Scharfschiessübungen, die mit Infanterie kombiniert waren.

Während der Ausbildung bei normalem Tagesablauf nahmen die Kommandanten besonders stark Einfluss auf die innere Bereitschaft der Soldaten, die während der vergangenen Monate wegen der Hoffnung auf den nahen Friedensschluss gesunken war. Ein intensiver Vortragsdienst, vor allem über militärpolitische und wirtschaftliche Fragen, unterstützte sie dabei.

Stolz auf die gemeinsame Leistung marschierte die Truppe am 4. Dezember, kurz vor der Entlassung, in Aarau vor General Guisan vorbei.

Nachher

Nach dem Aktivdienst gönnte sich die Armee eine kurze Pause; 1946 fanden keine Wiederholungskurse statt. Die Drillform Taktschritt wurde aufgehoben. 1947 rückten wir wieder zu Wiederholungskursen ein, die aber nur zwei Wochen dauerten. Sollte unser Wehrwesen verkümmern? Nein. 1948 begannen wieder Wiederholungskurse von drei Wochen. Und die Einführung einer modernen Uniform war ein Zeichen dafür, dass die Armee jung und stark bleiben wollte.

Heimkehr

Oskar Reck

Im Rekrutenregiment und später

Ein militärisches Experiment

In seinem «Bericht an die Bundesversammlung über den Aktivdienst 1939–1945» schrieb General Henri Guisan am Ende der Seite 139: «Man machte damals mit provisorischen Rekrutenregimenten ziemlich unangenehme Erfahrungen; es zeigte sich die ungenügende physische Widerstandsfähigkeit unserer jungen Soldaten nach Abschluss ihrer Rekrutenschule.» Dieser Satz, der sich auf ein militärisches Experiment aus dem Winter 1941/42 bezog, musste einen aargauischen Regimentsangehörigen von damals frappieren. Mir zum Beispiel schien es, wir hätten uns just in dieser Formation über eine besondere körperliche Verfassung ausgewiesen. Dafür war, wie ich mich lebhaft erinnere, unser innerer Zustand nicht über jeden Zweifel erhaben.

Natürlich ist es mir nicht darum zu tun, dem General nach vier Jahrzehnten zu widerreden, zumal sein Rechenschaftsbericht, alles in allem, auch in diesem Punkt zutreffen mochte. Doch der Dienst im Rekrutenregiment, der mir wie kein anderer im Gedächtnis blieb, war von einer schon fast kompromisslosen und jedenfalls ohne Murren akzeptierten Härte. Wir fielen von einer Nachtübung in die nächste, und dem Nahkampf gehörte das bevorzugte Training. Meine Offiziersschule dagegen, im Frühjahr 1942 unter dem Obersten Rieter in Zürich absolviert, war von einer gewissen Gemütlichkeit, wenn ich sie an den drei Monaten Rekrutenregiment mass.

Eine Truppe der Jungen, nahezu ausschliesslich von Jungen geführt, hatte ihre unverkennbaren Vorzüge. Da sie nicht aus Schwächlingen bestand, sondern zur Hauptsache aus Normalgewachsenen mit sportlicher Entwicklungsfähigkeit und überdies nicht ohne Ehrgeiz, war aus ihr etwas zu machen. Doch diese gleiche Truppe brachte nicht eben viel mit, was zu einem Kampf auf Biegen und Brechen ausgereicht hätte. Wenn der General dies meinte, eine zum Letzten entschlossene Formation, mag er mit seinem Zweifel durchaus im Recht gewesen sein. Aggressivität und Labilität sind oft genug nahe beisammen. Das belegen auch die schweizerischen Gefechte und Schlachten früherer Jahrhunderte.

Wenn heute, was in meiner Generation gängig ist, über ein nahezu verlorengegangenes staatspolitisches Bewusstsein der Jugendlichen geklagt wird, verweist man im selben Atemzug auf die eigene Jugend, als man im Kontrast zum Dritten Reich auf die Demokratie eingeschworen gewesen sei. Das klingt plausibel, hat aber mit der Wirklichkeit wenig zu tun. Die Schule – auch mein Aargauer Gymnasium – bot so gut wie keinen staatsbürgerlichen Unterricht; sie war sogar ausgesprochen apolitisch. Über die Demokratie war bestenfalls im Elternhaus etwas zu erfahren; den Rest, so argumentierte man, werde uns dann später die Bürgerpraxis schon noch beibringen. Dasselbe übrigens galt auch für die Wirtschaftskunde. Die zwei oder drei Jahrgänge also, die den Hauptharst unseres aargauischen Rekrutenregimentes formierten, waren politisch denkbar schlecht gerüstet. Was das militärische Handwerk betrifft, hätte daraus durchaus eine Elitetruppe werden können, nicht jedoch was den Geist der Miliz betraf.

Vom Gehalt des Auftrages – die Verteidigung der Demokratie – rückte uns aber auch die Art unserer Dienstleistung noch weiter ab. Gab es später, im normalen Aktivdienst der 5. Division, den regelmässigen Kontakt zum zivilen Leben, war er in den Monaten des Rekrutenregiments wie abgeschnürt. Weil wir als probeweise zusammengefügte Truppe, die vielleicht wieder aufgelöst wurde, keine

Wachdienste kannten, sondern nur den Gefechtsdrill, das Marsch- und das Patrouillentraining, waren wir so etwas wie eine anfängerhafte Berufsarmee, wenn auch auf Zeit. Nur, wir kannten sie nicht, diese Zeit, und überdies wussten wir nicht, wie über uns verfügt würde. Wir waren ein dem Zivilen merkwürdig entrückter und entfremdeter Haufen, zum militärischen Gehorchen und zur rigorosen Umsetzung der Befehle disponiert. Mit uns hätte man sehr viel machen können, bis zum raschen Verschleiss der Kräfte und zur völligen Atemlosigkeit. Auch dies mag zu den «unangenehmen Erfahrungen» gehören, über die der General später schrieb.

Wir waren eine Truppe, in der eine Horde steckte. Zwar wussten wir nicht, was das «Kriegsgenügen» sei, das ja nur der Ernstfall hätte erweisen können; aber im Sinne derer, die es uns abforderten, waren wir wohl mit der Handgranate und den Schnellfeuerwaffen nahe daran, nicht aber, wie der General rechtens meinte, mit der Beharrlichkeit. Immerhin, das Hordenhafte in dieser Truppe war das eigentlich Aufregende, das die Erinnerung dauerhaft besetzte. Die drei Monate Rekrutenregiment erwiesen sich als Sonderfall im Aktivdienst, der sich nicht einordnen lässt. Offensichtlich war später die Lust gering oder überhaupt nicht vorhanden, diese Episode zu beschreiben und zu analysieren – für besonders «schweizerisch» konnte man sie ja auch unmöglich halten; für uns ist sonst das Gegenteil das Typische: die Durchmischung der Jahrgänge, die im Aktivdienst dem Ausgleich diente.

Unsere damaligen Rekrutenregimenter sind heute – im negativen Wortsinn – ein winziges Stück aufgehobener Geschichte. Weil sie nach den Vorstellungen des Armeekommandos kein Erfolg waren – wobei unklar blieb, worin im Aktivdienst ein solcher Erfolg denn eigentlich hätte bestehen sollen –, wurden sie, bis auf den einen Satz im Bericht des Generals, amtlich vergessen. Wer aber, wie ich, zu den Tausenden gehört, die für diese drei Monate eben doch dabei waren, wird sie nicht los. Sie bleiben der eigentliche Kontrast zu den Ablösungsdiensten.

Wie war es in den normalen Einheiten der 5. Division? Suchen wir uns ohne bengalische Beleuchtung ins Gedächtnis zu rufen, was wir damals erlebten, gibt es wenig Aufregendes zu berichten. Die Bataillone 55 und 57, in denen ich als Unteroffizier und zur Hauptsache als Offizier meinen aktiven Dienst tat, waren weder Truppenkörper mit einem Hang zum Schlendrian, noch zackige Formationen. Zwar erzählten die Älteren noch von der gedrückten Stimmung im Sommer 1940 und einem Klima der sich mehrenden Unzufriedenheit, doch zwei Jahre später war davon nichts mehr zu spüren. Wer aus dem Rekrutenregiment kam, fand sich in Formationen ohne Hektik, die sich nur durch die Geschicklichkeit oder die Ungeschicklichkeit ihrer Kommandanten unterschieden. Noch am ehesten gaben die Beurlaubungen zu reden, aber weit weniger als etwa bei der Kavallerie mit ihren vielen Bauern.

Von den weltpolitischen Ereignissen und dem ohnehin gedämpften öffentlichen Betrieb des Landes schlug sich wenig auf die Gespräche in den Einheiten nieder. Die Lagebeurteilungen in hohen Stäben entzogen sich der Truppe so gut wie vollkommen. «D'Schnörre halte!» war die von oben ausgegebene Parole. Dieser Devise war um so leichter und auch passiver zu genügen, als die Ablösungsdienste in aller Regel keine unmässige Länge hatten. Im zivilen Leben blieb dann immer wieder ausreichend

Zeit, sich im Rahmen des überhaupt Möglichen zu orientieren.

Und unsere Chefs? Prisi? Bircher? Von Erlach? Wacker? Je weiter entfernt von den Hauptquartieren unsere Kantonnemente lagen, desto seltener bekamen wir sie zu Gesicht. Man kann sich heute, im Zeitalter des Fernsehens, kaum mehr vorstellen, wie fremd der Truppe die eigenen Vorgesetzten waren. Prisi zum Beispiel, unseren Korpskommandanten, sah ich nur zweimal: einmal, als wir nach den langen Gebirgsmanövern an ihm vorbeimarschierten, ein andermal aus Anlass einer Manöverbesprechung, in der er für Stukas «Stuaks» sagte und aus dem finnischen Marschall Mannerheim einen «Mannersmann» machte. Aber nach mehreren Manövernächten waren wir sogar zum Grinsen zu müde. Insgesamt frage ich mich vergeblich, wie sich unter den damaligen Verhältnissen einer unserer Chefs der Truppe hätte einprägen können; dem Hauptmann gelang es, wenn er die Statur dazu hatte, nicht aber einem der Hohen. Der Aktivdienst war im übrigen auch keine Paradeschau.

Wenn wir uns in der 5. Division am Ende des Kampfes um Europa etwas anrechnen durften, dann eine durchaus selbstverständliche Pflichterfüllung. Die Aargauer Truppen haben erbracht, was sie dem Lande schuldeten. Zu Ruhmredigkeit besteht keine Veranlassung, aber auch zu einer nachträglichen Minderung dieses Beitrages nicht. Ein letztes Wort noch zu den Jahren, die wir im Réduit verbrachten: Dort haben sich die Aargauer mit einer anders gearteten Bevölkerung als verträglich erwiesen, und sie wurden auch mit einem Gelände fertig, das nicht das ihre war. Vielleicht haben wir so unser Bestes gegeben.

Truppenordnung 1951
(Stand 30. 10. 1951)

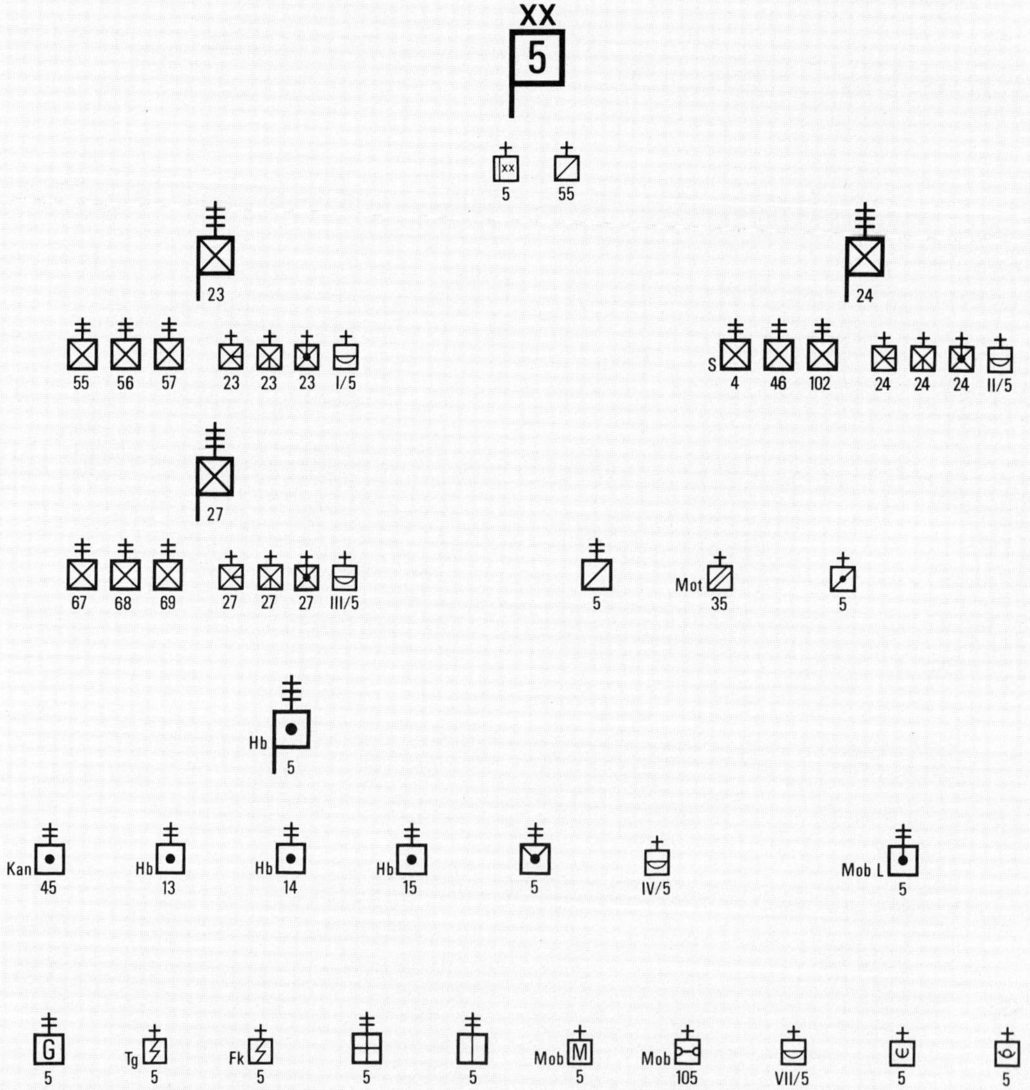

Hans Hemmeler

Im Schatten der neuen Bedrohungsmittel

1951–1961

Die Zeitspanne zwischen 1951 und 1961 ist begrenzt durch zwei neue Truppenordnungen, und sie wurde besonders deutlich geprägt: erstens von der Einschulung aller Neuerungen, welche die Truppenordnung 51 eingeführt hatte, zweitens durch die Korpsmanöver von 1955 – die sog. «Atom-Manöver» – und drittens von den beiden Divisionskommandanten Frick (1951–1955) und Küenzy (1956–1962).

Die Truppenordnung 1951: Bestandesknappheit und Kriegslehren

Ende der vierziger Jahre zeichnete sich ein derart empfindlicher Rückgang der Mannschaftsbestände für die nächsten zehn Jahre ab, dass tiefgreifende organisatorische Massnahmen sich als unumgänglich erwiesen. Die rechtliche Ausgangslage dazu schufen die eidgenössischen Räte mit ihrem Gesetz vom 1. April 1949 über die Abänderung der Militärorganisation (MO). Danach wurde die Zugehörigkeit zu den einzelnen Heeresklassen ausgedehnt, indem die 20–36jährigen Wehrmänner (früher die 20–32jährigen) dem Auszug, diejenigen der Altersklasse von 37 bis 48 (bis anhin die 33–40jährigen) der Landwehr und die vom 49. bis 60. Altersjahr (bisher vom 41. bis 48.) dem Landsturm zugeteilt wurden. Der Bestandeskrisis Rechnung zu tragen und den Aufbau der Heeresklassen entsprechend zu ändern, war somit einer der Gründe für eine umfassende Neuorganisation der Truppenordnung. Ein ebenso wesentliches Ziel bestand indessen gemäss der Botschaft des Bundesrates vom 10. 10. 1950 betreffend die Organisation des Heeres auch darin, «eine Grundlage (zu) schaffen, auf der in den nächsten Jahren weiter gebaut werden kann», damit «Neuerungen» möglich würden, «die in Anpassung an die Anforderungen des modernen Krieges auch für unsere Armee unerlässlich sein werden».

Es scheint, mit dieser Aussage sei bereits vorausgesehen gewesen, dass ein heisses Ringen um künftige Entscheide hinsichtlich Waffentechnik und Kampfverfahren anheben würde. Die Vorbereitung der Truppenordnung 51 erscheint in diesem Lichte gesehen gleichsam als Vorübung.[1]

Im wesentlichen wurde in unserer Division das Zürcher Inf Rgt 4 durch das Inf Rgt 27 mit den Füs Bat 67, 68 und 69 ersetzt sowie neu die Aufklärungsabteilung 5 und die Mobile Leichte Flab Abteilung 5 geschaffen. Die 7,5-cm-Feldkanone wurde durch die 10,5-cm-Haubitze abgelöst. Die Artillerie setzte sich aus dem Art Rgt 5 mit den Haubitz Abt 13–15, der Schweren Kanonen Abt 45 und der Schweren Minenwerfer Batterie 5 zusammen. Der Infanterie wurden neue, leistungsfähigere Maschinengewehre sowie die Raketenrohre gegeben, der Flab ein neues Drillingsgeschütz. Die Botschaft nennt diese Neubewaffnung sowie die Beschaffung weiteren Materials «eine unerlässliche Bedingung für den Vollzug der neuen Truppenordnung». Zu dem «weiteren Material» gehörten u. a. Gepäckanhänger für die Infanterie, Funkgeräte, die Pneubereifung der Infanteriekarren, Sappeur- und Sanitätsausrüstungen.

In sehr beachtlicher Weise äusserte sich die Landesregierung in ihrer Botschaft[2] über ihre Vorstellungen hinsichtlich der Kampfführung:

> Die Kampfmittel, mit deren Einführung wir in absehbarer Zeit rechnen können, und die vorgesehene Organisation der Armee werden uns erlauben, in einem für unsere Kampfführung günstigen, durch Feldbefestigungen und vorbereitete Zerstörungen

Inspektion der Infanterie-Rekrutenschule 5 im Aarauer Schachen durch Oberstdivisionär Frick, Mai 1953

verstärkten Gelände einem zahlenmässig und materiell überlegenen Feinde ernsthaften Widerstand zu leisten. Es wird ein Instrument geschaffen, das sich für den Einsatz im Mittelland und im Zentralraum eignet und uns eine taktisch aktive Kampfführung gestattet, die ausser der Verteidigung eines in die Tiefe gestaffelten Systems von Stützpunkten auch geplante Ausweichbewegungen und örtliche Angriffe mit beschränktem Ziele umfasst. Diese Form des Abwehrkampfes erfordert keine Änderung in der Grundstruktur unseres Heers.

Wir müssen damit rechnen, dass die neuen Vernichtungsmittel, wie die Atombombe, die biologischen Waffen und die chemischen Kampfstoffe, im Kriegsfalle auch uns gegenüber eingesetzt würden. Die mit dem Einsatz dieser Kampfmittel zusammenhängenden Probleme sind jedoch zur Hauptsache nicht organisatorischer, sondern taktischer, technischer und finanzieller Natur.

Beachtlich ist diese Aussage erstens in taktischer Hinsicht, sowohl an sich, als auch hinsichtlich des bereits erwähnten bevorstehenden «heissen Ringens». Alsdann aber auch im Hinblick auf die Gestaltung künftiger Manöverübungen – die Folgerichtigkeit der «Atom-Manöver» ist beeindruckend – und das taktische Denken, die taktische Schulung sowie die Ausbildung während der Wiederholungskurse der kommenden Jahre.

In Übereinstimmung mit diesen praktischen Folgerungen aus den Kriegserfahrungen erliess der Bundesrat am 26. Dezember 1951 die Vorschrift «Truppenführung» (TF 51), welche den alten «Felddienst» des Jahres 1927 ersetzte.

Mit dem Beschluss der Bundesversammlung vom 26. April 1951 war den Truppenkommandanten aller Stufen der Weg für ihre Arbeit in der kommenden Zeit gewiesen. In der 5. Division ging man mit Ernst und Eifer an die Arbeit.

Herbstmanöver 1951 – die neue Division hat sich zu bewähren

Vom 16.–18. Oktober 1951 fanden als Abschluss des Wiederholungskurses der ganzen Division Manöver unter der Leitung des Kommandanten des 2. Armeekorps, Oberstkorpskommandant Nager, statt. Die 5. Division als «rote» Partei stand mit rund 11000 Mann der Leichten Brigade 2 mit rund 6000 Mann gegenüber. Die Übungsleitung verfügte über 2700 Mann. Als Ausbildungsziel nannte der Korpskommandant: die Ausnützung der Nacht für Verschiebungen, das nächtliche Übersetzen möglichst grosser Verbände über Flüsse, Bewegung und Gefechte in ausgedehnten Wäldern.

In Anlage und Durchführung handelte es sich durchaus um Übungen konventionellen Stils; noch nahmen über 1000 Pferde teil, Signaltrompeter waren verfügbar, Panzer-Attrappen hatten «mittlere Panzer-Kampfwagen (30 to, 10 cm Panzerung, 8,5 cm Kan)» darzustellen. Die technischen Hilfsmittel waren bescheiden, Elektronik fehlte vollständig.

In einer ersten Übung war die Ausgangslage dadurch gekennzeichnet, dass ein «rotes» Armeekorps, markiert durch die 5. Division, den Rhein zwischen Säckingen und Zurzach überquert hatte. Es war ihm gelungen, den Widerstand «blauer» Grenztruppen bis gegen die Staffelegg, den Bözberg, den Marchwald und den Wessenberg zu überwinden.

Die 5. Division ist am 16. 10. als Korps-Reserve bereit, aus dem Raume Stein–Laufenburg–Frick an die Aare vorzustossen, diese zwischen Holderbank und Brugg zu überschreiten, um so die zwischen Limmat und Reuss stehenden blauen Kräfte im Rücken zu fassen.

Die «blaue» Leichte Brigade 2 liegt als Korps-Reserve zwischen Heitersberg/Sennenberg und Reuss so gruppiert, dass sie, ganz oder zu Teilen, in Richtung Mutschellen, gegen Baden oder in den Raum Gebenstorf–Turgi eingreifen kann.

Nachdem «Rot» am Abend des 16. 10. der Durchbruch über die Staffelegg und den Bözberg sowie die Bildung kleiner Brückenköpfe im Raum Rohr–Wildegg gelungen ist, erhält der Kommandant der 5. Division um 20.00 Uhr den Auftrag, auf allen verfügbaren Strassen über den Jura zwischen Staffelegg und Bözberg vorzustossen und zwischen der Suhremündung und dem Kestenberg einen Brückenkopf zu bilden. Der Divisionskommandant setzt seine Division in mündlicher Befehlsausgabe an die herbefohlenen, direkt unterstellten Truppenkommandanten über den Jura in Marsch. Kundige Generalstabsoffiziere seines Stabes werden die Marschordnung teils im Sinne der Einweisung, teils auf den Marschachsen herstellen. Eine Parforce-Leistung des Kommandanten und seines Stabes sondergleichen! Auf der Achse Staffelegg verschieben sich das Inf Rgt 23, die Motorisierte Aufklärungs Schwadron 35, die Schwere Kanonen Abt 5 und die Haubitz Abt 11; auf der Achse Bözen–Linn–Veltheim–Wildegg (Drittklass-Strasse!) das Inf Rgt 27, die Dragoner Abt 5, das Gros der Artillerie und das Flab Rgt 3.

Die Division überschreitet die Aare im Laufe der Nacht über eine Kriegsbrücke. Die Leichte Brigade 2 erhält den Auftrag, «Rot» zurückzuwerfen und überschreitet zu diesem Zweck die Reuss bei Sulz. Im Laufe des 17. 10. kommt es zu Angriffen und Gegenangriffen im Raume Lenzburg, so dass sich aus manövertechnischen Gründen schliesslich die Herauslösung der Gegner aus der Verzahnung aufdrängt.

Für die zweite Übung erhält der Kommandant der 5. Division den Befehl, am frühen Morgen des 18. 10. in Richtung Bremgarten–Lunkhofen anzugreifen. Dem Kommandanten der Leichten Brigade 2 wird demgegenüber befohlen, aus dem Raume Lindenberg–Seetal in die rechte Flanke des «roten» Angriffskeiles zu fallen. Der Zusammenstoss gelingt gründlich. Die Übung wird um 10.30 Uhr abgebrochen.

Der Korpskommandant hat aussagekräftige «Bemerkungen zu den Herbst-Manövern 1951»[3] verfasst. Hier erklärt er die ersten beiden gesetzten Ziele als erreicht, den Marsch und die Gefechtsführung in ausgedehnten Wäldern hingegen «als nicht voll befriedigend».

Seine Feststellung, wonach der Führungsstab der 5. Division nicht so durchorganisiert und eingespielt ist, «dass er ein sicheres Instrument für den Divisionskommandanten wäre», ist im

Ausgangslage

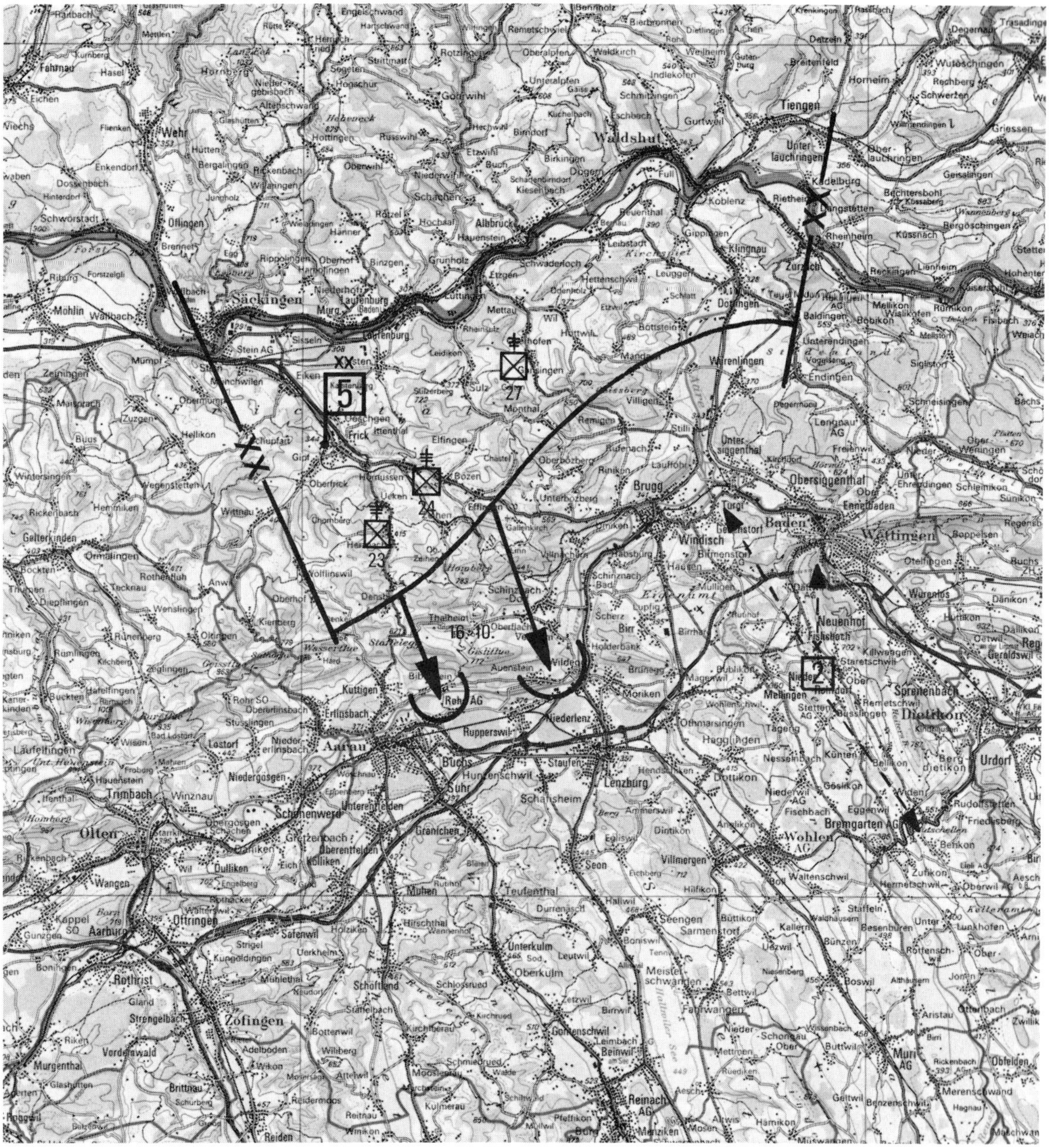

Zusammenhang mit den Ausführungen im Abschnitt: «Die Kommandanten und ihr Stab» zu sehen. Weiter bemerkt der Korpskommandant:

«Bei der Einrichtung des Kommandopostens wurde dagegen zu wenig darauf gesehen, dass Kommandant und Generalstabsoffiziere in Ruhe arbeiten konnten. Es gibt eine Grenze der Primitivität, die ohne Schaden für die Arbeit nicht unterschritten werden kann, andererseits aber auch eine Grenze der Sorglosigkeit.» Ebenso stellt er fest, dass Ausarbeitung und Übermittlung der Befehle mangelhaft waren (der Befehl für die Besammlung der direkt unterstellten Kommandanten erging in Frick am 16. 10. um 11.40 Uhr; das Kommando der Dragoner Abt 5 erreichte er um 16.45 Uhr im nur 2 km entfernten Oberfrick!), und dass der Nachrichtendienst im Stabe nicht genügte.

Auch bei der Truppe musste der Übungsleiter gravierende Fehler rügen: Beim Übersetzen über die Aare wurden die schweren Waffen nicht mitgetragen, sondern auf den Karren belassen; deswegen waren die Bataillone längere Zeit – bis zu 3 ½ Stunden – ohne schwere Waffen (Inf Rgt 23). Der Rekognoszierung und Wegerkundung wurde zu wenig Beachtung geschenkt: «Der Regimentskommandant konnte am 18. 10. früh den Weg zum Gefechtsstand bei Maiengrün nicht finden, weil der Offizier, der ihn führen musste, den Weg nicht fand und sich verfahren hatte» (Inf Rgt 24). «Das Durchsuchen vom Feind besetzt gewesener Ortschaften und Häuser wurde vernachlässigt. Eine in einem Keller in Egliswil eingerichtete Funkstation des Rekruten Radfahrer Bataillons konnte am 18. 10. von 06.00 bis 09.25 Uhr laufend den «roten» Vormarsch an die «blaue» Partei melden. Eine Befehlsausgabe des Regimentkommandanten fand acht Meter neben der Funkstation statt!» (Inf Rgt 27). Und bei der Divisions-Artillerie sind «wenig erfreuliche Zustände in Erscheinung getreten». So hat eine «blaue» Funkstation am 18. 10. bei Othmarsingen «den vollständigen Divisionsbefehl aufgefangen, der im Klartext durchgegeben wurde».

Die Korpsmanöver 1951 waren offensichtlich wegweisend für die Ausbildungsziele der nächsten Jahre.

Das grosse Artillerie-Schiessen

Im Jahre 1952 wurde die Artillerie der Division einer besonderen Prüfung unterzogen: Eine Gruppe, zusammengesetzt aus dem Haubitz Rgt 5 (Oberst Barrelet), der Schweren Kanonen Abt 45 (Major Wettstein), dem Schweren Kanonen Rgt 14 (Oberst Dubach) und der Schweren Minenwerfer Batterie 5 absolvierte vom 14.–16. Oktober unter der Leitung des Artillerie-Chefs des 2. Armeekorps, Oberst Wegmüller, ein Gruppen-Schiessen mit anschliessendem Vorbeimarsch auf der Luzerner Allmend. Die Stellungsräume befanden sich im Raume Dallenwil–Buochs–Klewenalp, der Zielraum im Raume Brisen–Schwalmis. Aus 62 Rohren soll geschossen worden sein. Gross war die Zahl der Abordnungen kantonaler Regierungen und der militärischen Besucher. Die verfügbaren Quellen, insbesondere das «Vaterland» in den Ausgaben vom 16. und 17. Oktober 1952, berichten von tüchtiger Arbeit «unserer hervorragend ausgerüsteten und glänzend geschulten Artillerie» und von einem ebenso guten Eindruck von der Artillerie Gruppe anlässlich des Defilees vom 16. Oktober in unmittelbarem Anschluss an die grosse Schiessübung.

1953: Die Regimenter werden beübt

Im Mai ...

absolvierte das mit zwei Artillerie Abteilungen verstärkte Inf Rgt 23 unter Oberst Siegwart einen Schiess-WK auf Glaubenberg. In sinnvoller Gestaltung des Rückmarsches in die Demobilmachungsräume fanden unter Leitung des Divisionskommandanten zwischen Napf und Aare Manöverübungen statt, wobei das Füs Bat 59 den Gegner markierte. Abschliessenden Höhepunkt bildete ein Defilee im Schachen in Aarau, abgenommen vom Divisionskommandanten. Laut einem Kommentar im Aargauer Tagblatt erkannte man «die imponierende Feuerkraft und Beweglichkeit eines modernen Infanterieregiments. Der gewaltige Motorfahrzeugtross zeugte von der fortgeschrittenen Motorisierung unserer Armee.» Das Blatt weist ferner darauf hin, dass solche Manifestationen ausserodentlich wertvoll sind, weil das Volk bei solchen Gelegenheiten von der Stärke unserer Landesverteidigung überzeugt werden kann.

... und anfangs November

leitete der Divisionkommandant Übungen im Raume Aaremündung–Limmat–Lägern–Kaiserstuhl. Es wäre reizvoll, hier die eingehende Berichterstattung über den Übungsverlauf, wiederum erschienen im Aargauer Tagblatt, wiederzugeben. Denn sie ist mit Liebe und grosser Sachkunde abgefasst. Noch konnte sich darin der Satz finden: «Es war ein schönes Bild, an nebligem Vormittag die entwickelten Schwadronen im forschen Galopp durch das koupierte Gelände vorprellen zu sehen!»

Die verstärkten Inf Rgt 24 (Oberst Burckhardt) und 27 (Oberst Streit) standen sich gegenüber. Vorerst stiess das Inf Rgt 24 von Norden in den Raum Böttstein–Schlatt–Oedenholz vor, wo die «blaue» Kampfgruppe Bircher stand. Das «blaue» Inf Rgt 27, östlich der Aare stehend, wurde vom Pontonier Battaillon 2 bei Stilli über die Aare gesetzt, um «Rot» in die Flanke fallen zu können. In der Folge hatte das Inf Rgt 24 bei Kleindöttingen die Aare zu überqueren, um im Surbtal das blaue Inf Rgt 27 anzugreifen.

Nach diesen Manövertagen defilierte die ganze WK-Gruppe auf der Hauptstrasse Sprei-

Robert Frick, von Schönenberg (ZH)
1951–1955 Kdt 5.Div

1.12.1902–14.7.1980

Lehrer, Instruktor

Grundwaffengattung Infanterie
1940 Major, 1944 Oberstlt, 1947 Oberst, 1951 Oberstdivisionär, 1958 Oberstkorpskdt

Frick war zwar Bürger von Schönenberg ZH, wuchs aber in der Westschweiz auf. Nach vierjähriger Tätigkeit als Lehrer wechselte er 1925 ins Instruktionskorps über. Während des 2. Weltkrieges vertrat er unser Land als Militärattaché in der Türkei. 1951 übernahm er die 5. Division und wechselte 1956 auf das Kommando der 1. Division. 1958 wurde er als Oberstkorpskommandant Ausbildungschef der Armee. Dieses Amt hatte er bis 1965 inne.

tenbach–Dietikon vor Oberstdivisionär Frick. Da sich die Truppen in der Hauptsache aus Angehörigen der Kantone Aargau und Zürich zusammensetzten, wurde die Defilierstrasse – sie war von einer imposanten Menschenmenge umsäumt – symbolischerweise direkt auf die Grenze zwischen den Kantonen Aargau und Zürich gelegt. Es mögen viele Zehntausende gewesen sein, die dem eindrucksvollen militärischen Schauspiel an der Defilierstrasse beiwohnten.

Die WK-Gruppe defilierte in drei Verbänden. Die erste Gruppe umfasste die motorisierten Verbände, die zweite die Fusstruppen, die dritte die Kavallerie. Die Bataillone der Infanterie marschierten ohne Tornister, kompanieweise in Achterkolonne. Ein Berichterstatter schrieb:

Sozusagen alle Kompanien waren trefflich ausgerichtet und defilierten in vorzüglicher Haltung, die nichts von den Strapazen der letzten Tage ahnen liess. Das Publikum begrüsste die einzelnen Verbände mit grosser Begeisterung. Den schönen Abschluss des Defilees, das rund anderthalb Stunden dauerte, bildete die Dragoner Abt 5, die in ihrem leichten Trab unter den Klägen des Fulenbacher-Marsches ein herrliches Reiterbild zeigte, die Schwadronen 13, 14 und 15 zu einem bewegten Pferdestrom vereinigt. Gesamthaft gestaltete sich auch hier das Defilee zu einer prachtvollen militärischen Manifestation, die wiederum Zeugnis ablegte von der Verbundenheit von Volk und Armee.

Im Bestreben, den Regiments-Kommandanten zu ermöglichen, ihren Verband jedes Jahr in Übungen führen zu können, fand alsdann im Jahre 1954 eine Manöverübung im Raume Lindenberg–Seetal statt, mit den Infanterie Regimentern 23 und 27 als Manöverparteien.

Die «Atom-Manöver» 1955

Die Landesverteidigungspolitik der fünfziger- und der ersten sechziger Jahre ist geprägt vom Ringen um den Entscheid, mit welchen Mitteln und mit welchen Verfahren unsere Armee einem modern bewaffneten Angreifer entgegenzutreten hätte. «Was wollen wir wie erreichen?» – so etwa kann, sehr vereinfachend, die Frage formuliert werden, welche zu heftiger, ernsthaft geführter Diskussion stand. «Modern bewaffnet» bedeutete nämlich nicht mehr bloss «mechanisiert», sondern über *taktische* Atomwaffen zu verfügen.

Oberstdivisionär Küenzy stellte anlässlich des Divisions-Rapportes vom 25. Februar 1956 fest, «wir stehen heute unmissverständlich an einem Wendepunkt der Kriegsgeschichte. Hinter uns liegt das Zeitalter der Feuerwaffen, vor uns steht das Zeitalter der Atom- resp. Kernwaffen. Wie die Einführung des Schiesspulvers entscheidende Umwandlungen auf dem Gebiete der Kriegsführung mit sich brachte, wird auch die Verwendung der Atomenergie für Kriegszwecke ihren Einfluss auf künftige Kriegsgeschehnisse haben. ... War der Einsatz einer Atombombe zur Zeit der Regierung Trumans an den Entscheid des amerikanischen Präsidenten, also des Präsidenten einer Weltmacht gebunden, werden schon heute Armeekorps-Kommandanten und in naher Zukunft wohl noch niedrigere Rangstufen der militärischen Hierarchie über den Einsatz zu entscheiden haben ... Die Atom- oder Wasserstoffgeschosse verbinden die Flächenwirkung mit der Augenblickserscheinung.»

Wie Alfred Ernst, der spätere Kommandant des Feldarmeekorps 2 darlegt, entbrannte über der Frage, welche Grundsätze der Kampfführung gelten sollten und wie das Kampfinstru-

Die Raketenrohre waren mit der Truppenordnung 51 eingeführt worden. Die Raketenrohrtrupps wurden damals wie hier – in den Atommanövern – noch häufig Bazookagruppen genannt (Bild NZZ).

ment angesichts solch neuartiger Bedrohung zu gestalten sei, ein Streit, «... der bis 1960 dauerte und an Intensität alles übertraf, was wir in dieser Hinsicht gewohnt waren».[4]

Anlässlich der Delegiertenversammlung der Neuen Helvetischen Gesellschaft vom 11. Februar 1956 umschrieb er die beiden kontroversen Auffassungen, einem Resumée gemäss, wie folgt:

Bewegliche Kampfführung: Verstärkung der Grenztruppen als Sicherung, unter deren Schutz das Gros der Armee (vollmotorisiert und mechanisiert) als Manövriermasse bereitgestellt wird. Wenn der Gegner den Grenzschutz durchbrochen hat, wird die Manövriermasse für den offensiven Kampf (taktisch gesehen als Bewegungsgefecht) konzentriert, um den Feind zurückzuschlagen und zu vernichten.

Verteidigung, angepasst an die Besonderheiten des A-Krieges. Stellungen stark aufgelockert und tief gestaffelt in mehreren Zonen. Gute Tarnung. Auch dieser Kampf wäre beweglich und nicht statisch. Aber die Bewegung würde sich innerhalb des Verteidigungsdispositivs abspielen, also nicht im freien Raum, sondern in Anlehnung an Minensperren etc.

Erinnern wir uns hier der Botschaft des Bundesrates zur Truppenordnung 51: «Es wird ein Instrument geschaffen, das ... uns eine taktische Kampfführung gestattet, die ausser der Verteidigung eines tief gestaffelten Systems von Stützpunkten auch geplante Ausweichbewegungen und örtliche Angriffe mit beschränkten Zielen umfasst.»

Oberst Ernst stand dezidiert auf der Seite einer solchen Auffassung. Zweifellos sind Anlage und Durchführung der «A-Manöver» von 1955 nicht nur vor dem Hintergrund dieses Meinungsstreites zu sehen, sondern entsprachen vor allem auch der Auffassung des Stabschefs des 2. Armeekorps, Oberst Ernst. Hier liegt die eigentliche Begründung und auch der tiefe politische Sinn dieser Übung.

Der Manöver erster Teil – eben die eigentlichen A-Manöver – war dadurch gekennzeichnet, dass einerseits der «blauen», vor allem mit Artillerie verstärkten 5. Division reichlich Zeit für die Erkundung und für den Ausbau einer Abwehrstellung im Raume Mutschellen–Baden eingeräumt wurde, während andererseits die «Rote» Partei, die verstärkte Leichte Brigade 2, ihren Angriff genau nach den Weisungen der Übungsleitung zu führen hatte (Skizze S. 144). Dieser Angriff – das Übersetzen über die Limmat und einzelne, entscheidende Kampfhandlungen – wurde in der Woche vor Manöverbeginn an Ort und Stelle eingeübt. (Der Verfasser erinnert sich, wie der Stabschef Ernst mit Kompanien und Zügen seines Bataillons 60 – das, ein Luftlandebataillon markierend, der 5. Division in die rechte Flanke zu stossen hatte – im Raume Oberwil-Lieli unermüdlich bis ins Detail das einzuschlagende Vorgehen exerzierte.)

In «Das Feldarmeekorps 2 in der 100jährigen Geschichte der Schweizer Armee», Luzern 1975, S. 75, wird berichtet:

Die Übungsleitung bemühte sich, unter Ausschöpfung aller Mittel und Möglichkeiten, den Verteidiger in eine möglichst kriegsnahe Spannung zu versetzen und in Anwendung aller mobilisierbaren optischen und akustischen Mittel eine Atmosphäre zu schaffen, wie sie Führung und Truppe im Kampfe gegen einen modern ausgerüsteten Gegner etwa zu erwarten hätten. Diese Bemühungen machten sich voll und ganz bezahlt. Spannung und Stimmung waren derart intensiv, dass sozusagen nur noch der Zivilverkehr, der begreiflicherweise nicht unterbunden werden konnte, die Truppe daran erinnerte, dass es sich um eine Friedensübung handle. Diese Atmosphäre herrschte sowohl auf der Seite von Blau wie von Rot.

Erstmals wurden taktische A-Geschosse im Raume der 5. Division eingesetzt. Die Abwehrdisposition der Division wurde dadurch nachhaltig beeinflusst. Der Divisionskommandant gab denn auch ausführliche «Weisungen für den Abwehrkampf in der Limmatstellung» bis zur Einheit aus. Sie lauteten für die eigentliche Abwehrstellung:

1. Hier sind eine Anzahl geschlossener Stützpunkte mit einer Besatzung in Stärke eines Bat. zu bilden. *Sie sind unter allen Umständen zu halten.*
   Die oftmals beträchtlichen Zwischenräume zwischen diesen Stützpunkten dürfen in keiner Weise dazu verleiten, vom Grundsatz des lückenlosen Abwehrfeuers abzurücken. Die Zwischenräume sind mit dem Feuer der Sch. Inf.-Waffen, verstärkt durch die Art., zu bestreichen.

2. Diese neue Art Abwehrkampf wird uns durch den wahrscheinlichen Einsatz von A-Waffen aufgezwungen. Der vom Gegner durch den Einsatz moderner Waffen erhoffte breite und tiefe Durchbruch wird dann nicht gelingen, wenn der hinterste Mann der Stützpunktbesatzungen vom festen Willen beseelt ist, dort zu halten, wo er eingesetzt ist. Ein in die erste Abwehrzone eingedrungener Gegner wird in der Tiefe des Abwehrdispositivs auf weitere Stützpunkte stossen, die sein Vorgehen bremsen und anhalten werden. Dies wird der Zeitpunkt für die Auslösung von Angriffen aus weiteren Stützpunkten auf die Flanken des Einbruches sein.

3. Im Inneren der absichtlich ausgedehnt befohlenen Stützpunkte wird der Verteidigungskampf äusserst beweglich zu führen sein. Diese Kampfart lässt sich nur dann verwirklichen, wenn:
   a) mit allen aktiven und passiven Mitteln (Minen!) das Eindringen fei.Pz. ins Innere des Stützpunktes verhindert und
   b) gegen die fei. Inf. sozusagen ein Feuergürtel rings um den Stützpunkt gelegt wird.

   Unter diesem doppelten Schutz wird es möglich sein, an den Brennpunkten des Kampfes Reserven, deren sorgfältig einexerzierter Einsatz von Art. Feuer unterstützt wird, einzusetzen. Die Reserven *innerhalb* des Stützpunktes müssen sich in Fliegerdeckung und auf bei Tag und bei Nacht gut «jalonnierten» Routen rasch verschieben können.

Der Habsburgtürk

Von links: Regierungsrat Dr. P. Hausherr, Oberstkopskdt F. Nager, 2. Armeekorps, Regierungsrat Dr. E. Bachmann, Militärdirektor, Oberstkorpskdt J. Annasohn, Generalstbschef, Regierungsrat Dr. K. Kim.

Von links: Oberst Felber, Zeughausverwalter, Oberst Stäuble, Chef der kantonalen Militärverwaltung, Oberst G. A. Frey, Kdt Grenzbrigade 5, Regierungsrat Schwarz, Korpskommandant Frick.

Alt Ständerat Dr. E. Bachmann war zwischen 1945 und 1965 als Regierungsrat langjähriger und populärer Militärdirektor. Er sagt mit feiner Ironie über sich selbst: «Als Militärdirektor machte ich jeweilen wieder gut, etwa durch die Kontakte zu den Schützen oder die Unterstützung des Vorunterrichtes, was ich als Finanzdirektor zuvor dem Volke hatte verleiden müssen.»

Er erkannte – nicht zuletzt aufgrund eigener Erfahrungen während des Aktivdienstes – dass das Einvernehmen zwischen Volk und Armee gefördert werden sollte. Diesem Zweck dienten verschiedene Massnahmen, wobei er immer eng unterstützt wurde durch den langjährigen Chef der Militärverwaltung, Oberst Gottlieb Stäuble. So legte er grossen Wert auf die Fortführung des Brauchs der Fahnenabgabe vor dem Regierungsgebäude, jeweilen nach Wiederholungskursen. Er organisierte Empfänge für den Divisionsstab und die Regimentskommandanten im Staatskeller. Dabei konnte es vorkommen, dass er als Gastgeber am Abend der gleichen Runde vorstand, in welcher er am Vormittag seinen Platz unten am Tisch gehabt hatte – als Artilleriehauptmann im Divisionsstab.

Einen besonderen Platz in der jüngeren Divisionsgeschichte jedoch nimmt der jährliche Offiziersempfang auf der Habsburg ein, welchen Regierungsrat Bachmann 1948 ins Leben gerufen hatte. Der offiziell auch Habsburgtürk genannte Anlass diente anfänglich der Verabschiedung alter und der Einführung neuernannter Kommandanten ab Stufe Regiment; für diesen Umfang reichte das Habsburgstübli im ersten Stock des Schlosses aus. Später, nachdem der Teilnehmerkreis auf die Batallionskommandanten ausgedehnt worden war, musste die Festlichkeit in den Rittersaal verlegt werden.

Der Habsburgempfang, immer im Januar durchgeführt, nimmt heute einen festen Platz ein im militärisch-politischen Gesellschaftsleben von Kanton und Division. Es gibt sogar Stimmen, die sagen, dass es sich um den einzigen, für den ganzen Kanton bedeutenden Anlass mit einer gewissen Integrationswirkung handle. Die 5. Division als Wegbereiter eines geeinten Vielvölkerkantons Aargau, ganz im Sinne der gegenwärtig aktuellen politischen Erstarkung!

Am Abend des 28. März stand die durch zwei Artillerie Regimenter verstärkte «blaue» 5. Division nach ungestört durchgeführter Mobilmachung westlich der Reuss bereit, um in den zugewiesenen Verteidigungsabschnitt zwischen der Mutschellenstrasse und der Strasse Baden–Mellingen einzumarschieren.

Die Division hat den Auftrag, die Übergänge aus dem unteren Limmattal in das Reusstal zu sperren. Der Divisionskommandant will seinen Abwehrkampf angelehnt an die steilen Waldabhänge des Rüsler und des Heitersberg führen. Die Mutschellenstrasse wird vom Inf Rgt 24 (Oberst Burckhardt) gedeckt, die Talsenke von Baden nach Dättwil und Mellingen durch zwei Bataillone des Inf Rgt 27 (Oberst König) gehalten und der Höhenzug zwischen Baden und Dietikon von zwei Bataillonen des Inf Rgt 23 (Oberst Siegwart). Starke Reserven stehen im Reusstal. Die Artillerie ist westlich der Reuss in Stellung. Im flachen Vorgelände des Limmattales führen bewegliche Einheiten einen Verzögerungskampf.

Ein Berichterstatter schrieb nach der Besichtigung der «blauen» Verteidigungsstellung anschaulich:

Die Kp war noch am Ausbau ihrer am Abend des Vortages bezogenen Stellungen beschäftigt. Der Kp Kdt hatte in Kenntnis des drohenden Einsatzes von feindlichen Atomgeschossen seine Kp weit auseinandergezogen und sie unter Verwendung der bestehenden Inf Werkanlagen in drei Zugstützpunkte aufgeteilt. Bei Schnee und Regen wurden mit grossem Eifer Schutzlöcher gegraben und der Einsatz der eigenen und zugeteilten Inf Waffen eingespielt. Zusammen mit dem zugeteilten Art Of des Hb Rgt 5 wurde ein Artilleriefeuerplan vor und in die eigene Stellung erstellt in der Annahme, dass es dem angreifenden Feind gelingen könnte, mit Hilfe seiner taktischen Atomwaffe die Stellung der Kp einzudrücken. Hier erfüllte sich die von der Übungsleitung gestellte Forderung nach Detailarbeit. Of und Mannschaften waren bestrebt, die letzten vor Ausbruch des Krieges

Atommanöver 1955: Mitrailleure erstellen eine Maschinengewehrstellung am Ufer der Limmat (Bild NZZ).

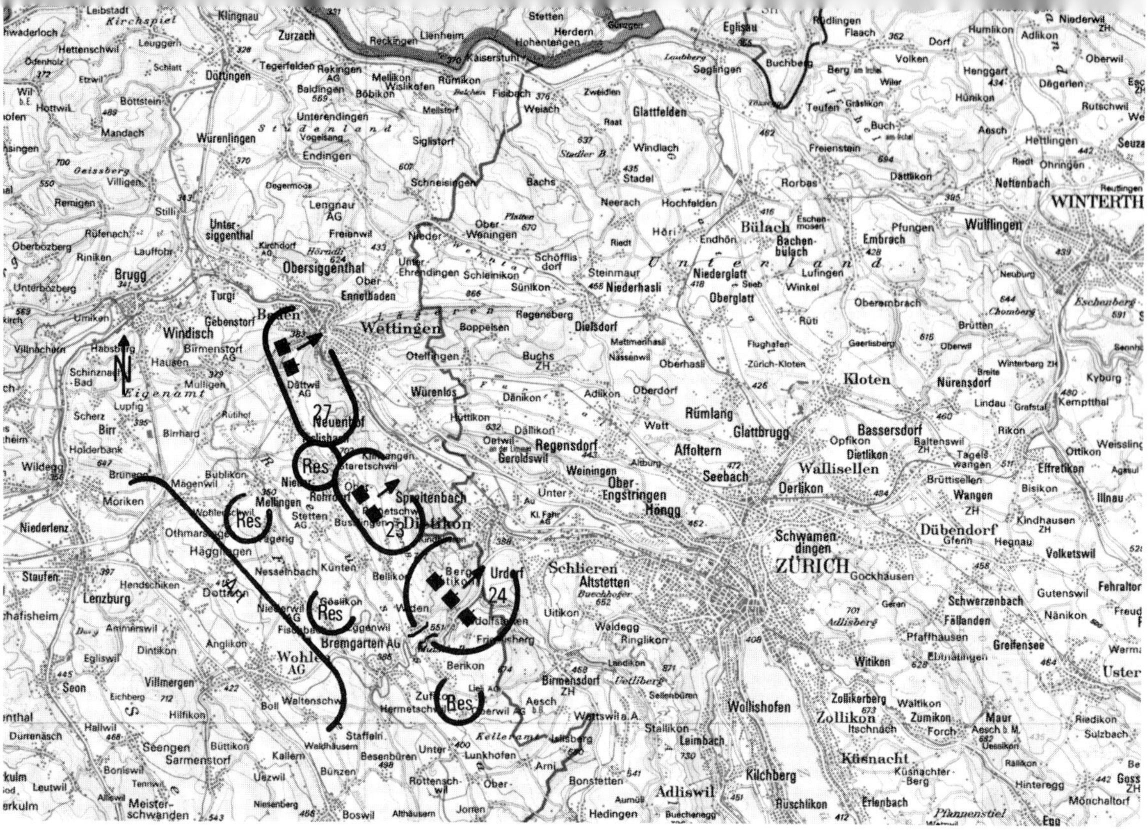

Atommanöver 1955, Ausgangslage: BLAU (oben) und ROT (unten)

Seite rechts: Atommanöver 1955, ROT greift am 29.3. beim «ersten Büchsenlicht» an.

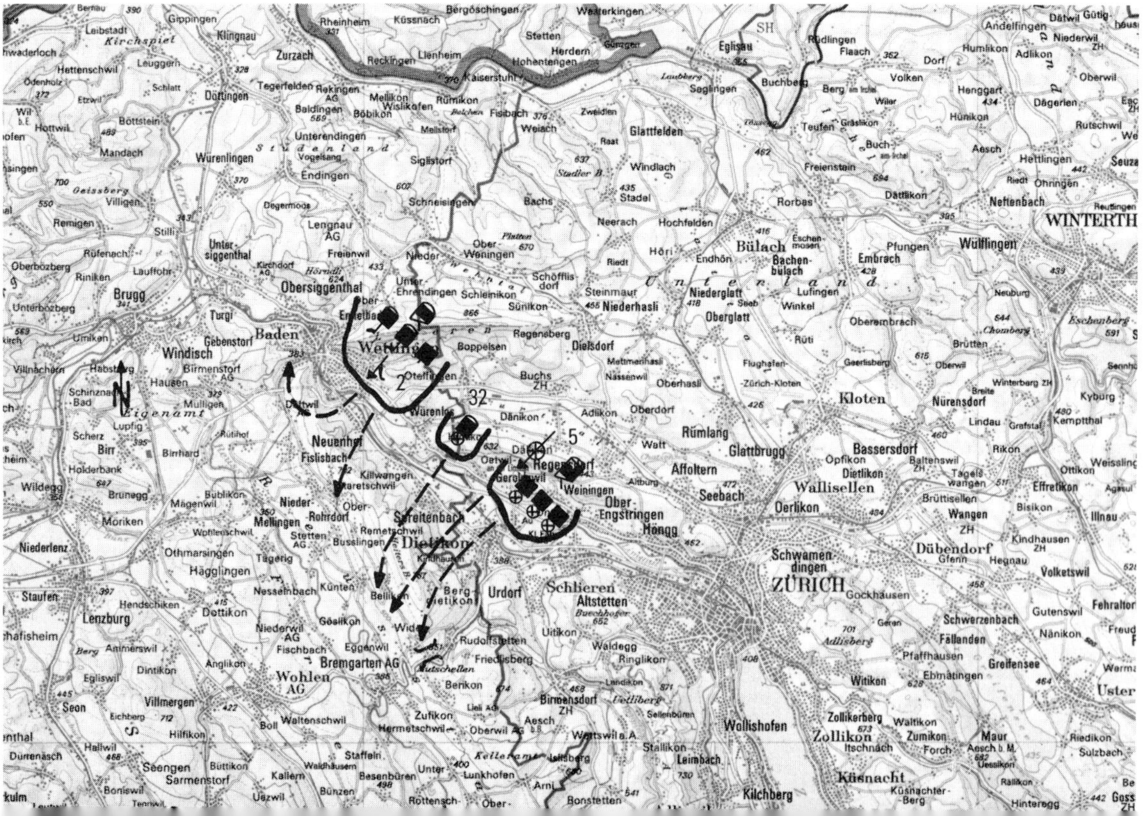

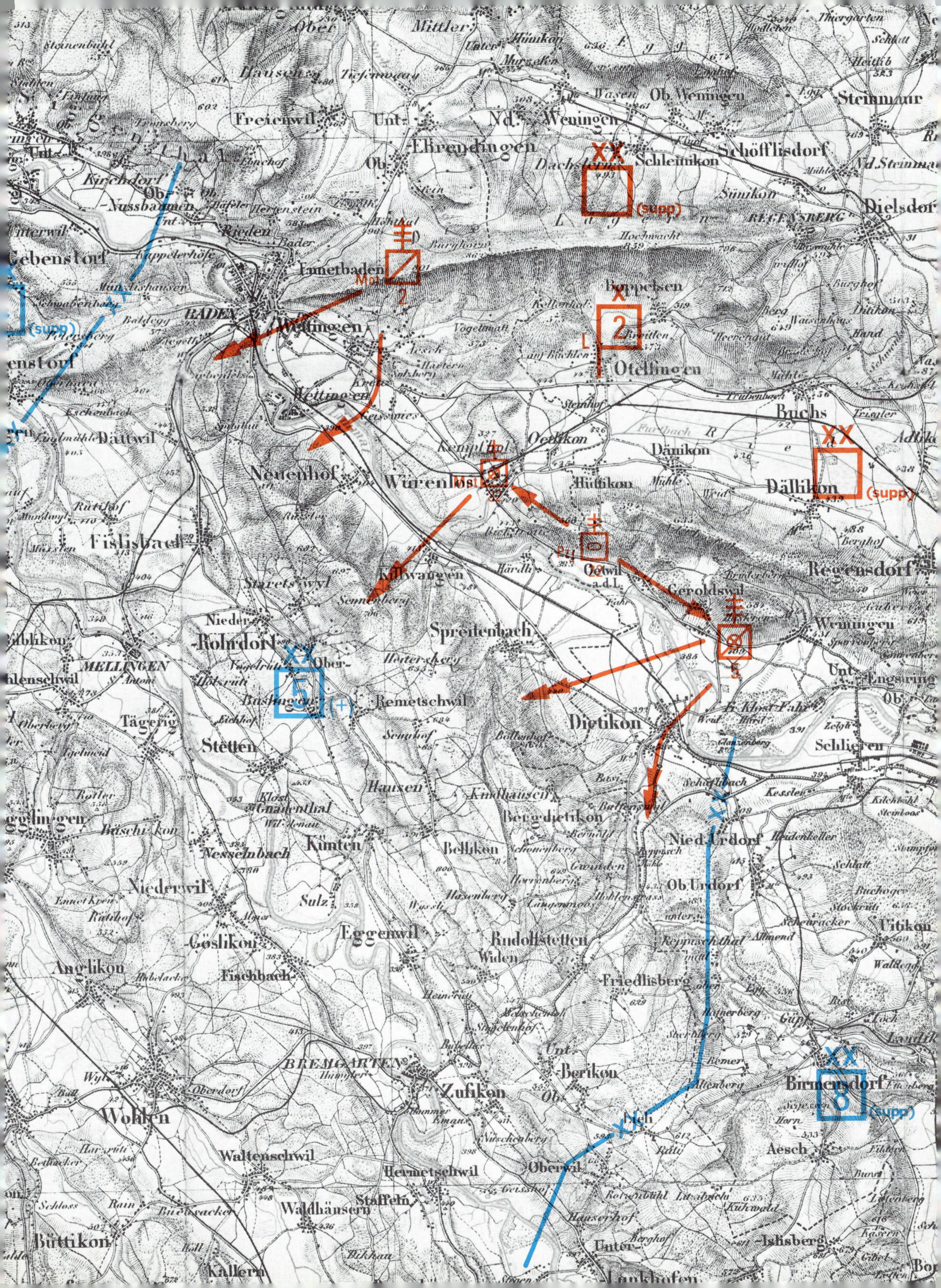

XX
(supp)
Mot
2
X
2
L
XX
(supp)
Pi
5
XX
5
(+)
XX
8
(supp)
Ehrendingen
Weningen
Schöfflisdorf
Steinmaur
Dielsdorf
Regensberg
Freienwil
Baden
Ennetbaden
Wettingen
Boppelsen
Otelfingen
Buchs
Dällikon
Oetlikon
Würenlos
Hüttikon
Dänikon
Regensdorf
Neuenhof
Killwangen
Spreitenbach
Geroldswil
Weiningen
Dietikon
Schlieren
Fislisbach
Rohrdorf
Mellingen
Remetschwil
Stetten
Tägerig
Niederwil
Künten
Bellikon
Bergdietikon
Nieder-Urdorf
Ob. Urdorf
Eggenwil
Rudolfstetten
Friedlisberg
Birmensdorf
Aesch
Bremgarten
Zufikon
Berikon
Wohlen
Waltenschwil
Hermetschwil
Oberwil
Waldhäusern
Büttikon
Kallern
Lunkhofen
Islisberg
Gebenstorf
Nussbaumen
Kirchdorf

zur Verfügung stehenden Stunden zur Verstärkung ihrer Verteidigungsanlage auszunutzen.

Auf der Mutschellenpasshöhe war von den Kriegsvorbereitungen wenig zu sehen. Die Truppe war bereits im Boden verschwunden. Nur die häufigen Strassensperren und Drahthindernisse erinnerten daran, dass man sich in der Kernzone der Rgt Verteidigungsstellung befand. Der Strasse entlang waren auffällig Tankattrappen aus Holz und Karton aufgestellt, um die gegnerische Luftaufklärung, die freilich des schlechten Wetters wegen nicht in Aktion treten konnte, über das Vorhandensein von Panzerstreitkräften zu täuschen.

Der Rgt KP war im Dorfe Widen in tiefen Kellern eingerichtet worden. Von überall her liefen Feldtelephonleitungen zu den Kommandoräumen, deren Lage Orientierungstafeln anzeigten. An Hand von Lageskizzen orientierte der Rgt Nachrichtenoffizier. Seine Darlegungen zeigten, dass sich der Rgt Kdt darüber im klaren war, dass seine Truppen im Brennpunkt der feindlichen Hauptstossrichtung lagen. Überall herrschte gespannte Aufmerksamkeit. Bei Einbruch der Nacht wurden die letzten Vorbereitungen überprüft. In der Stille vor dem Sturm erwarteten die Verteidiger den Angriff des Gegners aus der Limmattalsenke.

Die durch die Füsilier Bataillone 59 und 60 verstärkte Leichte Brigade 2 hatte als Spitze eines «roten» Angreifers den Auftrag, bei Nachteinbruch überraschend die Limmat zwischen Baden und Dietikon (je inklusive) zu überschreiten und die Limmatbrücken wenn möglich unversehrt in die Hand zu bekommen. Jenseits der Limmat waren ausgedehnte Brükkenköpfe zu bilden, die das Nachziehen von Kräften für den Vorstoss an die Reuss ermöglichen sollten.

Der Leichten Brigade 2 ist es im Laufe der Nacht gelungen, mit Stosstrupps über die Limmat zu setzen und drei Brückenköpfe zu bilden.

Angriffsbeginn ist auf 05.32 Uhr festgesetzt. Um 05.30 Uhr trifft ein erstes A-Geschoss das Füs Bat 102 mit Schwerpunkt Herrenberg. Dank starker Dezentralisierung und ausgiebiger Verwendung permanenter Werkanlagen entgeht das Bataillon der Vernichtung, ist aber stark geschwächt.

Das um 06.07 Uhr abgefeuerte zweite A-Geschoss gilt dem rückwärtigen Stützpunkt des Inf Rgt 24 (Füs Bat 46) sowie dem Regiments-Kommandoposten im Raume Widen. Die Ausfälle veranlassen den Divisionskommandanten, das Füs Bat 56 aus dem Mittelabschnitt zugunsten des Inf Rgt 24 heranzuziehen. Das dritte A-Geschoss trifft um 07.10 Uhr Bremgarten und zerstört hier die wichtige Reussbrücke, und das vierte und letzte Geschoss gilt um 09.00 Uhr dem Stellungsraum der Schweren Haubitz Abt 73 bei Waltenschwil.

Im linken Divisionsabschnitt steht das Inf Rgt 27 dem Angriff des Motorisierten Dragoner Rgt 2 und des Füs Bat 59 gegenüber. Es gelingt, mit den Füs Bat 68 und 69 westlich und östlich der Strasse Dättwil–Baden den roten Stoss aufzufangen. Das rote Füs Bat 59 stösst hingegen überraschend über Rüsler in den Raum Dättwil, wo es die blaue Abwehrfront im Rücken bedroht.

Im zentralen Mittelabschnitt Rüsler–Heitersberg sind die beiden Bataillone des Inf Rgt 23 dem gegnerischen Druck am wenigsten ausgesetzt. Lediglich das im Raume Würenlos über die Limmat vorstossende Motorisierte Radfahrer Bat 52 tritt an, und es gelingt diesem Verband, in die Stellungen des Füs Bat 57 und damit in die Naht zwischen Inf Rgt 23 und 24 zu infiltrieren, um im Verlaufe des Vormittags das schwer angeschlagene Füs Bat 102 an seiner linken Flanke anzugreifen und im Verein mit dem aus dem Brückenkopf Dietikon vorgehenden Radfahrer Rgt 5 aufzureiben.

Beim Inf Rgt 24 ist am 30. März frühmorgens einzig noch das Schützen Bat 4 im Raume Friedlisberg intakt, indessen wird das Bataillon und damit die Abwehrfront durch die Luftlandung des roten Füs Bat 60 im Raume Oberwil-Lieli im Rücken bedroht.

Teile der Divisionsreserven und des Schützen Bat 4 suchen die Lage zu bereinigen.

Das Einbrechen roter Verbände und das planmässige Reagieren innerhalb des Verteidigungssystems hält bis um die Mittagszeit des 30. März, der Zeit des Übungsabbruchs, an.

Keiner der Regiments Kommandanten stand unter dem Eindruck, seine Lage sei aussichtslos. Im Gegenteil herrschte die Meinung vor, das Verfahren, innerhalb eines Systems «stark aufgelockerter und tief gestaffelter Stellungen in mehreren Zonen den Kampf beweglich zu führen», habe sich bewährt; bedroht sei die Division nicht im eigenen Abwehrraum, sondern durch die (von der Übungsleitung geschilderte) Lage bei der rechts benachbarten 8. Division. Quod erat demonstrandum!

Diese erste Übung der Manöver 1955, die in bezug auf Anlage, Durchführung und verwendete Mittel für schweizerische Verhältnisse neuartig waren, erfuhr eine durchwegs positive Würdigung. Die Manöveranlage beschränkte sich auf ein grossangelegtes Gefechtsexerzieren. Der Fortschritt im gefechtsmässigen Verhalten der Truppe war augenfällig. Die Neue Zürcher Zeitung vom 29. 3. 1985 schreibt:

Die roten Kräfte sollen immer so weit vordringen, als es notwendig ist, um die in einer durch Befestigungen verstärkten Abwehrstellung verharrenden blauen Truppen der 5. Division vor interessante Situationen zu stellen und ihre Führer zu entsprechenden Entschlüssen zu veranlassen. Dabei steht fest, dass auf Grund einer solchen Anlage nicht wie bei hergebrachten Bewegungsmanövern grosszügig disponierende Führerentschlüsse, sondern die Bewährung in der Einzelsituation und die Zweckmässigkeit von Einzelmassnahmen und die Gründlichkeit ihrer Durchführung den Ausschlag geben.

Hinsichtlich der verwendeten Mittel wurde im Aargauer Tagblatt vom 31. 3. 1955 hervorgehoben:

Erstmals wurde das Artilleriefeuer im Zielgebiet durch die Verwendung von Markierdetachementen mit Petarden und andern Knallkörpern einigermassen wirklichkeitsgetreu dargestellt. Spezielle Raketengeräte markierten Feuerstaffeln. Leuchtraketen beleuchteten in grosser Zahl während der Nacht die kritischen Gefechtszonen. Alle diese kostspieligen Massnahmen verfolgten den Zweck, der kämpfenden Truppe die Atmosphäre des Gefechtsfeldes näher zu bringen. Die Wirkung war leicht zu beobachten. Der einzelne Kämpfer, der normalerweise nur schwer zu gefechtsmässigem Verhalten zu bringen ist, besann sich dank der optischen und akustischen Einwirkung willig auf die Grundbegriffe der soldatischen Ausbildung. Neuartig und erfolgreich waren auch Vernebelungen von Gefechtsabschnitten mit Nebelgranaten und das Durchspielen der Luftlandeaktion des Füs Bat 60.

Und abschliessend:

Die Kdt haben sich bemüht, ihrer Truppe die elementaren Kenntnisse über die Atomkriegführung verständlich zu machen. Es wird jedoch grosser Anstrengungen bedürfen, bis das richtige Verhalten gegen atomische Explosionen zur Selbstverständlichkeit geworden ist.

Der zweiten Übung lag als Annahme ein tiefer Einbruch in das Dispositiv der blauen, benachbarten 8. Division zwischen Zürich und Zug zugrunde. Durch die entstandene grosse Bresche strömten «rote» Truppen in grosser Zahl ein.

Dies führte in einer ersten Phase zum Rückzug der 5. Division über die Reuss – eine Bewegung, die rasch und gut geordnet, durch mündliche Absprache und Koordination seitens der Regimentskommandanten (der Divisionskommandant war erkrankt und der Divisionsstab zeitweise ausser Aktion) ablief und in einer zweiten Phase zu Bewegungsgefechten der Division mit der Leichten Brigade 2 im unteren Bünztal führte.

Weitere Manöverübungen

1956: Seit vielen Jahren erstmals führte im Jahre 1956 der neue Divisionskommandant, Oberstdivisionär Küenzy, (mit verstärkten Regiements-Gruppen) wieder Manöverübungen in freier Führung unmittelbar nach der Mobilmachung durch. Der Unterschied zu den vorjährigen «Atom-Manövern», diesem grossräumigen Gefechtsexerzieren, war augenfällig, und die kritische Beurteilung hinsichtlich der Art der Durchführung seiner Übungen durch den Divisionskommandanten selber anlässlich des Divisionsrapports 1957, verdient festgehalten zu werden:

- Der zeitlich meist unkriegsmässige Ablauf der Ereignisse – notwendig, um die Kdt stets vor neue Lagen und Entschlüsse zu stellen – und das Fehlen der materiellen und psychischen Wirkung des Feuers, welche im Kriege einen entscheidenden Faktor spielen würden, sind die Ursachen, die in den Manövern ein völlig falsches Bild der Kriegswirklichkeit liefern.
- Die Notwendigkeit, so und so viele wichtige Handlungen aus Zeitmangel supponieren zu müssen, wie Bau von Stellungen, Stützpunkten, Atomlöchern, Minenfeldern, Hindernissen, ja oft sogar bloss Tarnung, hat zur Folge, dass die Trp ihren kriegsmässigen Einsatz nicht einüben kann und zur Oberflächlichkeit in diesen Belangen erzogen wird.
- Die Schiedsrichterentscheide sind notgedrungen oft auf unkriegsmässige Faktoren basiert.
- Die besondere Manövertaktik, die von den Parteikdt. oft angewandt wird, um sich dem Partner gegenüber Vorteile zu verschaffen, die aber im Kriege kaum möglich wäre.

Der grosse Vorteil solcher Manöverübungen auf Gegenseitigkeit zu Beginn des WK ist in erster Linie der, dass wir den WK nicht auf einem falschen Eindruck abschliessen, sondern Gelegenheit haben, die Übungen mit der Trp auf allen Stufen während des folgenden WK eingehend zu besprechen.

1958: Anfangs November fand unter Leitung des Kommandanten des 2. Armeekorps eine Manöverübung statt, an welcher die 5. Division die «rote» Partei bildete. Die «blaue» Partei bestand aus einer Leichten Division Godet sowie einer Kampfgruppe Baumann mit einem aus den Füs Bat 59 und 60 gebildeten Mot Inf Rgt sowie Flab- und Sappeur-Verbänden.

In der ersten Übung hatte (als Ausgangslage) die 5. Division die Juraübergänge zwischen dem unteren Hauenstein und der Staffelegg erreicht und konnte südlich der Aare einen Brückenkopf bilden.

Die Division hat den Auftrag, den Vormarsch fortzusetzen, den Brückenkopf zu erweitern und die Flanke im Gäu zu sichern. Die Division Godet, als Armeereserve zwischen Aare (nördlich Bern) und Limpachtal stehend, hält sich bereit, nach Osten, Nordosten oder Norden eingesetzt zu werden. Die Kampfgruppe Baumann steht im Raume Sins. Sämtliche Aareübergänge zwischen Solothurn und Aaremündung sind zerstört.

Fred Küenzy, von Basel
1956–1962 Kdt 5. Div

7. 10. 1904

Chemiker, Chef der Kriegstechnischen Abteilung EMD, Generaldirektor

Grundwaffengattung Artillerie
1940 Major, 1945 Oberstlt, 1948 Oberst, 1952 Oberstdivisionär

Nach Abschluss seines Chemiestudiums arbeitete Kuenzy in einer chemischen Fabrik in Genf. 1938 wechselte er in die Generalstabsabteilung. 1952 wurde er Oberstdivisionär und übernahm 1956 das Kommando der 5. Division. 1963 wurde er zum Chef der Kriegstechnischen Abteilung des EMD ernannt. Ab 1967 übernahm Kuenzy wichtige Aufgaben in der Privatwirtschaft. In seiner Freizeit pflegt der in Pully wohnhafte Oberstdivisionär das Violinspiel, und seine Vorliebe gilt Buchbindereiarbeiten und Reisen.

Für das Gros der 5. Division handelt es sich darum, in der Nacht vom 4. auf den 5. 11. möglichst rasch und vollzählig die Aare zu überschreiten.
Das mustergültige Gelingen dieser Bewegung stellte eine organisatorische und technische Glanzleistung dar, die auch aus heutiger Sicht Respekt abnötigt. Die Aareübergänge waren wie folgt betriebsbereit:

19.00 Uhr Fussgängersteg im Schachen bei Aarau
19.20 Uhr Karrenfähre bei Winznau
23.15 Uhr Steg 42 bei Winznau
23.30 Uhr 18-Tonnen-Brücke bei Schönenwerd.

Das Dispositiv des Genie-Kommando 5 geht aus der Skizze auf der gegenüberliegenden Seite hervor:

Das Gros der Division hatte am 5. 11. bereits um ca. 03.00 Uhr die Aare überschritten. Der Kommandant des 2. Armeekorps bezeichnete das Übersetzen der Division in der ersten Manövernacht als «eine fachtechnische Höchstleistung der Genietruppen und eine generalstäbliche Glanzleistung der Generalstabsoffiziere».

Der weitere Verlauf der Übungen führte die Division ins Wigger- und Suhrental und zurück in einen Brückenkopf Starrkirch–Striegel–Hirschtal–Bleien–Lenzhard und zu Kämpfen im Gäu, bei Dagmersellen, Nebikon, Triengen, Wilihof; alsdann um Kölliken, an einer Sperre Bleien und nördlich Seon.

An die Entschlusskraft der Kommandanten und die Arbeitstechnik der Stäbe stellte die Übung hohe Anforderungen.

Die Beurteilung des Korpskommandanten ging dahin, dass «die Division die Korpsmanöverprobe in jeder Beziehung ausgezeichnet bestanden» habe; der Divisionskommandant stellte fest, die Manöver hätten ihm Gelegenheit gegeben, «in erster Linie die Arbeit des Divisions-Stabes bezüglich Einrichten und Verschieben des Kommandopostens sowie die Befehlsredaktion zu überprüfen und meine Mitarbeiter und unterstellten Kommandanten unter erschwerten Umständen, Müdigkeit, stets wechselnde Lagen, kennenzulernen. Dabei hat mein Stab vorzüglich gearbeitet ...»

Organisation des Aareüberganges «Jura»: «Eine fachtechnische Höchstleistung der Genietruppen und eine generalstäbliche Glanzleistung der Generalstabsoffiziere.»

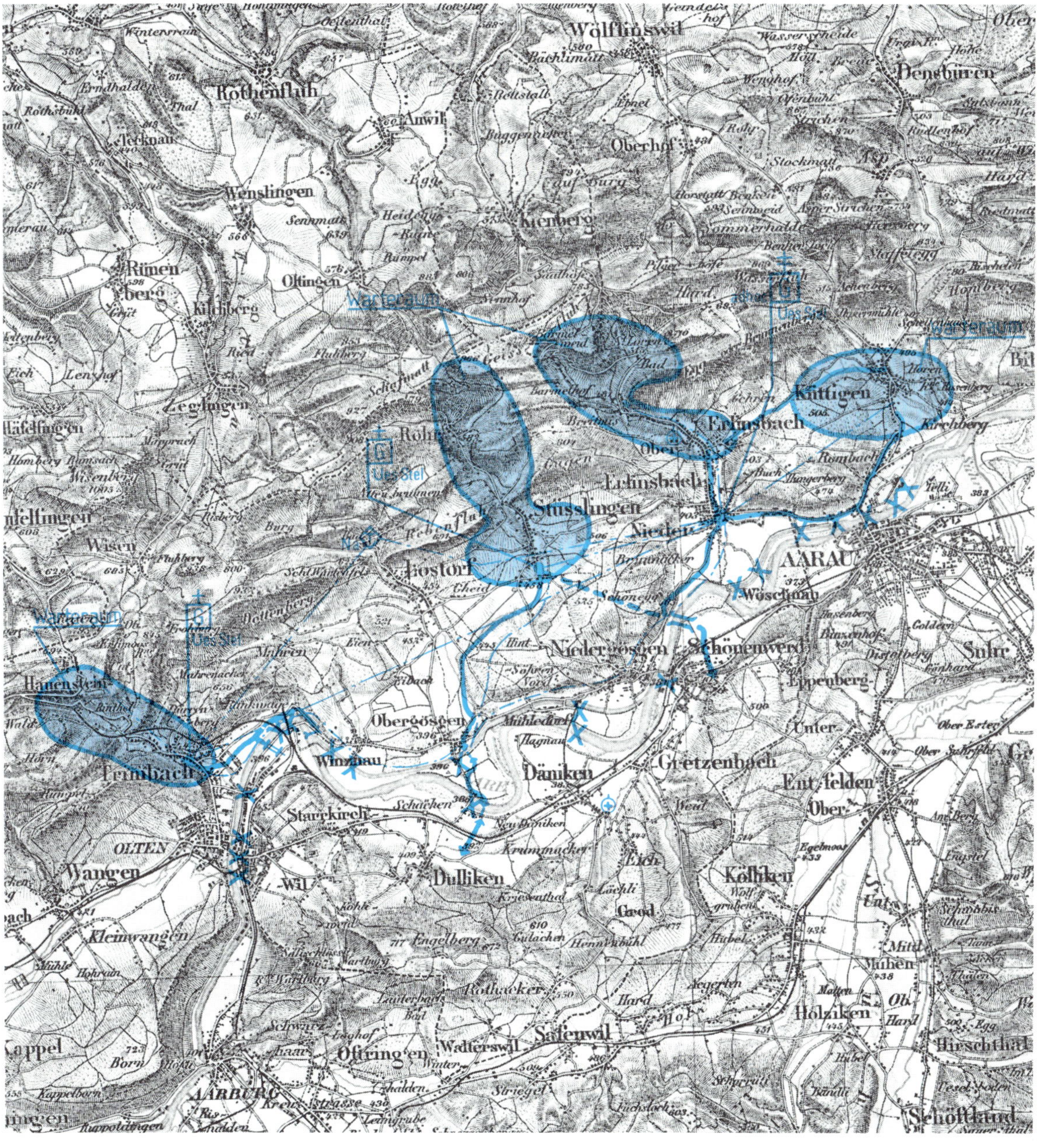

Die Kommandanten und ihr Stab

Die beiden Divisionskommandanten Robert Frick und Fred Küenzy prägten in diesem Jahrzehnt mit ihren besonders starken und doch so unterschiedlichen Persönlichkeiten – in entsprechend unterschiedlicher Weise – ihre Heereseinheit. Durch die höchst verschiedenartige Einflussnahme in dem ihnen anvertrauten Befehlsbereich wurde, zumindest vom Divisionsstab und den unterstellten Kommandanten, der Sinn des Kommandantenwechsels in der Verursachung geistiger Beweglichkeit und Disziplin erlebt.

Oberstdivisionär Frick war ein gemütsreicher, warmherziger Mensch, dem aussergewöhnliches Einfühlungsvermögen eigen war. Welscher Zunge, mit den hiesigen Verhältnissen vorerst kaum vertraut, hielt er bereits 1954 die Maienzugrede in Aarau; es bleibt unvergessen, in welch erstaunlicher Weise er «den Ton», nämlich den Zugang zu den Herzen, fand. Er verfügte offenbar über das feine Sensorium, die Eigenart der Volksseele zu erkennen. Er war dem einfachen Leben zugetan. Bei allem Sinn für Hierarchie und Repräsentation war er einem allfälligen Kult um seine Person und seinen Grad abhold. Er fühlte sich dort angesprochen und zu Hause, wo ihm gegenüber menschliche Beziehung und Aufrichtigkeit walteten. Er übte Kameradschaft ohne Rücksicht auf ein Gradgefälle, sofern solche Öffnung aus seiner Sicht menschlich begründet war.

Frick war eine fesselnde, enorm antreibende Persönlichkeit von grosser Ausstrahlungskraft. Er führte «unmittelbar», in oft spontanem, direktem Zugriff, ja Eingriff. Sein Zupacken an Ort und Stelle konnte geradezu als gewalttätig empfunden werden.

Es war dies auch ein Zugriff auf die Seele des Soldaten – Bircher ähnlich! (Nicht von ungefähr hielt Frick anlässlich der Trauerfeier für Eugen Bircher eine Ansprache, deren militärpsychologischer Gehalt eine gleichlautende Begabung und Interessenlage dieser beiden Divisionskommandanten erkennen liess.) Die Bedrängnisse des Gefechts, der Schlacht für den Soldaten, wie auch die Gefühle der Angst und der Verlorenheit, ihr Ausmünden in Panik sowie deren Überwindung als sich unausweichlich stellendes Problem, beschäftigten Frick wohl lebenslang. Mit dementsprechender Lebendigkeit und Einprägsamkeit vermochte er in taktischen Übungen die Erlebniswelt des Kompanie-Kommandanten, des Zugführers, des Korporals zu schildern.

Frick war der erfahrene, herausfordernde Ausbildner seiner Division; den Stand der Ausbildung zu verbessern war ihm oberstes Ziel. Aus solcher Haltung, Lebensgestaltung und Einflussnahme heraus war Frick mitreissend,

Oberstdivisionär Küenzi mit Oberst Hemmeler, Kommandant Inf Rgt 24.

für seine unmittelbaren Mitarbeiter oft wie verzehrend.

Oberstdivisionär Frick führte weitgehend ohne seinen Stab. Er erreichte dadurch zwar in der Tat eine hohe Einsatzbereitschaft und hohe Leistungen, indessen lediglich im Bereiche seines direkten Einwirkens. Sein Stabschef diente ihm eher als engster, persönlicher Mitarbeiter und Vertrauter denn als jener, der ihm den Stab als Führungsinstrument zu erziehen und zu schulen gehabt hätte. Der Divisions-Stab leistete zu jener Zeit zwar gute Arbeit, jedoch geteilt in den einzelnen Stabsgruppen und nicht gefordert als Organismus.
Der Schritt von Oberstdivisionär Frick zu *Oberstdivisionär Küenzy*, der seiner Heereseinheit bereits als Bataillons- und Regiments-Kommandant sowie als Stabschef gedient hatte, war gross. Der neue Kommandant, seinem Wesen gemäss konziliant, weltmännisch-gewandt, offen, wohlwollend, grosszügig, unvoreingenommen, war auch von Berufs wegen generalstäblich umfassend geschult und mit dem Sinn für die kombinierten Kampfformen ausgestattet. Rasch im Entschluss, legte er das Ganze fest und dachte dabei in den Zusammenhängen, um alsdann das weitere dem Stab und den unterstellten Verbänden zu überlassen. Er verfügte über die Ruhe, warten zu können, bis die Befehle ausgearbeitet waren. Gleichwohl – oder gerade deswegen – führte er vollkommen zeitgerecht. Er übte im Verlauf eines Gefechts die Zurückhaltung des Kommandanten eines Grossen Verbandes. Folgende Charakterisierung eines seiner damaligen Generalstabsoffiziere ist sehr zutreffend:

Eine Hauptwirkung liegt gegenüber Stab und unterstellten Kommandanten in der Schaffung eines vorzüglichen Verhältnisses: er verpflichtet durch Freiheit und Vertrauen, erzeugt Willen zur Atmosphäre des Wohlbefindens (nicht der Bequemlichkeit), er hält ein meisterlich gehandhabtes Spannungsverhältnis zwischen Vertraulichkeit und Distanz in jeder Lage aufrecht. In allen spannungsvollen Situationen kommt ein Zug des: «surtout pas de zèle», womit rasch, aber ungehastet und überlegt gehandelt werden kann.

Für den Stab eine völlig neue Situation! Küenzy sah im Stab sein Führungsinstrument und im Stabschef jenen Mitarbeiter, der ihm dieses Instrument zu schulen und zur Einheit heranzubilden hatte. Er hatte das Glück, während seiner Zeit über zwei entsprechend begabte und erfahrene Generalstabsoffiziere als Stabschefs zu verfügen. Der eine – Oberst i Gst Walde – griff hart fordernd, gleichsam exerzierend, zu und durch. Der andere, Oberst i Gst Röthlisberger, durfte, solche Vorarbeit weiterführend, verfeinern und vertiefen. Hoch entwickelte Schulung hob an: In der Regel wurde zwar die Stabstechnik geschult, aber immer waren die taktisch-operativen Probleme das Anliegen des Divisionskommandanten und dabei der Kern der Stabsübung; ihm ging es um Einsichten in die Sachprobleme und um Lösungsversuche.

Dergestalt ist es offenbar gelungen, den Divisionsstab zur «Einheit» zu schulen und zu erziehen und jene Atmosphäre und Ambiance zu schaffen, welche zur selbstverständlichen Zusammenarbeit über das Ressort hinaus, quer durch den Stab, führte und dazu beflügelte, sich hingebungsvoll eben dort einzusetzen, wo es notwendig war. Effizienz und Elastizität wurden gesteigert; diese Führungsmethode über den gründlich, aber rasch arbeitenden Stab bewirkte im Ergebnis nicht Verzögerung, sondern Zeitgewinn.

Beide Kommandanten, Frick und Küenzi, trafen sich in der subtilen, scharfsinnigen, verständlich dargelegten Analyse der jeweiligen weltweiten militärpolitischen Lage anlässlich der Divisionsrapporte. Diese Zeitdokumente sind dank ihrer zutreffenden Lagebeurteilungen noch heute lesenswert.

Die Standard-Übungen des Oberstdivisionärs Frick

Oberstdivisionär Frick hat in der Division sehr bald – durchgreifend! – den heute gängigen Waffendrill angeordnet. Für den Wiederholungskurs 1955 befahl er zudem erstmals sogenannte Standardübungen. Sie bestanden aus drillmässig einzuübenden normierten Gefechtsabläufen für Gruppe und Zug – eine Ausbildungsmethode, die sich seither ebenfalls eingebürgert hat. Indessen: Frick hat nicht nur die geforderten Übungen, sondern 1955 auch deren *Zeitpunkt* und *Dauer* für die ganze Division genau festgelegt. Solche Bindung und Einengung wirkten auf Bataillons- und Kompanie-Kommandanten wie ein Schock. Sie fühlten sich um ihre ihnen grundsätzlich und generell überbundene Verantwortung gebracht. Manch einer sprach beim Divisionkommandanten vor, um seinem Unmut darüber Ausdruck zu geben. Der Verfasser erinnert sich, in einem längeren Brief an den Divisions-Kommandanten seine Besorgnis begründet zu haben. Diesem Umstand verdankt er es, über den Kursbericht des Divisionskommandanten vom 30.4.55 zu verfügen. Oberstdivisionär Frick schreibt hier weit mehr als eine Erklärung und allenfalls Rechtfertigung; er hat hier Rechenschaft abgelegt und gleichsam ein militärpädagogisches Vermächtnis verfasst. Als solches wird er hier in den wesentlich erscheinenden Teilen wiedergegeben:

Avant d'aborder cette cinquième année de commandement je me suis efforcé d'établir le bilan de l'acquis, afin de porter l'effort sur les connaissances encore insuffisamment ancrées.

– Bien qu'en 1953 et 1954 déjà j'aie cherché à perfectionner le combat du groupe et de la section, les résultats obtenus furent peu encourageants. Les raisons de cet échec se sont peu à peu précisées dans mon esprit. Alors que pour le travail aux armes, domaine précis, réglementé, les cadres sont arrivés à être sûr de leur métier, il n'en fut pas de même pour l'instruction du combat de la petite unité. Cette dernière demande des chefs davantage d'imagination, de sens du terrain et la bonne méthode est plus difficile à acquérir.

Ces constatations m'ont amené à me pencher une fois de plus sur les principes admis qui président à la préparation des services, à l'établissement des programmes. Ces principes sont connus: respect de l'esprit d'initiative de chaque commandant, large liberté d'action, afin que la personnalité et l'autorité des chefs de tous échelons soit à la fois sauvegardée et mise en évidence. L'application de ces principes vise à donner aux chefs le sens de la responsabilité et l'indépendance de commandement dont ils ont besoin au combat pour être capables d'agir avec confiance et décision. Cette doctrine se résume en fait de la façon suivante: liberté d'action, initiative dans l'instruction pour arriver à la liberté d'action, l'initiative et la décision dans la conduite tactique.

Ces principes sont solidement basés; ils sont justes et je leur reste attaché. Je crois nécessaire toutefois de les adapter aux circonstances actuelles, lesquelles ne sont plus les mêmes qu'au temps où ils furent établis. C'est au grand éducateur et instructeur que fut le Général Wille qu'il faut être reconnaissant d'avoir créé ces saines bases de l'éducation et de l'instruction de nos chefs.

Si, sur le plan du commandement tactique ces principes n'ont cessé de se confirmer et de gagner en importance, il faut admettre, je crois, que dans le domaine de l'instruction la situation a évolué au point de rendre nécessaire une nouvelle étude du problème. Entre l'époque où nos compagnies de fusiliers étaient armées du seul fusil, ou les évolutions tactiques de la section et de la Cp. s'exécutaient en ordre serré et ne comptaient qu'un nombre très restreint et étroitement réglementé de formations, et les temps que nous vivons, il y a eu un certain nombre de changements au sujet desquels il ne me semble pas nécessaire d'insister. (Ce qui est valable pour l'inf. l'est également pour les autres armes.)

La structure de notre armée s'est transformée jusqu'à l'unité inclue au point que nous avons certainement atteint l'extrême limite de ce qu'il est raisonnable de considérer comme possible pour une armée de milice.

Se montrer large, faire place à l'initiative de chacun, conduit dans le domaine de l'instruction, à une dispersion des efforts qui constitue un véritable danger. Nos jeunes commandants d'unités, ceux qui n'ont pas l'expérience des aînés qui ont accompli des périodes de mobilisation, ne sont pas préparés à mettre sur pied un programme rationnel d'instruction. Loin de moi l'idée d'en rejeter la responsabilité sur l'école de Recrues. Là aussi, si l'on veut atteindre les buts, il faut encadrer étroitement, doser le travail et garder bien en mains du Commandant et de ses instructeurs l'élaboration des plans de travail.

La méthode qui consiste à fixer des buts généraux, à définir les activités sur lesquelles il convient de porter l'effort de l'instruction a donc vécu. C'est là le résultat de mes cinq années d'expériences à l'échelon Division. Qu'il me soit permis, pour éviter tout malentendu, de préciser que je suis l'heureux commandant d'une excellente Unité d'Armée, dont le cadre possède au plus haut degré le sens du devoir et des responsabilités.

Mes incessantes visites aux troupes m'ont prouvé que la méthode libre, large, a pour conséquence que – cela est naturel – nos commandants d'unités même les meilleurs, en reviennent toujours à exiger de leur troupe ce qu'ils savent le mieux eux-mêmes, et aussi ce qu'ils aiment le mieux. L'exploitation judicieuse de ces dispositions en fait sympathiques ne suffit pas à garantir la préparation à la guerre de nos troupes. L'influence du chef responsable – le Cdt. de Div. – doit se manifester de façon beaucoup plus précise et profonde. Reste à considérer la forme de son intervention.

Cette année, vu que toute la Division était en service, j'ai décidé d'appliquer une méthode forte, je voudrais presque dire de choc, pour arriver à obtenir un progrès marqué dans le domaine de l'instruction au combat des petites unités (groupe et section). Je savais que cette façon d'agir est étrangère à toutes les lois psychologiques. Si je me suis risqué à cette expérience c'est que j'admettais – sans modestie – que la façon dont j'avais exercé mon commandement jusqu'alors pouvait me le permettre sans encourir la disgrâce même de ceux qui y seraient le plus opposés.

Ainsi que le montre l'ordre de Division, j'ai fixé les exercises de groupes et sections à exécuter, ainsi que le moment précis de leur exécution. Dire que ces mesures furent accueillies avec joie serait trahir la vérité. Des Commandants de tous échelons n'ont pas manqué de me faire connaître leur façon de voir. J'eusse été surpris, voire même déçu, qu'il n'en soit pas ainsi. Les heures d'exécution fixées ont particulièrement choqué, ce qui ne se comprend que trop bien. En règle générale toutefois, les commandants ont apprécié le fait que les exercices aient été précis et démontrés deux fois avant le cours de cadres. Le Cdt. de Div. a pu lui constater que ces ordres étaient exécutés et les progrès relevés ont été réjouissants. Les troupes spéciales auxquelles j'avais imposé les exercices de groupes d'inf. se sont ‹jetées à l'eau› avec un entrain digne d'éloges et j'y ai vu souvent de l'excellent travail. Dans toute la Division, le combat a été exercé, rationnellement et intensément.

Si j'étais adepte de ceux qui sont d'avis que... ‹la fin justifie les moyens› je pourrais me montrer satisfait. J'ai trop d'expérience du commandement et de l'instruction pour commettre une telle erreur.»

Das Prinzip der Standardübung hat sich durchaus bewährt, und in der Folge wurden von Oberstdivisionär Küenzy weitere Gefechtsabläufe normiert und als Gegenstand des Gefechtsdrills im Kleinverband befohlen.

Ärgerliches – Heiteres – Besinnliches

Am 15.10.54 hatte der Bundesrat ein neues Dienstreglement – das DR 54 – in Kraft gesetzt. Es war vorgesehen, dieses an die Kader gratis abzugeben, Gefreite und Soldaten sollten es nur auf ausdrücklichen Wunsch erhalten und Fr. 1.20 bezahlen. Auf Interventionen des «Volksrechts», des Briefkastenonkels von Radio Basel und von Nationalrat Gitermann beschloss dann der Bundesrat am 29.12.54: «Das DR ist jedem Gefreiten und Soldaten, der dasselbe ausdrücklich zu besitzen wünscht, unentgeltlich abzugeben.» – Der Divisionskommandant Frick schreibt in seinem Kursbericht 1955, viele seiner Unterstellten hätten sich mit dem neuen DR befasst, und zitiert, was der Verfasser als Bataillonskommandant in seinem Kursbericht geschrieben hatte:

Das DR 54 wirkt sich verheerend aus. Die meisten Of. meines Bat. sind sich gewohnt, in Fragen der Disziplin keine Konzessionen zu gewähren. Sie bemühen sich allesamt, der Forderung des DR Ziffer 43, wonach in Fettdruck steht: «Disziplin verträgt keine Halbheiten und Zugeständnisse», nachzukommen. Was nützt es aber, sich um die vollendete Durchsetzung von Forderungen im Bereiche der Disziplin zu bemühen, wenn das DR selbst seinen hervorragendsten Grundsatz in Einzelfragen, die für die Disziplin von wesentlicher Bedeutung sind, durchbricht. Was soll gefordert werden, wenn beispielsweise das DR in Ziffer 196 erlaubt, anstelle des Ordonnanzschuhwerkes «schwarze oder braune Schaft- oder Halbschuhe *unauffälliger* Art» zu tragen; da nützt der lobenswerte Grundsatz in Ziffer 190, wonach ausser in der guten Haltung die Disziplin im vorschriftsgemässen Anzug zum Ausdruck kommt, nichts; oder was soll gefordert werden, wenn Hemdkragen und Kravatten bei Waffenröcken mit Reverskragen ganz zwangsläufig in Unordnung geraten *müssen*. Was soll schliesslich gefordert werden, wenn gemäss DR Ziffer 231 nicht gegrüsst zu werden braucht ... soweit sich der Höhere *nicht in nächster Nähe befindet*. Es handelt sich bei all diesen und weiteren «Vorschriften» um Konzessionen, die bereits als solche, insbesondere aber in ihrer Auswirkung, gegen die Forderungen der Disziplin verstossen.

Es ist geradezu haarsträubend, was man sich auf Grund des *neuen DR* in Bezug auf den Gruss und den Anzug erlaubt. Die Grenzen zwischen Erlaubtem und Unerlaubtem sind derart verschwommen, dass ein bestimmtes Eingreifen einem einzelnen Of. einfach nicht mehr möglich ist. Es ist tief bedauerlich, dass sich der gute Wille der Offiziere, sich in Fragen der Disziplin ohne Einschränkung durchzusetzen, durch das neue DR derart durchkreuzt wird, wie die angeführten Beispiele dies zeigen. Persönlich halte ich die Gewährung dieser Halbheiten für schwerwiegend, und ich bin überzeugt, dass die innere Festigkeit unserer Truppe schwer geschädigt wird. Was bleibt einem Offizier in dieser Situation? Er sieht sich mit seinen Forderungen gleichsam einer Masse ausgeliefert, welche die Möglichkeiten, die das DR gewährt, in vollem Masse ausschöpft.

Schliesslich resigniert er und dies ist wohl das Schlimmste. Ich werte das DR 54 als Zeiterscheinung und als solche erst recht als verheerend in seinen Folgen.

Divisionskommandant Frick kommentiert:

Ces propos sont peut-être un peu sombres et pessimistes. Je dois avouer cependant que, dans l'ensemble, je partage ce point de vue. Il y a des passages du RS qui manquent de clarté. Les facilités que l'on a voulu accorder s'avèrent, dans la pratique, propres à créer le doute dont sait profiter celui qui cherche à se soustraire à une discipline ferme.

Im September 1954 hat der Divisionskommandant angesichts eines schweren Gewitters, das über das Gebiet des Ruswilerbergs und des Lindenbergs hinweggegangen war, im WK stehende Truppen zur Hilfeleistung eingesetzt; am 6.9. eine Kompanie des Sappeur Bat 5 direkt aus der Mobilmachung, ab 7.9. das ganze Sappeur Bat 5 und halbtageweise Einheiten des Inf Rgt 27. Die Luzerner Regierung dankte mit folgenden Worten: «In verschiedenen Gemeinden wurden die Kulturen total vernichtet. Das schwere Hagelwetter hat auch sehr viele Dächer zerschlagen. Die betroffenen Gemeinden gerieten in eine eigentliche Notlage ... Ohne die Hilfeleistung der Truppen wären die Folgen des Unglücks noch viel grösser gewesen ... Wir möchten unseren aufrichtigen, herzlichen und freundeidgenössischen Dank ausdrücken.»

Oberstdivisionär Küenzy erklärte für den WK 1956 die Nachtausbildung zum Ausbildungsschwergewicht. Im Divisionsrapport führte er aus:

Eine Armee, welche wie die unsrige weder über eine starke Luftwaffe noch über wuchtige und ausreichende Feuermittel verfügt, hat ganz besonderen Anlass, sich mit der Kriegsführung bei Nacht vertraut zu machen. Eine Truppe, welche nicht für den Kampf bei Nacht ausgebildet und gerüstet ist, wird sich bald unterlegen fühlen und bei gegnerischen nächtlichen Aktionen rasch der Demoralisation und der Panik unterliegen. Die Nacht ist für den zivilisierten Menschen etwas Unbekanntes und Unheimliches. Der moderne Kämpfer muss sich aber die Nacht genau wie das Gelände zum Verbündeten machen.

Die Nachtausbildung blieb in der 5. Division ausdrücklich befohlenes Ausbildungsschwergewicht, wenigstens bis 1960. Anfänglich war es einzelnen Einheitskommandanten nicht gelungen, den gebotenen Rhythmus zu finden: der Divisionskommandant am Rapport 1957: «Es wurde ja nach dem WK (56) der Slogan herumgeboten, man hätte (in der 5. Division) zwei Wiederholungskurse absolviert, einen bei Tag und einen bei Nacht.»

1955/56: Eine Welle der Empörung hat das Schweizervolk ob der Niederwalzung des Aufstandes in Ungarn durch sowjetische Panzer erfasst. Allenthalben werden Panzerbekämpfungskurse durchgeführt. Das EMD hat besondere Massnahmen zur Förderung der Panzerabwehrausbildung befohlen: Die Heereseinheitskommandanten haben die übrigen Ausbildungsgebiete zugunsten der Panzerabwehr-Ausbildung einzuschränken. Illusionslos warnt der Divisionskommandant vor der Annahme «dass nun nach diesem WK ein jeder Soldat ein treffsicherer Panzerabwehr-Schütze oder Raketenrohrmann sein wird». Illusionslos lotet er die Stimmung im Volk: «Wohl wurde unser Volk aufgerüttelt und kümmert sich wieder mehr um seine Landesverteidigung, aber es scheint mir, dass diese Welle entschieden nur konjunkturbedingt und bereits rapid am Abflauen ist.»

Zum Divisionsrapport 1958 hatte der Kommandant *sämtliche* Offiziere der Division eingeladen. Er habe bei früherer Gelegenheit das Beschämende festgestellt, «wie wenig gerade die jungen Offiziere sich ausserdienstlich betätigen». Er wolle deshalb den «jüngeren Offizieren

Unterwegs im Jura, v.l.: ein Adjudant, Oberst G.A.Frey, Divisionär Frick, ein Kompaniekommandant, Major Hemmeler.

Gelegenheit geben, ihr ausserdienstliches Interesse zu bekunden und am Divisionsrapport teilzunehmen». Alsdann wollte der Kommandant einer möglichst grossen Zahl von Offizieren die Möglichkeit geben, einen Vortrag des Direktors der Anstalt Königsfelden, Dr. Peter Mohr, über «Die Beziehungen zwischen Vorgesetzten und Untergebenen» anzuhören. «Zeigt es sich, dass die Teilnahme der Subalternoffiziere am Divisionsrapport auch künftig erwünscht ist, begrüsst wird, so bin ich gerne bereit, auch in Zukunft die Teilnehmerzahl zu erhöhen», schloss der Kommandant. Er durfte es tun.

Für 1960 empfahl der Divisions-Kommandant, eine neue Zeiteinteilung für den Tagesablauf in die Tagesordnung aufzunehmen: durchgehende felddienstliche Ausbildung von 07.00 Uhr – 13.30 Uhr mit einer kleinen Zwischenverpflegung während einer Arbeitspause (... «trug dazu bei, das eventuelle Hungergefühl herabzumindern»). «Mit dieser Organisation konnten die unproduktiven Zeiten, der Leerlauf usw. vermieden werden», urteilt der Kommandant; die Truppe habe «diese Neuerung äusserst positiv» aufgenommen. Der Rest des Tages wurde mit Theorie, Kameradenhilfe, Körpertraining ausgefüllt, was dem Kader Gelegenheit verschaffte, sich für die Arbeit des nächsten Tages vorzubereiten. Der Kommandant hat hierauf diese Zeiteinteilung für die nächsten WK als Regel befohlen.

Am Divisionsrapport 1961 mahnte der Divisions-Kommandant, wir müssten «erkennen, dass infolge der Hochkonjunktur, der sorglosen Bequemlichkeit und des überall, sozusagen in allen Bevölkerungsschichten herrschenden Luxus eine Schwächung der physischen und moralischen Widerstandskraft unseres Volkes überhand nimmt», und er stellt fest, eine weitere wenig erfreuliche Tatsache sei «die wahre Flut von Dispensationsgesuchen ... Die Gründe waren...in der Regel nicht sehr überzeugend, ja sogar schamlos und leichtfertig.»

Die Zeitspanne klingt spürbar aus in die Umbewaffnung mit dem Sturmgewehr und der Armeereform gemäss TO 61 und leitet damit über in neue Anstrengungen im Dienste unserer Landesverteidigung und einer neuen Zusammensetzung und Aufgabe der nun zur Grenzdivision 5 «ernannten» 5. Division.

Das Zürcher Regiment 27 wurde dabei durch das Basler Regiment 22 ersetzt. Deshalb schliesst der Verfasser mit einer Reminiszenz: 1960 bewilligte der Divisionskommandant dem Kommandanten des Inf Rgt 27 die Durchführung eines Vorbeimarsches seines Regiments in Zürich-Wollishofen (vor rund 20000 Zuschauern!). Beim anschliessenden Umtrunk im «Muggenbühl» bedachte der Zürcher Regierungspräsident Rudolf Meier das Inf Rgt 27 und dessen Kommandanten, Oberst König, mit hohem Lob. Dieser erwiderte, nicht alle Zürcher könnten sich die Freude des Inf Rgt 27 darüber vorstellen, dass es sich, als «Fremdenlegion», auf heimatlichem Boden habe zeigen dürfen. Worauf Oberstdivisionär Küenzy schlagfertig korrigierte: «Das ist ein grosser Irrtum; Sie sind die Königliche Garde der 5. Division!»

Felix M. Wittlin

Wirtschaftliche Rüstungsbeschaffung

Schlagwort oder Herausforderung?

Die Beschaffung von Rüstungsgütern spielt sich in einem Spannungsfeld ab, das im wesentlichen durch die vier Komponenten: militärische Wünsche – technologischer Fortschritt – wirtschaftspolitische Auflagen – und finanzielle Möglichkeiten – gekennzeichnet ist. Die Rüstungsbeschaffung ist also eingebettet in ein komplexes Geflecht sich gegenseitig beeinflussender militärischer, politischer, ökonomischer und sozialer Faktoren. Sie ist Gegenstand politischer Auseinandersetzung, bei der heterogene Interessen, verschiedene Zielsetzungen und unterschiedliche Machtpositionen aufeinandertreffen. Angesichts der offensichtlichen Zielkonkurrenz kann das eine Ziel meist nur unter Beeinträchtigung der anderen erreicht werden.

In Anbetracht dieses komplexen Umfeldes stellt sich die Frage, ob eine wirtschaftliche Rüstungsbeschaffung, im Sinne einer optimalen Allokation der verfügbaren Ressourcen, überhaupt möglich sei?

Aufgrund meiner beruflichen und militärischen Erfahrungen bin ich der Meinung, dass diese Fragestellung, im Sinne einer Zielsetzung für alle an der Rüstungsbeschaffung beteiligten Instanzen, eine echte Herausforderung darstellt und sich nicht nur als interessantes Thema für Podiumsdiskussionen eignet.

Die Herausforderung gilt dabei vor allem für die Gruppe für Rüstungsdienste (GRD), da deren Hauptaufgabe darin besteht, die Beschaffung bestmöglicher, miliztauglicher Rüstungsgüter mit hoher Wirtschaftlichkeit, vertretbarem Beschaffungsaufwand und niederen Nutzungskosten sicherzustellen.

Der Gruppe für Rüstungsdienste kommt also im komplexen Rüstungsablauf die Rolle eines «Katalysators» zu. Sie hat durch ihre spezifischen Tätigkeiten dafür zu sorgen, dass der Ablauf in bestimmte Bahnen gelenkt wird. Als Orientierungsmarken und Lenkungshilfen müssen dabei – unter anderem – berücksichtigt werden:

- Die Beschaffungen müssen bedarfsbezogen sein und sich an den eigenen Stärken und Leistungsmöglichkeiten orientieren, damit durch optimale Chancenausnutzung positive Synergieeffekte erzielt werden.
- Die Willensbildungs- und Durchsetzungsprozesse sind gezielt auf Schwergewichte auszurichten.
- Die Projekt-Entwicklungsziele sind frühzeitig und industriegerecht festzulegen, damit die schweizerische Wirtschaft in bestimmten Marktnischen, vor allem im Bereich der Hochtechnologie, ihre Chancen wahrnehmen kann und kostengünstige Zusammenarbeitsformen gefunden werden können.
- Auf der Basis der marktwirtschaftlichen Spielregeln ist, im Interesse einer für die Kampfwerterhaltungs- und -steigerungsmassnahmen leistungsfähigen Industriebasis, ein hoher Inlandanteil der Schweizer Industrie anzustreben.
- Die «Kundenwünsche», d.h. die militärischen Zielsetzungen, haben aber Vorrang vor regional-, struktur- und beschäftigungspolitischen Zielen.
- «Komfortperfektionismus» ist zugunsten von Wirksamkeit im Ziel und Miliztauglichkeit zu vermeiden.

Die komplexen Bedingungen und schwierigen Verhältnisse werden auch in Zukunft bleiben. Das wirtschaftliche Handeln bleibt deshalb eine echte Herausforderung und Zielsetzung im Dienste einer genügenden Kriegsbereitschaft. Das Ziel einer effizienten Rüstungsbeschaffung ist jedoch nicht die alleinige Aufgabe der GRD; es kann nur durch eine enge Zusammenarbeit aller beteiligten und interessierten Instanzen, Stellen und Personen erreicht werden. Dabei müssen wir weniger den Methoden, dem Wie, Beachtung schenken, sondern uns vielmehr auf die Ziele, das WAS, konzentrieren. Statt nach den «Vorschriften verfahren», müssen wir vermehrt lernen, Risiken einzugehen und Entscheidungen zu treffen. Die noch so effiziente Befriedigung von «Scheinbedürfnissen» stellt eine Vergeudung der knappen Ressourcen dar.

Zusammenkommen ist ein Beginn,
Zusammenbleiben ist ein Fortschritt,
Zusammenarbeiten ist Erfolg.
(Henry Ford I)

Der Stabschef Gz Div 5 1974

Truppenordnung 1961
(Stand 1.3.1967)

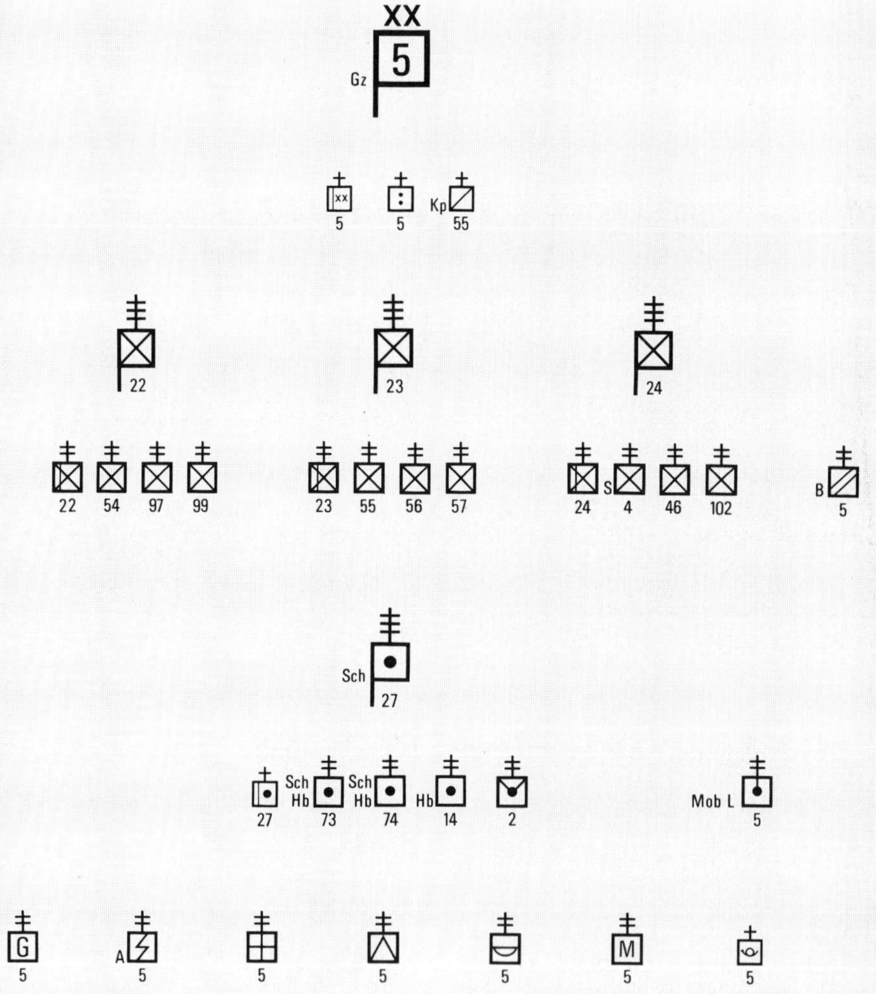

Hans Koblet

Von der Grenz- zur Felddivision

1962–1985

Das weltpolitische Umfeld

Der Zeitraum 1962–1985 ist durch weltpolitische Zyklen gekennzeichnet. Zuerst verhärtet sich das Verhältnis der Grossmächte, bedingt durch das Scheitern der Pariser Gipfelgespräche (1960), die Kubakrise (22.10.62), den Bau der Mauer in Berlin durch die DDR und die Wiederaufnahme der Kernwaffenversuche. Die siebziger Jahre sind Jahre der Entspannung, mit neomarxistischen und illusionären Strömungen und gesellschaftlichem Wandel im Westen. Derweil rüstet die Sowjetunion atomar und konventionell systematisch auf und erreicht mindestens die Parität. In den achtziger Jahren kommt es zur Wiederverhärtung wegen der sowjetischen Aufrüstung und Expansion, des Einmarsches in Afghanistan (1979) und des Abschusses eines südkoreanischen Jumbojets über Sachalin (1983). Ob die Begegnung von Präsident Reagan mit Generalsekretär Gorbatschew eine Wende in den Beziehungen bringen wird (Ende 1985, Genf) steht dahin. Eines wird der Historiker mit Sicherheit dereinst feststellen: die genannten Zyklen sind nicht Ausdruck echter Änderungen, sondern nur Ausdruck geänderter Gefühlslagen, die die grundsätzliche Unverträglichkeit von Demokratie und Diktatur nicht lösen. Der fundamentale West–Ost-Konflikt wird überlagert durch Spannungen innerhalb der NATO und durch Risse im kommunistischen Weltsystem. Neue Auseinandersetzungen nehmen Gestalt an aufgrund der Bevölkerungsexplosion und des Hungers (Nord-Süd-Konflikt), der Ressourcenlage (Ölkrise 1973), der ökologischen Situation (Club of Rome), der technischen (elektronischen und biologischen) Revolution und der Verschiebung wirtschaftlicher Machtzentren in den pazifischen Raum. Im Verlauf der sechziger Jahre wird die *Entkolonisierung* weitgehend zu Ende geführt. Die (unvollständige) Tabelle (gegenüber Seite 160), erlaubt einen summarischen Überblick.

Die Generation der führenden Männer, die die Welt durch den 2. Weltkrieg und die Nachkriegszeit führte, tritt ab oder wird gestürzt, stirbt oder wird ermordet, und andere überneh-

Während der Ost-West-Gipfelkonferenz vom Herbst 1985 wurde das Infanterieregiment 10 unter dem Kommando von Oberst Meier zur Bewachung aufgeboten. Es handelte sich um Aktivdienst. Am 18. November 1985 schritt US-Präsident Reagan die Ehrenkompanie ab (Grenadierkompanie 10 des Infanteriebataillon 10).

men die Macht. Auch hier genüge ein Blick auf die Tabelle. Die *wichtigsten Konflikte* und Entwicklungen müssen erwähnt werden; sie sind naturgemäss von Bedeutung für die Ambiance der Grenzdivision 5.

Fernost: Ab 1963 Verschärfung des chinesisch-sowjetischen Konfliktes. China zündet 1964 die erste Atombombe und entfesselt von 1966–1969 die Kulturrevolution. Grenzkrieg am Ussuri (1969). 1971 wird die Volksrepublik China in die Uno aufgenommen, und Taiwan wird ausgeschlossen. 1972 besucht Nixon Mao und beendet die politischen Folgen des Koreakrieges.

Südostasien: 1963 Beginn der Auseinandersetzungen in Vietnam mit einem Putsch und 1964 Beteiligung der USA durch den Tonkin-Zwischenfall; 1968 Tet-Offensive; Verhandlungen über das Schicksal Süd-Vietnams 1968–1973; Saigon wird 1975 durch nordvietnamesische Truppen besetzt; 1978 Einmarsch Vietnams in Kambodscha.

Indien: 1965: Kaschmir-Konflikt mit Pakistan.

Zentralasien: 1978: Beistandspakt Afghanistans mit der UdSSR und 1979 Einmarsch der Sowjets.

Nahost: 1967: 3. Nahostkrieg (Sechstage-Krieg); 1973: 4. Nahostkrieg (Iom-Kippur); 1975: Bürgerkrieg im Libanon; 1978 Sadat und Begin in Camp David; 1979 Sturz des Schah von Persien und Machtübernahme durch Khomeiny; 1980 Beginn des Golfkriegs Iran–Irak; 1982 Rückgabe der Sinai-Halbinsel an Ägypten; 1982 Intervention Israels im Libanon.

Osteuropa: 1968 Ende des Prager Frühlings; ab 1980 Polen-Problem (Kriegsrecht 1981).

Afrika: 1967 Biafra, ab 1974 Aethiopien. Ab 1985 explosive Steigerung der Unruhen in Südafrika.

Südamerika: 1979 Machtübernahme durch die Sandinisten in Nicaragua; 1982: Falkland-Krieg.

Im Zeitraum seit 1960 entwickelt sich, ausgelöst durch die Fortschritte in Elektronik und Biologie, eine *technische Revolution* von unerhörter Tragweite, deren Ende nicht abzusehen ist. Sie wird das Gesicht der Welt verändern (Raketen- und Weltraumtechnik, Navigation, Fernmeldewesen und Informatik, Bürotechnik, Biologie, Gentechnik). 1958 erregte das Piepsen des Sputnik die Menschen; der erste Amerikaner befand sich erst 1962 im Raum. Aber schon 1969 landeten die Amerikaner auf dem Mond.

Hektische Diplomatie versucht die Risse im Gebälk des windschief gewordenen Gebäudes zu kitten (1963 Atomteststop im Raum, in der Atmosphäre und im Wasser; 1967 EG; 1967 ASEAN; 1968 Atomwaffensperrvertrag; 1970–1972 SALT; 1970 Moskauer Gewaltsverzicht-Vertrag; 1972 Ratifizierung der sog. Ostverträge; 1972 KSZE-Vorbereitungsgespräche; 1972 BRD–DDR Grundlagenvertrag mit Defacto-Anerkennung der DDR; 1973 MBFR Wien; 1973–1975 KSZE Helsinki; 1977 Verlängerung SALT; 1979 Europ. Währungssystem; 1979 Erste Direktwahlen ins Europa-Parlament; 1979 SALT II; 1983 KSZE Folgekonferenz in Madrid; 1985 Gipfeltreffen in Genf).

Die Unruhe der Welt widerspiegelt die Unruhe der Menschen, vor allem im Westen. Vorläufer sind die Studentenunruhen in Berkeley (1964), die sich weltweit fortsetzen mit den Jugendrevolten von 1968. 1965 kommen die Beatles mit ihren langen Haaren und lärmenden Auftritten in Mode. Marxistisches Gedan-

	1960	1961	1962	1963	1964	1965	1966	1967	8	1969	1970	1971	1972
WELT Kolonien			Algerien Burundi Rwanda Uganda	Kenia	Sambia Tansania	Ghambia Rhodesien	Botswana Lesotho					Bangladesh	
Konflikte			Berlin/Mauer Kubakrise	Vietnam	Berkeley	Kaschmir	Kulturrevolution China	3. Nahos krieg Biafra	t Revo- »	Ussuri			
Staatsmänner † Tod oder Mord ○ Ende • Beginn				Kennedy † Adenauer ○ Erhard •	Nehru † Chruschtschew ○ Breschnew •	Churchill †	I. Ghandi •	Adenau	nnedy † r †	Ho Chi Minh † Eisenhower † de Gaulle ○ Ghaddhafi • Nixon •	de Gaulle † Nasser † Gomulka ○	Chruschtschew † Honecker •	
Diplomatie	Pariser Gipfel			Atom-Teststopp				Asean EG	perr- g	SALT	Gewaltverzicht Moskau		Breschnew–Nixon Mao–Nixon Ostverträge
SCHWEIZ Bund (Militärpolitik)		Mirage-Beschaffung Stg		Atom-Initiative	Mirage-Affäre	Florida	Bericht BR		ees	GV	«Bericht Oswald» Zentralstelle Katastrophenhilfe	Zivilschutz Neue Formen	Abschaffung Kavallerie Neg Flz-Entscheid
EMD (Reglemente)		TO 61	Fremde Heere	Grundschulung	Füs Kp		WOF	DR 67	dik	TF 69 ACSD	Pz Rgt Vsg	Vsg DR 67	San
F Div 5 Übungsthemen: A Angriff, B Beweglichkeit, Aw Abwehr, F Freie Führung, G Führung im Gefecht, J Jagdkampf, L (op) Luftlandung				22 ↔ 24/27 F	22 ↔ Br F	24/27 ↔ Br F		22 ↔ 2		23 (+)/Br L, A (Habsburg)	Vsg U (Knorrli)		23 Aw, G (Thierstein)
Div Rapporte		Baden	–	–	Basel	Aarau	Rheinfelden	Baden		Basel	Wohlen	Zofingen	Baden

	1973	1974	1975	1976	1977	1978	1979	1980	1981	1982	1983	1984	1985
WELT Kolonien			Angola Laos					Zimbabwe					
Konflikte	4. Nahost-krieg Ölkrise	Aethiopien	Fall Saigons; Bürgerkrieg im Libanon			Besetzung Cambodjas durch Vietnam	Einmarsch der UdSSR in Afghanistan; Irans Regimew.; Nicaragua; Polen		Golfkrieg Irak–Iran	Falkland		Südafrika	
Staatsmänner † Tod oder Mord ○ Ende • Beginn		Nixon ○	Franco †	Mao Tse Tung † Tschu En Lai † Hua •		Meïr † Moro †	Thatcher •	Tito † Gierek ○	Sadat † Jaruzelski • Reagan •	Breschnew †		Andropow † I. Ghandi †	Tschernenko † Gorbatschew •
Diplomatie	SALT; MBFR	Nahost Genf	KSZE Helsinki			Camp David	Breschnew–Carter SALT II Europa-Parlament				KSZE Madrid		Genfer Gipfel
SCHWEIZ Bund (Militärpolitik)	Konzept GV Sicherheitspolitik	Rüstungsprogramm Pz Hb	ALB 80	Tiger KSD/NOAS Münchenstein	Rüstungsprogramm Dragon/Vsg		Rüstungsprogramm Pz Hb Mängel Pz 68 Militärstrafrecht	Rüstungsprogramm Rapier, Skyguard	Tiger 2. Serie Rüstungsreferendum	Maverick Rak Rohr PISA	Lineare Kürzung Ausgaben Stg 90	Leopard Pz «Dienstverweigerer-Initiative»	
EMD (Reglemente)	Art	San	Ei Art Zerst	Pz Rgt Füs Bat Genie D ACSD Stabsorg	AOT, Vsg		BEK Füs Kp Füs Z Zerst ACSD	DR/VA 80 Grundschule Uem D ACSD	Ei Art Genie D Uem D	AOT BEK Zerst Fremde Heere	TF 82 Uem D San D ACSD	AOT	
F Div 5 Übungsthemen		22 J 23 L	23 (Salida) 24 J	22 (Salida)	24 (Salida) 23 J	22 (Termit)	23 (Termit) 22 Aw, 24 J	24 (Argovia) (B, A)	22 (Vino) B, G 23 (Limes) 24 (Nova)	10 (Neptun) B, A		24 (Jenatsch) B, A	23 (Limes) A 24 (Tornado) B
Div Rapporte	Rheinfelden	Aarau	Basel	Reinach	Lenzburg	Wettingen	Aarau	Bremgarten	Aarau	Aarau	Bremgarten	Aarau	Bremgarten

kengut, überlagert von sozialpsychologischen Theorien, findet sich im Neomarxismus. Nach diesen Auffassungen ist die bürgerliche Welt mit ihrer freien Marktwirtschaft eine repressive Welt; durch Unterdrückung des Trieblebens wird zu Untertänigkeit, Konsum und Leistung erzogen; jede Tradition wird deshalb als Fessel bezeichnet. Es ist die Zeit des Aufstands gegen jeden Zwang und jede Autorität; die Revolutionäre Che Guevara und Ho Chi Minh werden zu Symbolgestalten. Frei gelebte Sexualität wird propagiert; neue Formen der Bindung (Konkubinat, Wohngemeinschaften und Kommunen) und der Arbeitsgestaltung (Teilzeitarbeit) werden versucht. Die traditionelle Familie gerät ins Wanken, die Rolle der Frau in der Gesellschaft ändert sich im Sinn einer entsprechenden Emanzipation. Der Segen ist zumindest zwiespältig: Überindividualismus schwächt die Gemeinschaft, und Beziehungslosigkeit ist die Folge; Verlust der Religiosität und ethischer Normen raubt die Antwort auf die Frage nach dem Sinn des Lebens. Ob auf diese Weise die ungelösten Probleme wie Überbevölkerung, Verknappungserscheinungen im ökologischen- und im Ressourcenbereich, Arbeitslosigkeit und zunehmende Kontrolltätigkeit der Staaten, Rüstungs- und Wissenschaftswettlauf und Verlagerung der wirtschaftlichen Schwergewichte bewältigt werden können, erscheint zumindest fragwürdig.

Die Unrast nimmt in Form des weltweiten Terrorismus schreckliche und sinnlose Formen an. Erinnert sei an den Terroranschlag im Olympiadorf anlässlich der 20. Sommerspiele zu München oder an die Ermordung Schleyers (1977), Moros (1978) oder den Bombenanschlag am Oktoberfest 1980. Erinnert sei auch an die mühsamen Prozesse gegen die Baader-Meinhof-Bande (Stammheim, BRD, 1975). Hohe Häupter sind gefährdet (Reagan, 1981; Papst, 1981). Mehrere Schriftsteller und Philosophen, die die Unrast kaum gedämpft haben, sterben in dieser Zeit: Adorno, 1969; Russell, 1970; Lukács, 1971; Horkheimer (kritische Theorie der Gesellschaft), 1973; Bloch («konkrete Utopie»), 1977; Marcuse (der technische Fortschritt führt zur totalen Unterwerfung unter die Produktionsverhältnisse, und eine herrschaftsfreie Gesellschaft ist nur durch stete Opposition gegen das Bestehende erreichbar), 1977; Sartre (Existentialphilosophie und Marxismus), 1980; Fromm (sozialpsychologische Anthropologie), 1980; Miller (Protest gegen puritanisch-bürgerliches Wertsystem), 1980.

Das schweizerische Umfeld

Die Schweiz war am Ende des 2. Weltkrieges wie selten geeinigt. Grundgefühl war, der Sonderfall Schweiz habe sich mit seiner Gegenläufigkeit zur Welt, mit seiner Verteidigungsbereitschaft, mit Fleiss und Sparsamkeit, mit seiner Ausgleichspolitik und dem Arbeitsfrieden umfassend bewährt. Aber die Schweiz ist keine Insel. Zunehmender Wohlstand mit entsprechendem Tourismus, Autobahnen und Beweglichkeit, Wohnraum und Unabhängigkeit, rasanter Ausbau des Sozialstaates, Konsum und Individualismus, Bodenspekulation und Veränderungen der Arbeitswelt brachen das feste gesellschaftliche und familiäre Gefüge auf. Die landwirtschaftlich genutzte Fläche reduzierte sich von 1940–1980 von 20 % auf 5,3 %, und der Anteil der Ausländer an der Wohnbevölkerung stieg auf 17 %. Die Geburtenrate sank, und schwerwiegende Veränderungen der Altersverteilung stellten sich ein. Die neue Rolle der Frau (ab 1971), das Schlagwort der Selbstentfaltung

(ab 1968), das neue Wählerverhalten mit Polarisierung (ab 1969) sowie Wahlabstinenz und Bürgerinitiativen waren fast unvermeidliche Folgen ebenso wie die abnehmende Bindung an Heimat und Armee. Untergründige Strömungen bereiten sich lange vor. Es kommt nicht von ungefähr, dass Prof. Imboden schon 1964 das «helvetische Malaise» beschrieb und dass 1966 mit dem Versuch der Totalrevision der Bundesverfassung begonnen wurde. Offene Unruhen wurden 1968 mit den Globus- und Antivietnamkriegskravallen eingeleitet. 1969 entstanden mit der POCH und der RML neue Linksparteien. Das 1969 abgegebene Zivilverteidigungsbuch stiess stellenweise auf Unverständnis oder gar heftige Ablehnung. 1970 kam die erste, 1974 schon die dritte «Überfremdungsinitiative», 1971 das Frauenstimmrecht auf Bundesebene. 1972 entstanden die Soldatenkomitees mit ihrem Kampf gegen Disziplin, Wehrpflicht und Dienstbetrieb. Die Unruhen wurden fortgesetzt; 1975 mit der Besetzung des Baugeländes für das AKW Kaiseraugst, 1977 mit den Gösgen-Kravallen, 1978 und 1980 mit diversen Jugendbewegungen. In den 1980er Jahren machten sich Friedens- und 3.-Welt-Bewegungen breit. 1978 wurde die Schaffung einer Bundessicherheitspolizei verworfen. Trotz aller Unrast aber hat das Schweizervolk Experimenten mit unsicherem Ausgang Absagen erteilt (1976: Münchensteinerinitiative; 1984: «Dienstverweigererinitiative»; 1977: Fristenlösung; 1980: Trennung von Kirche und Staat) oder mit echten staatspolitischen Entscheiden Konflikte entschärft (1978: Jura als 23. Kanton). Aussenpolitisch dagegen wurden die Bindungen und Verpflichtungen verstärkt (1963: Beitritt zum Europarat; Verzicht auf Atomwaffenversuche; 1969: Atomsperrvertrag; 1972: der EWG assoziiertes Mitglied; Unterzeichnung der europäischen Menschenrechtskonvention; 1976: Gesetz über die Entwicklungshilfe; europäische Sozialcharta).

An zahllosen – wenn auch widersprüchlichen – Versuchen von seiten der Armee, der Unrast zu begegnen, hat es nicht gefehlt. Ende 1970 lieferte die «Kommission für Fragen der militärischen Erziehung und Ausbildung der Armee» ihren 185seitigen Bericht ab («Oswald-Bericht»); die medienträchtigen, keine Kosten verursachenden Punkte wurden 1971 durch die KML überstürzt realisiert. Kennzeichnend für die Verwirrung war das Hin und Her um den vergleichsweise bescheidenen Gegenstand der Haartracht (1973/1974) oder die Abfolge der Revisionen unseres Grundreglementes, des

616 *Militärische Erziehung und Ausbildung*
Ausbildung und Erziehung sind miteinander verknüpft. Die manuelle Beherrschung einer Waffe bis zur Vollkommenheit genügt nicht, wenn nicht auch der Wille besteht, diese Waffe im richtigen Zeitpunkt zur Erzielung grösster Wirkung einzusetzen. Dieser Wille nimmt gewöhnlich in umgekehrtem Verhältnis zu den Strapazen ab. Günstige Voraussetzungen wie Kasernenunterkunft, ausgedehnte Ruhezeit usw. fördern zwar den technischen Ausbildungserfolg und sind in gewissen Fällen absolut am Platze; anderseits aber bedarf es auch der Übungen unter ungünstigen Bedingungen, Entbehrungen aller Art und höchster psychischer und physischer Belastung, um die unerlässlichen Eigenschaften des Durchhaltewillens und der Kameradschaft zu entwickeln. Gerade derartigen Übungen mit dem Ziel der Selbstüberwindung kommt eine ausserordentlich grosse Bedeutung zu. *Härte- und Durchsteh-Übungen bringen im Sinne einer kriegsgenügenden Ausbildung in reichem Masse wieder ein, was im Bereich der Formalität allenfalls verloren geht.* Derartige Prüfungen bis hart an die Grenze der Leistungsfähigkeit entsprechen im übrigen durchaus dem Leistungswillen unserer jungen Generation, der noch immer in erfreulichem Masse vorhanden ist.

Der «Bericht der Kommission für Fragen der militärischen Erziehung und Ausbildung der Armee» erschien im Juni 1970 – einer Zeit des Umbruchs und der Unsicherheit, welche unter anderem auch den Wert des Formalen in Frage stellte. Heute ist diese Phase überwunden. Der nach dem Kommissionspräsidenten Oswald, damals Oberstleutnant im Armeestab, benannte Bericht jedoch wurde zum Identifikationsbegriff für jene Ereignisse – nicht ganz zu Recht, wie der aufmerksame Leser feststellt. Viele Vorschläge darin sind zwar ungewohnt, aber auch aus heutiger Sicht noch durchaus ernstzunehmen.

Dienstreglementes. Während des 19. und der ersten Hälfte des 20. Jahrhunderts wurde dieses Reglement durchschnittlich alle 30 Jahre geändert (1805, 1834, 1847, 1896, 1933, 1954). Das DR 54 wurde durch das DR 1967 ersetzt und dieses wiederum durch den Nachtrag 1968 korrigiert. 1971 erscheint das DR 67, eine Neuauflage 1971 mit den Nachträgen 1/1968 und 2/1971. Die Reformen haben, wie zu erwarten war, keine Verbesserung des lässigen Erscheinungsbildes gebracht: Es war noch stets ein Irrtum, Form und Inhalt zu entkoppeln. 1980 wurde das DR 80 eingeführt; die Disziplinarstrafordnung umfasst einen ganzen Teil mit den Ziffern 301–355.

Mit der Reduktion der Politik auf rein materielle («sachliche») Aspekte war auch die eidgenössische Politik beteiligt an der gesellschaftlichen Verwirrung. Damit hängt der Mangel an Geschichte, Sprache, Idealen und Formen zusammen, der unsere Gesellschaft charakterisiert. Waren aber nicht gerade Ideale die Triebfedern zur Schaffung der Demokratie?

Deshalb ist das Bild der Schweiz heute, 1985, schillernd. Der Bund expandiert ungebrochen weiter (Defizite und Gesetzgebung), ist anderseits infolge der eigenen Regelungsneurose führungsschwach. Auf die Formulierung staatlicher Absichten wurde schon längst verzichtet. In Sachen Erziehung, Ausbildung, Forschung und Entwicklung sowie Armee und Umwelt wird gespart; um so hartnäckiger wird an Gegenständen gebastelt, deren langfristige immaterielle Folgen sorgsam bedacht werden müssten (z. B. Entwicklungszusammenarbeit, Arbeitszeit, Ausbau des Sozialstaates, Dienstverweigerung). Materieller Ausdruck einer Politik, die der Gegenwart und nicht der Zukunft Priorität gibt, ist das Absinken der Militärausgaben von 37 % des Bundeshaushaltes (1960)

Im Jahre 1972 versuchte Divisionär Trautweiler, das Erscheinungsbild des Wehrmannes in der Öffentlichkeit durch Aufrufe mit Plakaten zu verbessern. Er veranlasste zu diesem Zweck einen Ideen-Wettbewerb. Im Bild das Sieger-Plakat, entworfen von Leutnant Ruedi Moser.

auf 20 % (1983). Das von einer eidgenössischen Expertenkommission 1966 vorgeschlagene Mass für Militärausgaben von 2,7 % des Bruttosozialproduktes wurde nie erreicht.

Der am 7.11.1985 verstorbene ehemalige Bundesrat Wahlen sagte schon 1956: «Wir haben die materiellen Grundlagen zu einem Leben in Menschenwürde geschaffen und verstehen dieses Leben nicht zu leben ...». In diesem Sinn werden wir die Zusammenhänge zwischen untrennbaren Begriffspaaren wie Quantität und Qualität, Form und Inhalt, Bewegung und Erstarrung, Ursache und Folge, Geist und Geld, Vergangenheit und Zukunft, Individuum und Gesellschaft, Selbstentfaltung und Gehorsam, Wissen und Glauben, Gefühl und Verstand, Arbeit und Freizeit, Krieg und Frieden wieder entdecken müssen.

1962: Ende und Aufbruch

Die Truppenordnung 61

Die Truppenordnung 61 bildete den formellen Abschluss eines erbittert geführten Konzeptionsstreites, der spätestens mit dem Bericht von General Guisan über den Aktivdienst (März 1946) begann und sich fortsetzte bis zum Höhepunkt im Jahre 1960. Es ging dabei um die Grundfragen, wie ein weitgehend infanteristisches Milizheer im Atomzeitalter gegen einen vollmechanisierten Gegner einen Krieg zu führen habe und wie das Kampfinstrument zu gestalten sei. Unbestritten war allgemein die Notwendigkeit feuerkräftiger, geländegängiger und motorisierter Reserven zum Einsatz gegen einen durchgebrochenen oder luftgelandeten Gegner. In der Rückschau war die Auseinandersetzung weniger ein Streit um die reinen Formen der Raumverteidigung oder der beweglichen Verteidigung, sondern vielmehr ein Streit um das Mass des Mischungsverhältnisses; und das Resultat musste erst noch den finanziellen Möglichkeiten angepasst werden. Um 1960 betrugen die jährlichen Ausgaben für die Armee rund 800 Mio. Franken; das Grünbuch II der LVK von 1958 berechnete jedoch jährliche Militärausgaben von 1600 Mio Franken, und dies selbst bei einer Halbierung des ursprünglich als notwendig erachteten Flugzeugbestandes. Am 27. April 1959 beschloss der Bundesrat, einen Alternativvorschlag zu verlangen mit einem Plafond von 1200 Mio. Franken pro Jahr. Das Ergebnis war die Diskordanz zwischen vorgesehener Kampfführung und Instrument. Weitere politische Kompromisse mussten geschlossen werden; als deren Folge blieben die Kavallerie und die Auszugsbataillone der Kampfbrigaden erhalten. Für die auf Grenzdivision 5 umgetaufte 5. Division war das Ergebnis der heftigen politischen Kämpfe mager; auf die Zuteilung mechanisierter Mittel wurde verzichtet. Auf 1. 1. 1962 verliessen die Zürcher Truppen mit dem Inf Rgt 27 den Verband; dafür traten wieder Basler Truppen mit dem Inf Rgt 22 ein. Die Drag Abt 5 wurde ins Dragoner Regiment 2 des FAK 2 integriert. Teile des Art Rgt 5 wurden aufgelöst oder der Mech Div 4 unterstellt. Das Sch Art Rgt 27 mit einer Sch Mw Abt wurde geschaffen. Neu waren Feuerleit- und Stellungsraumbatterie. Die Infanterieregimenter erhielten ein Infanteriebataillon. Weitere Auflösungen, Übertritte oder Namensänderungen ergaben sich bei den Genie-, Sanitäts-, Versorgungs- und Motortransport-Verbänden. Nachschub- und Materialbataillone stiessen zur Division.

Die Einsatzdoktrin der Grenzdivision 5

Es mutet eigenartig an, dass der die Truppenordnung 61 betreffende Entscheid der Bundesversammlung rein organisatorischer Natur war und keine einzige Bestimmung zur Kampfführung enthielt. Die vom Bundesrat in der Botschaft vertretene Einsatzdoktrin wurde nicht in rechtlich verbindlicher Form festgelegt. Die Truppenführung 1951 entsprach aber nicht mehr modernen Bedürfnissen. Erst die Motion Bringolf mit dem Auftrag, die Gesamtkonzeption der militärischen Landesverteidigung zu überprüfen (2. 6. 1964), brachte die Arbeiten in Gang. Die Weisungen für die operative Führung (1966), der Bericht des Bundesrates vom 6. 6. 1966 und die Truppenführung 69 wurden erarbeitet. Im Nachhinein erwies sich der merkwürdige Ablauf von der Organisation zur Konzeption als vorteilhaft. Der Bericht des Bundesrates beschloss endgültig den untergründig fortdauernden Konzeptionsstreit; er beruhte auf einer echten Synthese und nicht nur auf einem Kompromiss und schuf die Grundlagen auf hoher Stufe für eine neue Konzeption der militärischen Landesverteidigung.

In der Zwischenzeit wurde das Fehlen einer Truppenführung schmerzlich empfunden. Heftige Diskussionen bei der Anlage von Übungen in Divisions- und Regimentsstäben zeugten davon, dass das Ringen um Mass und Art der Kampfführung auch nach unten verlegt worden war. So war denn die Einsatzkonzeption der neuen Grenzdivision 5 ein aus der Not geborener und in der Durchführung schwieriger Kompromiss, geschaffen von den Divisionskommandanten Küenzy und Walde. Divisionär Küenzy (Baden, 1961) und Divisionär Walde (Basel, 1964; Aarau, 1965) umrissen diese wie folgt: Grenzdivisionen nehmen als nicht zum vornherein gebundene Reserven den Kampf im Grenzraum auf, bilden dort Schwergewichte, wo es die Lageentwicklung erfordert, und sperren die Einfallsachsen ins Mittelland. Dadurch soll der Gegner frühzeitig zur Zersplitterung seiner Mittel gezwungen werden. So wird Zeit gewonnen, können Mobilmachung und Aufmarsch der Armee gedeckt und der Lageentwicklung gemäss durchgeführt werden. Ferner geht es darum, dass sich der Gegner nicht mit Luftlandeverbänden im Inneren des Landes vereinigen kann. Da aber Grenzdivisionen Reserven für entscheidende Aktionen im Gesamtrahmen sind, bleiben *angriffsweise* Einsätze in die *Tiefe* vorbehalten. Allenfalls wird eine Grenzdivision wie eine Felddivision eingesetzt und muss bereit sein, aus dem Grenzraum herausgelöst und im Mittelland eingesetzt zu werden. Die Analyse zeigt sofort die Probleme. Mobile Einsätze im Grenzraum erfordern engste Zusammenarbeit mit den Grenzbrigaden, die aber wegen ihrer umfassenden Infrastruktur

Aus dem Papierkorb der Divisionsnachrichten-Redaktion gefischt: Charakterköpfe.

- *Brigadier Eichenberger Kommandant Grenzbrigade 5 (1972–1975)*
- *Brigadier Trachsel Kommandant Grenzbrigade 5 (1976–1981)*
- *Oberst G. A. Frey Kommandant Grenzbrigade 5 (1951–1955)*
- *Korpskommandant Lüthy Kommandant Feldarmeekorps 2 (1981–1985) seit 1986 Generalstabschef)*
- *Brigadier Siegwart Kommandant Grenzbrigade 5 (1951–1965)*
- *Divisionär Trautweiler Kommandant Grenzdivision 5 (1969–1977; gestorben am 1.5.1980)*

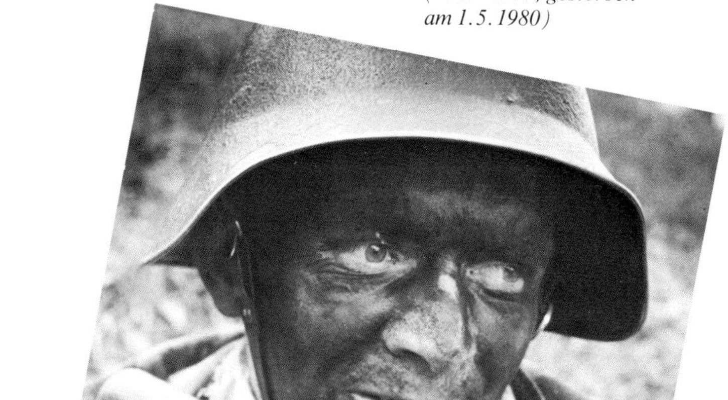

- *Der unbekannte Füsilier (seit 1874)*

Brigadier Hemmeler, Kommandant Grenzbrigade 5 (1966–1971)

und Vorbereitung an ihren Standorten belassen werden müssen. Grenzdivisionen im Grenzraum werden zu überlagernden Grossverbänden. Genaue Raumkenntnisse und Absprachen auf allen Stufen sind unerlässlich. Das bedingt nach der Mobilmachung den sofortigen Bezug von Bereitschaftsräumen im Grenzraum mit Teilen der Division. Ihre Artillerie wirkt mit Teilen zugunsten der Grenzbrigaden. Nach- und Rückschub müssen integriert werden. Schliesslich vereinigen sich Grenzdivision und Grenzbrigade zu einer neuen Organisation. Auf tieferer Stufe kann dieses Konzept durch Angriffe in Flanken und Rücken des an den Sperren der Brigadetruppen aufgelaufenen Gegners, durch Rückgewinn gefallener Sperren, durch Verstärkung der Sperren und rückwärtigen Engnisse sowie durch Einsätze gegen den im Rücken der Brigadeverbände luftgelandeten Gegner realisiert werden. Erleichternd wirkt das Gelände: Wald, Überbauungen und Engnisse sind «Atom-abstossend», demnach auch Infanterie-Gelände und zwingen den Gegner zum Aussteigen. Es liegt hinter dem Hindernis des Rheins. Schwerwiegende, wenn auch reizvolle Probleme sind in diesen Gedanken verborgen. Um nur die wichtigsten zu nennen: Das Verhältnis von Raum und Mitteln; die Einsätze einer Infanteriedivision nach verschiedenen Richtungen und aus der Tiefe; die Überlagerung von Grenzbrigaden; Beweglichkeit und Gebundenheit; der Kampf von Infanterie (evtl. aus der Bewegung) gegen mechanisierte Verbände; der Einsatz im Mittelland. Divisionär Trautweiler analysierte in Wohlen 1970 die Möglichkeiten für den Einsatz von Grenzdivisionen im Grenzraum, untersuchte die Voraussetzungen für Gegenschläge der Infanterie und sagte klar, dass Aufträge im Mittelland nur mit eigenen mechanisierten Mitteln erfüllbar sind.

Karl Walde, von Wittnau
1963–1969 Kdt Gz Div 5

3.4.1913

Bezirkslehrer, Dr. phil. I, Instruktionsoffizier, Dozent für Militärgeschichte an der ETHZ

Grundwaffengattung Infanterie
1950 Major, 1957 Oberstlt, 1959 Oberst
1963 Oberstdivisionär

Nach dem Studium deutscher und französischer Literaturgeschichte und politischer Geschichte in Zürich, Freiburg i. Ue. und Paris trat Walde 1942 dem Instruktionskorps bei. 1951 besuchte er die Senior Officers School in England. Ab 1957 kommandierte er die Inf Schulen in Yverdon, Luzern und Aarau. Nach dem Kommando der Gz Div 5 wurde er Verteidigungsattaché in Bonn und Brüssel.

Walde ist Verfasser verschiedener Schriften zur Ausbildung sowie der Biographien von Guderian und Generalstabschef Huber.

Die frühen Jahre

Nicht nur mit Blick auf die Konzeption war die Truppenordnung 61 ein Beginn. Das Wehrpflichtalter wurde von sechzig auf fünfzig herabgesetzt; das leitete die Verjüngung ein, die in den Übergangsjahren 1964–67 vollzogen wurde. Ab 1962 wurden die 8 WK in jährlicher Folge absolviert. Die Kadervorkurse für Offiziere und Unteroffiziere wurden verlängert.

1962 fanden die Umschulungen auf das Sturmgewehr statt. Damalige Berichte zeugen von der Sorgfalt in Vorbereitung und Durchführung. Ein bis zwei Subalternoffiziere pro Einheit wurden in einen viertägigen Kaderkurs aufgeboten. Der Kadervorkurs dauerte sieben Tage für Offiziere und vier Tage für Unteroffiziere. Die Wiederholungskurse wurden in drei Abschnitte aufgeteilt: ein Abschnitt für die formelle Ausbildung, einer für die angewandte Ausbildung auf dem Zugsarbeitsplatz und einer für die Gruppen- und Zugsgefechtsausbildung. Dem Kampf gegen die Langeweile wurde schon damals Aufmerksamkeit geschenkt: Es wurde empfohlen, pro Scharfschiessübung zwei Übungen gegen Markeure durchzuführen.

Der Wandel von der Grenzdivision zur Felddivision

Es folgten Jahre der steten konzeptionellen und materiellen Wandlung; und dabei wandelte sich auch die Gz Div 5 zur F Div 5. Diese Entwicklung zum modernen Kampfverband war trotz der materiell bescheidenen Anfänge der Truppenordnung dank der geglückten Synthese der Konzeption möglich. Eine frühe Änderung war die Schaffung des Aufkl Bat 5 (1965). Grundstock waren die «Motor-Panzerabwehrkanonen-Kompanien» und die «Motor-Mitrailleur-Schwadronen» der Truppenordnung 38 sowie die «Motoraufklärungsschwadronen» der Truppenordnung 51. Diese wurden zu «Aufklärungsschwadronen» (bis 1964) und zu Aufklärungskompanien (ab 1965) mit Panzerabwehrkanonenkompanien zusammengefasst. In einer lesenswerten Denkschrift wird dem Wandel von Taktik und Technik, der das Aufkl Bat 5 stark betraf, beredt Ausdruck gegeben, und es werden die verschlungenen Pfade verfolgt, denen Einheiten in unserer Armee oft folgen müssen. 1965 wurde das Drag Rgt 2 dem Kommando der Gz Div 5 unterstellt. Die Schweren Minenwerfer wurden bald (1973) aus dem Artillerieregiment herausgelöst; ihre Schussdistanzen entsprachen den Anforderungen nicht mehr. Doch es ist interessant zu sehen, welches Gewicht ihnen heute, aus verschiedenen Gründen, wieder zukommt.

In den späten sechziger und frühen siebziger Jahren wurde das Armeeleitbild der achtziger Jahre (ALB 80) erarbeitet. Die Schöpfer gingen von der militärpolitischen Erkenntnis aus, dass es nicht mehr möglich ist, eine neue Truppenordnung auf ein bestimmtes Stichjahr in Kraft zu setzen. Die Beschaffungszeiträume sind zu lang, die Kosten zu hoch, die Ausbildungsbedürfnisse zu umfangreich und die administrativen Abläufe zu kompliziert. Mit dem ALB 80 beginnt sich die Armee kontinuierlich, nicht mehr in Etappen, zu wandeln.

Das ALB 80 war die konsequente Anpassung der Gedanken der Truppenordnung 61, übereinstimmend mit der Militärstrategie, der operativen Führung und Taktik der Infanteriearmee eines Kleinstaates, dem Kriegsbild sowie den Umschulungs- und Beschaffungsabläufen. Der Bundesrat stellte denn auch im November 1975 im «Leitbild der militärischen Landesverteidigung in den achtziger Jahren» fest, dass die strategischen, operativen und taktischen Grundsätze blieben, dass aber die Struktur der grossen Kampfverbände gestrafft und Grenz- und Felddivisionen vereinheitlicht werden müssten. Die Straffung wurde vor allem mit dem neuen Versorgungskonzept angestrebt; die Divisionen wurden von der Logistik entlastet. Die Kampfkraft sollte mit der Steigerung der Panzerabwehrmittel erhöht werden, so dass die Abwehr auf verschiedenen Stufen geführt werden könnte: auf Stufe Grenzdivision mit einem organisch zugeteilten Gegenschlags-Panzerbataillon (Pz 61), und auf Stufe Infanterieregiment mit einem der Division unterstellten Infanterie-Panzerbataillon (Pz 55/57 Centurion). Auf Stufe Bataillon würde die Panzerabwehr verstärkt mit einer Panzerabwehr-Lenkwaffenkompanie (PAL BB 77 Dragon), auf Stufe Kompanie mit einem weiterreichenden und durchschlagskräftigeren Raketenrohr (Nora). Die Dispositive würden geschützt mit einem neuen Raumschutzjäger (Tiger), mit einer Kanonenflab mit moderner Feuerleitung (Skyguard) und mit Kurzstreckenflablenkwaffen (Rapier) sowie unterstützt mit mechanisierter Artillerie. Endlich müsste die Übermittlung mit moderner elektronischer Ausrüstung gesichert werden.

Vorläufer der Modernisierung waren die Panzerabwehrlenkwaffenkompanien mit PAL BB 70 Bantam; 1970 erhielt die Division zwei Kompanien.

Später folgten Änderungen, Einführungen, Zuzüge, Auflösungen und Umschulungen in raschem Ablauf: 1977 Neue Versorgungskonzeption, 1979 Zuzug der Sch Kan Abt 13, 1980 Zuzug der Pz Bat 4 und 25, 1981 Schaffung und Zuzug des Inf Rgt 10, Zuzug des G Rgt 6 sowie Schaffung des Div Stabsbat 5; 1981/82 wurde die Bildung der Panzerabwehrlenkwaffenkompanien (eine Kompanie pro Füsilierbataillon) mit PAL BB 77 abgeschlossen; 1983 trat die Neuorganisation des Armeesanitätsdienstes (NOAS) in Kraft. Jedem Infanterieregiment wurde eine Sanitätskompanie unterstellt.

Die Fortschritte in der Waffentechnik am Beispiel von vier Generationen Panzerabwehrwaffen

	BAT	BANTAM	DRAGON	TOW
Beschaffungsjahr	1958	1965	1977	ab 1988
Praktische Einsatzdistanz (m)	700/900	500–2000	65–1000	400–3500
Preis/Schuss (Franken)	300	10000	12000	> 20000
Zielvorrichtung	optisch-manuell	optronisch-manuell	optronisch-halbautomatisch	optronisch-halbautomatisch nachttauglich
Anforderungen an den Schützen	normal	hoch	normal	normal

10,6 cm rückstossfreie Panzerabwehrkanone 58 «BAT»

Panzerabwehrlenkwaffen (PAL)

Panzerabwehrlenkwaffe BB 65 «BANTAM»

Panzerabwehrlenkwaffe BB 77 «DRAGON»

Panzerabwehrlenkwaffensystem «TOW»

Folgerichtig wurde die Gz Div 5 1981 auf F Div 5 umgetauft. Die Division ist heute zur selbständigen Führung der Abwehr mit Gegenschlagskapazität befähigt. Mit den Panzerabwehrlenkwaffenkompanien sind Füsilierbataillone und Füsilierkompanien weit besser in der Lage, den Panzerabwehrkampf zu führen als zuvor. Werden die Einsatzräume richtig gewählt und die technischen Belange zweckmässig gelöst, so gehen die Kampfwertberechnungen auf. Neue Munition, wie Pfeilmunition und stärkere Gefechtsköpfe für die verbesserten Raketenrohre, hebt die Schlagkraft vor allem auch gegen Schützen- und Spezialpanzer. Mit der Einführung der Schweren Kanonen und der Panzerhaubitzen sind der Unterstützungsbereich der Artillerie und deren Feuerkraft namhaft erweitert. Schliesslich ist auch die Nachtkampffähigkeit von Infanterie und Artillerie erhöht.

Im Bereiche der Logistik sind die Wege verkürzt worden, durch die Neuorganisation des Armeesanitätsdienstes (Auflösung der Sanitätsabteilungen) ist der letzte wesensfremde Apparat weggefallen.

Die Wandlung in der Bewaffnung bedingt Wandlungen im Einsatz. Die heutige F Div 5 ist keine Grenzdivision mehr. Sie ist in der Lage, den Kampf im Mittelland zu führen. Die komplizierten Überlagerungen fallen dahin; dafür sind die Grenzbrigaden ihrerseits so verstärkt worden, dass sie ihre Aufgabe als operative Sperrverbände weitgehend allein erfüllen können. In der Summe ist die Armee der achtziger Jahre wohl in der Lage, die operativen Schlüsselgelände zu behaupten. Doch ist nicht zu übersehen, dass eine Reihe von Projekten des *ALB 80 wegen der ungenügenden Mittelzuweisung* an die Armee zurückgestellt werden mussten. Verstärkungen der F Div 5 sind zum Teil nicht auf Neuerwerbe, sondern auf Verlagerung von Mitteln zurückzuführen, wodurch andere grosse Verbände geschwächt wurden. Auf Stufe Armee fehlt die Reserve schmerzlich, obschon der strategische Überfall durchführbar ist. Trotz imponierender Fortschritte bei der Artillerie kann der Bedeutung des Feuerkampfes in grosse Tiefen zu wenig Rechnung getragen werden. Die enorme Beschleunigung der Gefechtsabläufe verlangt vielerorts nach entspre-

In der Truppenübung Feuervogel 1983 wurden feindliche Luftlandungen sowie Einsätze von Kampfheli mit Allouette III in grossem Massstab markiert.

chender Elektronik. Und seit längerer Zeit zeichnet sich deutlich eine neue Bedrohung ab: der kombinierte Einsatz von Kampfpanzern, operativ/taktischen Luftlandungen und Kampf- (bzw. Panzerabwehr-) Helikoptern. Eine absolute Notwendigkeit wird demnach sein, die Fliegerabwehr aller Truppen, namentlich der Infanterie, auf einen angemessenen Leistungsstand zu bringen. Schliesslich wird die F Div 5 über zwei zum Gegenschlag befähigte Bataillone verfügen müssen. Deswegen schlägt Divisionär Halter im Sinne einer Übergangslösung vor, den Einsatz des Panzerbataillons Typ C als Gegenschlagsbataillon vorzubehalten, statt dessen Panzer nur als bewegliche Panzerabwehr vorzusehen, was in der F Div 5 bereits 1984 realisiert wurde. Das hätte aber zur Folge, dass für die Stufe Infanterieregiment eine bewegliche, weitreichende und feuerkräftige Panzerabwehrlenkwaffe gefordert werden muss. Der Gefechtsfeldnachrichtendienst ist bis zu Echtzeitnachrichten zu beschleunigen. Dem Schutz des Soldaten und der raschen Erstellung der Kampfbereitschaft müsste grösste Bedeutung beigemessen werden. Feldbefestigungen aus Holz sind ungenügend und ihre Bauzeit zu lang, um so mehr, als sich die Berufe der Soldaten seit dem 2. Weltkrieg grundlegend gewandelt haben. Alles in allem darf aber die F Div 5 recht getrost in die Zukunft blicken. Die Zeit der Erstarrung, bedingt durch die Panzerabwehrlücken, und die daraus folgende statische Optimierung der Dispositive scheint hinter uns zu sein. Der Gedanke, dem Chaos und der Dynamik des modernen Gefechtes sei nicht nur durch Planung, sondern auch durch aggressive Improvisation ohne viel Papier zu begegnen, bekommt wieder Gewicht. Und stehen auch die Vertreter von «Nullbock» und der Auffassung «man könne ohnehin nichts machen» wieder an dem ihnen gebührenden bescheidenen Platz, so brauchen wir keine Angst vor der Zukunft zu haben. Denn die grösste Gefahr sind die Angst und die Lähmung.

Die Ausbildung

Gründe für den Wandel

Eine Reihe von Gründen bewirkte sichtbare Änderungen im Bereiche der militärischen Ausbildung auf allen Stufen: Verkürzung der Vorwarnzeiten («die erste Operation muss gelingen» von der Mobilmachung bis zur Erstellung der Kampfbereitschaft; der strategische Überfall); internationaler Terrorismus (Bewachungs- und Sicherungsaufträge an militärische Formationen); in rascher Kadenz erfolgende Einführung neuer Waffen und Geräte infolge der Modernisierung des Heeres, zunehmend beschleunigte Revision von Reglementen (z. B. Truppenführung 69) und entsprechende Truppenversuche (siehe Tabelle) nach Beendigung des Ringens um die Konzeption, vor allem aber als Resultat des *ALB 80;* intensivierte Zusammenarbeit mit dem zivilen Bereich als Folge der Schaffung der Gesamtverteidigung; der Zwang zur Beschränkung auf das Wesentliche angesichts der kurzen Dienstzeiten («Eiserne Ration»); Schwierigkeiten mit Ausbildungs- und Schiessplätzen; gesellschaftliche Modeströmungen («Kampf dem Leerlauf in der Armee», «Rechtfertigung der Armee» – Hilfe an Gemeinden, Entrümpelung der Landschaft – Kleinkrieg und Überleben, Katastrophenängste, Pla-

Zur Ausbildung gehören auch Inspektionen wie diejenige des Füs Bat 60 auf Gurnigel durch Bundesrat Delamuraz 1984.

Der Divisionsbefehl «Jeder trägt täglich 1 Stunde die Schutzmaske» galt auch für Motorfahrer Murbach, Fahrer des Kommandanten Inf Rgt 22.

Der Divisionskommandant (Oberstdiv Trautweiler) besucht die Artillerie im WK. Links Oberst Hauser (Artilleriechef), rechts Oberst Wettstein, Kommandant Schweres Artillerieregiment 27.

nungseuphorie und Gesamtkonzeptionen, lernzielorientierter und programmierter Unterricht). Die Bemerkung ist hier angebracht, dass die Umschreibung «gesellschaftliche Modeströmungen» nicht wertet; die Themen haben ohne Zweifel positive Seiten. Einmal mehr geht es jedoch um die Frage des Masses bei Zielkonflikten.

Diese zwanglose Liste betraf nicht alle Stufen gleichermassen. Doch ist die starke Verdichtung in Vorbereitung und Durchführung aller Dienstleistungen spürbar; die Dienste wurden hektischer und oft überladen. Dazu kamen als Folge des stetig sinkenden Anteils der Militärausgaben und der Erdölkrise Sparmassnahmen (Munition, Betriebsstoff), die jeder Verhältnismässigkeit entbehrten.

Die taktische Stufe im Rahmen der Kampfgruppe

Wenn auch die langersehnte Truppenführung erst 1969 herausgegeben wurde, so wurde doch schon früh in der richtigen Richtung ausgebildet. So sagte Divisionär Küenzy zur Einführung der Truppenordnung 61 am Divisionsrapport sinngemäss: Ein Gegner begleitet vor und nach Kriegsausbruch seine Massnahmen mit subversiven Aktionen. Mit Luftüberlegenheit und starker konventioneller Feuerkraft stossen seine vollmechanisierten und zum Teil amphibischen Verbände in die Tiefe. Seine Geniemittel machen ihn gefechtsfeldbeweglich. Er kann seine Angriffe mit operativen und taktischen Luftlandungen und massiven AC-Kampfmitteln einleiten. Die Auffassung der Truppenführung 51 mit Abwehrlinie, Front und Etappe ist überholt. Heute bezieht der Verteidiger tiefgestaffelte, lockere, aber koordinierte Kampfdispositive, behauptet Schlüsselräume und zer-

Divisionsrapport 1979 in der Mehrzweckhalle Aarau.

Hans Trautweiler, von Aarau
1969–1977 Kdt Gz Div 5

25. 9. 1920–1. 5. 1980
Dr. iur., Gerichtsschreiber, Anwalt, Divisionär

Grundwaffengattung Mechanisierte und leichte Truppen
1957 Major, 1964 Oberstlt, 1966 Oberst, 1969 Oberstdivisionär

Divisionär Trautweiler hat sein Leben ganz in die Dienste der Öffentlichkeit gestellt. Sei es als Anwalt, aargauischer Grossrat oder als Offizier – überall galt sein Einsatz dem Menschen. Seine Ansichten zeugten von grossem Sachverständnis. Hatte er einmal eine Meinung gefasst, so war er nicht schnell von ihr abzubringen.

Trautweiler war nicht der Mann, der Anekdoten und Bonmots schuf. Er wirkte, wenn man ihn nicht kannte, kühl und distanziert; im vertrauten Kreise war er aber oft fröhlich oder gar ausgesprochen heiter. Trotz seiner konventionellen Kühle liebte er die vielbegangenen Pfade nicht, was ihm vermutlich der Missverständnisse und Widerstände wegen zusätzliche Kraft abverlangte. Er war pflichtbewusst und diszipliniert stets an der Arbeit und entsprach durchaus dem Typ des modernen Managers. Indessen hielten sich seine Ideale. Sein Führungsstil, abhold der formalen Autorität, war durch den Glauben geprägt, Vorbild, Können und Wissen genügten der Autorität, und Vertrauen schenken bedeute Verantwortungsbewusstsein schaffen und Vertrauen gewinnen. So war er denn auch kultiviert, musisch und vielseitig interessiert. Die von ihm organisierten Morschachertagungen leben noch in der Erinnerung. Der ehemalige Milizoffizier Trautweiler war nie nur Soldat. Er war ein politisch denkender Mann, der seine Division in einer Zeit rascher gesellschaftlicher Wandlung führen musste, und der versuchte, politische Strömungen und militärische Bedürfnisse zur Deckung zu bringen. Manager, Politiker, Soldat und Idealist – ein schwieriger Balanceakt, der ihm so weit als möglich gelungen ist.

schlägt den hiedurch kanalisierten Gegner mit Gegenschlägen. Alle Waffengattungen haben sich auf eine Rundum-Verteidigung einzurichten. Für eine solche Kampfführung ist das Gelände sorgfältig zu wählen und zu unterteilen in Infanterie-, Misch- und Panzergelände. Die Abwehr ist keine Vernichtungsstrategie im klassischen Sinn, sondern eine Ermattungsstrategie.

Eine Reihe von Übungen auf der Stufe verstärkter Truppenkörper versuchte dieser Konzeption gerecht zu werden und auch den Gegner realistisch darzustellen. Eine Aufzählung und Beschreibung der Übungen, die die Truppenkörper in eigener Regie durchführten, würde den Rahmen sprengen. In der Tabelle wurde versucht, die Thematik herauszuschälen. Von 1962 bis 1967 waren die WK-Themen mit absoluter Konsequenz Nachtausbildung, AC-Ausbildung, Orts- und Waldkampf und Flussübergang. Das war logisch abgeleitet von der Einsatzkonzeption der Gz Div 5. Orts- und Waldkampf sind normale Bestandteile des Gefechts im Infanteriegelände, keine Kämpfe unter besonderen Umständen. Später (ab 1969) standen

Soldaten der Füsilierkompanie II/102 beim kriegsmässigen Einrücken. Es gilt sofort Kampf- und Marschbereitschaft zu erstellen.

Themen wie operative Luftlandung, Abwehr mit beweglichem Kampf um Stützpunkte und Sperren auf tiefer Stufe, Kampf hinter feindlichen Linien bei vielen Regimentsübungen im Vordergrund, und alle Regimenter führten Durchhalte- und Überlebensübungen durch. Die Übung «Knorrli» (1970) zeigt, dass auch die Versorgungsverbände sich mit dieser Thematik abzumühen hatten.

Die Wertung ergibt, dass in den siebziger Jahren statisches und defensives Denken mit einem hohen Mass an Planung im Vordergrund standen. Am Divisionsrapport 1973 wurde mit aller Klarheit darauf hingewiesen, dass das Abwehrdenken den Angriffswillen gefährden kann. Das hatte mit der Einführung der neuen Truppenführung zu tun, war aber auch logisches Resultat der Panzerabwehrlücke und der daraus resultierenden pessimistischen Beurteilung der eigenen Möglichkeiten sowie der damals vielleicht berechtigten Auffassung, dass die Infanterie unter keinen Umständen zu Gegenschlägen befähigt sei. Konsequenz davon war die Schulung der Beweglichkeit nur auf tiefer Stufe (Gegenangriffe, Gegenstösse) und des Jagdkampfes hinter den feindlichen Linien. In den achtziger Jahren tritt das Thema des Angriffs dann wieder hervor. Die Gefahr eines strategischen Überfalls und das dank der Modernisierung der Bewaffnung wieder grössere Selbstbewusstsein mochten dazu beitragen.

Die taktische Stufe unter Leitung der Division

Die obenstehende summarische Zusammenstellung besagt einiges über die Ausbildungsschwergewichte und damit über die allgemeine Einschätzung der Möglichkeiten. In den Jahren 1962–1967 wurden regelmässig Übungen in freier Führung zwischen Regimentern durchgeführt. Das war wiederum die logische Folge einer Einsatzkonzeption, die den beweglichen Einsatz der Grenzdivision in die Tiefe vorsah.

Übung Limes 1985: Füsilierbataillon 55 beim Anmarsch auf den Bözberg.

Im Hinblick auf Kritiken, die nicht nur Manöver von Heereseinheiten betrafen, befasste sich der Divisionskommandant am Divisionsrapport 1967 ausführlich mit den Vor- und Nachteilen von Übungen auf Gegenseitigkeit und mit den Nachteilen der Feinddarstellung durch Markeure in der Hand der Übungsleitung.

Unter dem Eindruck des systematischen Ausbaus der russischen Panzerwaffe und der Einführung des Kampfhelikopters standen 1971–1973 die Zusammenarbeit mit Panzern (Bure) wie auch der Kampf gegen taktische Luftlandungen im Vordergrund. Endlich konnten die Absprachen zwischen grünen und gelben Verbänden geschult werden. Die Übungen von Regimentern auf Gegenseitigkeit verschwanden. Die Begründung wurde am Divisionsrapport 1970 in Wohlen gegeben. Unter dem Eindruck der Verweichlichung in der Wohlfahrsgesellschaft einerseits und anderseits im Wissen, dass die Konfrontation der Kampfform Abwehr mit derjenigen des mechanisierten Stosses in die Tiefe unweigerlich abgeschnittene Verbände zeitigt, kamen ab 1973 die Überlebens- und Durchhalteübungen sowie das Thema des Kampfes hinter den feindlichen Linien zum Tragen. Ab 1975 leitete die Division die sog. «Salida»-Übungen mit allen Infanterieregimentern; diese standen in geistigem Zusammenhang mit dem neuen Typ der Korpsübungen und bezweckten die Schulung der hochwichtigen Abläufe von der Mobilmachung bis zur Kampfbereitschaft und der Absprachen bei sich verkürzenden Vorwarnzeiten. Ab 1977 standen die Themen «Kampf in dichtbesiedeltem Gelände» und «Ortskampf» im Rampenlicht; Überbauungen und Zersiedelung sowie der Ausbau des Strassennetzes hatten ja das Gesicht der Landschaft im Mittelland stellenweise nachhaltig verändert. Diese Schwergewichte waren unbestreitbar von grosser Notwendigkeit; leider resultierten daraus Planungsgläubigkeit und geistige Statik. Als Gegengewicht wurden ab 1978 verschiedene Übungen wie «Termit»,

«Vino», «Limes» usw. geschaffen, in denen die Bewegung wieder zum Zuge kam (Erkämpfen eines Abwehrdispositivs, Angriff, Rückzug), wobei der Gegner sorgfältig durch die Übungsleitung geführt und markiert wurde. Unter dem Eindruck von «Feuervogel» wird die Improvisationskunst angesichts des Chaos des modernen Schlachtfeldes weiter gefördert.

Einflüsse gesellschaftlicher Strömungen

«Kampf dem Leerlauf» Die Schlagworte der siebziger Jahre («der freie und mündige Bürger als mitdenkender Soldat», «Leerlauf der militärischen Ausbildung», «Geisttötender, abstumpfender Drill bezweckt, die menschliche Persönlichkeit zu brechen», «nur aktiv und individuell lernen macht Spass») waren überwiegend destruktiv gedacht. Aber alle Dinge haben viele Seiten. Gesunde, kräftige und schöpferische Menschen und Institutionen werden besser, wenn sie unter Druck geraten. Die Armee legte sich Rechenschaft ab, dass in den kurzen Diensten keine Zeit vergeudet werden darf, und verbesserte die Qualität der Vorbereitung. Übertreibungen blieben aber nicht aus. Lehrprogramme wurden in zahllose Lernschritte aufgelöst. Manchmal überwucherten Originalitätssucht und Abwechslung («etwas bieten») die Seriosität. Auf Waffen- und Gerätedrill wurde zu häufig verzichtet, obschon der Soldat auf Gefecht und Todesnot und nicht auf friedensmässige Handlungsabläufe vorbereitet werden muss. Ab 1975 kam die Einkehr: «Auch Drillmethoden haben Sinn.»

Schützenbataillon 4 im Aktivdienst: Bewachung Flughafen Kloten 1970.

AARGAU

Während sich die Panzer-Haubitze dank Beweglichkeit und Panzerschutz dem Feindfeuer entziehen kann …

«Einsatz zugunsten der Zivilbevölkerung» Ein politisches Leitthema der 70er Jahre, «das soziale Engagement», versuchte auch die Armee zu beeinflussen. Fragwürdige Einsätze kamen zustande. So schleppte z. B. die Motorisierte Transport Abteilung 5 im Naturschutzjahr 1970 aus Wäldern, Tobeln und Bächen des Baselbietes 110 Vehikel ab, die dort von Zivilisten im Stich gelassen worden waren. 1976 wurde das Schützen Bataillon 4 vorzeitig mit Pikettstellung bei einer Dürre zu Bewässerungsaktionen aufgeboten. Weniger fragwürdig war 1977 der Einsatz der Schweren Füsilier Kompanie IV/99 während 7 Tagen im Münstertal, um eine Wassernot in einem Rutschgebiet zu beheben, oder 1984 von Teilen des Genie Bataillon 5 für eine Bachverbauung zugunsten der Gemeinde Blumenstein.

Im Zusammenhang mit der neuartigen Form des Krieges, dem Terrorismus mit Flugzeugentführungen, Anschlägen auf Flugzeuge und Gebäude, mussten Flughafenbewachungen (Cointrin, Kloten) durchgeführt werden. Unter anderem wurde das Füs Bat 54 unter Bedingungen des aktiven Dienstes mit Vereidigung (1970) eingesetzt. Darüber hinaus waren Truppenverbände bei Ereignissen der Internationalen Hohen Politik stets willkommen (zum Beispiel Genfer Nahostkonferenz, 1974; Genfer Gipfel, 1985, Inf Rgt 10). All das, zusammen mit den sich häufenden Waffen- und Munitionsdiebstählen, erklärt zur Genüge die Notwendigkeit des Wachtdienstes mit Kampfmunition (ab 1980).

«Katastrophen» Die Ängste der westlichen Gesellschaft, bedingt durch Rüstung, Erdölschock, Warnungen des Club of Rome und fortschreitenden Technisierungsgrad, wurden mit Katastrophenfilmen und Horrorvisionen ab Mitte der 70er Jahre auf die Leinwände projiziert. Sie machten auch vor der Armee nicht halt. Diese verarbeitete sie positiv. Mit der ihr eigenen Initiative und Gründlichkeit begann sich die Armee nach Schaffung der Gesamtverteidigung nicht nur im Rahmen der Luftschutztruppen mit der Bewältigung von Grosskatastrophen zu befassen.

Schon 1971 fand in Brugg, zusammen mit der örtlichen Zivilschutz-Organisation, eine militärische Übung statt, bei der neben Luftschutztruppen auch Infanterie-, Genie- und Sanitätsformationen teilnahmen. In einem taktischen Kurs in Bremgarten 1972 wurden Regiments-, Bataillons- und Abteilungsstäbe zu diesem Thema geschult (Dammbruch EWZ Wettingen). 1973 wurde in einer sehr grossen Übung (Äskulap) im Raum Lenzburg–Aarau die heute gültige organisatorische Konzeption der Katastrophenbewältigung ausgetestet.

«Einsatz zu eigenen Gunsten» Im Laufe der letzten zwanzig Jahre wurde das Problem geeigneter Schiess- und Übungsplätze immer bedenklicher. Mehr als die Hälfte der Gesamtfläche des Landes liegt in Flugverkehrszonen; da sind 8 Flughäfen, 48 Flugfelder, 42 Gebirgslandeplätze, mehr als 100 schützenswerte Land-

... muss die gezogene Artillerie danach trachten, dank optimaler Tarnung gar nicht erst erkannt zu werden.

schaften; da sind Jagdbannbezirke, und die Überbauungen (1973) fressen 3000–7000 Hektaren Land/Jahr; die Landwirtschaft hat einen Drittel ihrer Betriebe, die Armee einen Drittel ihrer Schiessplätze verloren. Deshalb wurde das G Bat 5 schon 1965 auf dem Schiessplatz Hongrin eingesetzt. Ab September 1973 wurden in Zusammenarbeit mit dem Bund und den Kantonen Aargau, Baselland und Solothurn die Schiessplätze Rinderweid, Fasiswald-Spittelberg, Sulzbann und Othmarsingen zu Anlagen mit beweglichen Zielen vorgesehen, wobei die S Bat 15 und Füs Bat 90 die Gesamtprojekte erstellten. 1977 baute das G Bat in Fasiswald eine Minenwerfer-Stellung, zwei Widerstandsnester und 900 m Zufahrt zur Panzerbekämpfungspiste. 1980 tätigte das G Bat 5 Bauarbeiten auf dem Schiessplatz Sand-Schönbühl, 1981 Geländeverstärkungen auf dem Glaubenberg; 1982 nahm sogar das Pz Bat 25 Geniearbeiten auf dem Waffenplatz Thun vor.

Umschulungen

Die Entwicklung der Waffentechnik erfordert laufende Umschulung. Diejenige auf das neue Sturmgewehr wurde erwähnt. Von 1956 bis 1968 nahm in der Armee die Zahl der Raupenfahrzeuge um mehr als das Dreifache, die Zahl der Motorfahrzeuge bei der Infanterie um das Doppelte und die Zahl der Panzerabwehrwaffen um das Vierfache zu. Die Umschulung auf die Panzerabwehrlenkwaffe Bantam erfolgte 1969/1970; die Genie nahm 1974 Umschulungen im Brückenschlag vor. In rascher Folge kamen neues Übermittlungsmaterial und modernes AC-Material dazu. Umfangreiche Umschulungen hatte die Artillerie zu bewältigen (1974: Übermittlungsdienst und Motorwagendienst; 1979: Pz Hb Abt 73; 1984: Sch Kan Abt 14; 1985: Pz Hb Abt 15). Ab 1979 erfolgte die Einführung der Panzerabwehrlenkwaffe Dragon. 1980 prüfte das Pz Bat 25 den verbesserten Pz 68.

Geistige Arbeit

Die Änderungen des *ALB 80* hatten einen gewaltigen Umfang konzeptioneller und planerischer Arbeit zur Folge.

Im Vordergrund stand vorher allerdings das zunehmende Drängen um eine ausreichende Panzerabwehr. Generalstabsoffiziere der Gz Div 5 beteiligten sich seit Mitte der 60er Jahre an der öffentlichen Diskussion. Ebenso hartnäckig wurde schon in den frühen 60er Jahren betont, dass die Truppe in der Zusammenarbeit mit Panzern geschult werden und die Gz Div 5 über eigene Gegenschlagsverbände verfügen müsse. Nationalrat Grünig aus Baden brachte am 9.12.1969 ein entsprechendes Postulat ein, und

Divisionär Senn äusserte sich in den Divisionsnachrichten (Nr 6, 1970) zu den vorgesehenen Ausbauschritten, bei denen die Grenzdivision den Felddivisionen angeglichen werden müssten. Das Drängen brachte allmählich Erfolg: In Koordination mit der Mech Div 4 begann die Infanterie die Zusammenarbeit mit mechanisierten Verbänden (Bure, Thun, 1971), und schliesslich absolvierte ab 1978 ein Pz Bat seinen WK regelmässig mit der Gz Div 5.

Aber auch der Kriegsführung des armen Mannes im Rahmen eines langdauernden Kampfes wurde Rechnung getragen. So erarbeitete eine gemischte Arbeitsgruppe Gz Div 5/ Gz Div 7 unter Leitung des nachmaligen Korpskommandanten Feldmann die Kleinkriegskonzeption (1973).

Im Zusammenhang mit der Neuordnung der Logistik musste die Konzeption des Sanitätsdienstes bei der Truppe bearbeitet werden. Eine vom damaligen Oberfeldarzt beauftragte Arbeitsgruppe mit Offizieren auch aus der Gz Div 5 schloss die Arbeiten 1973 ab. Ihre Vorschläge wurden weitgehende Grundlage der Neuorganisation der Armee-Sanitätsdienste (NOAS). Ebenso waren im Zusammenhang mit der Vorbereitung grosser Übungen Offiziere der Gz Div 5 an der Erarbeitung eines Konzeptes zur Bewältigung von Grosskatastrophen beteiligt, ebenso an dessen Prüfung (1973). Dieses Konzept ist heute fester Bestand des zivilen und militärischen Instrumentariums und wurde auch in entsprechende Bücher übernommen.

Eine besonders eingehende Auswertung erfuhren die erwähnten «Salida»-Übungen (1975–1977). Ziel war, die Arbeitsabläufe (Be-

Gefechtspause bei der Ausbildung am Panzer 61. (Panzerbat 25 auf dem Waffenplatz Bure)

232
233

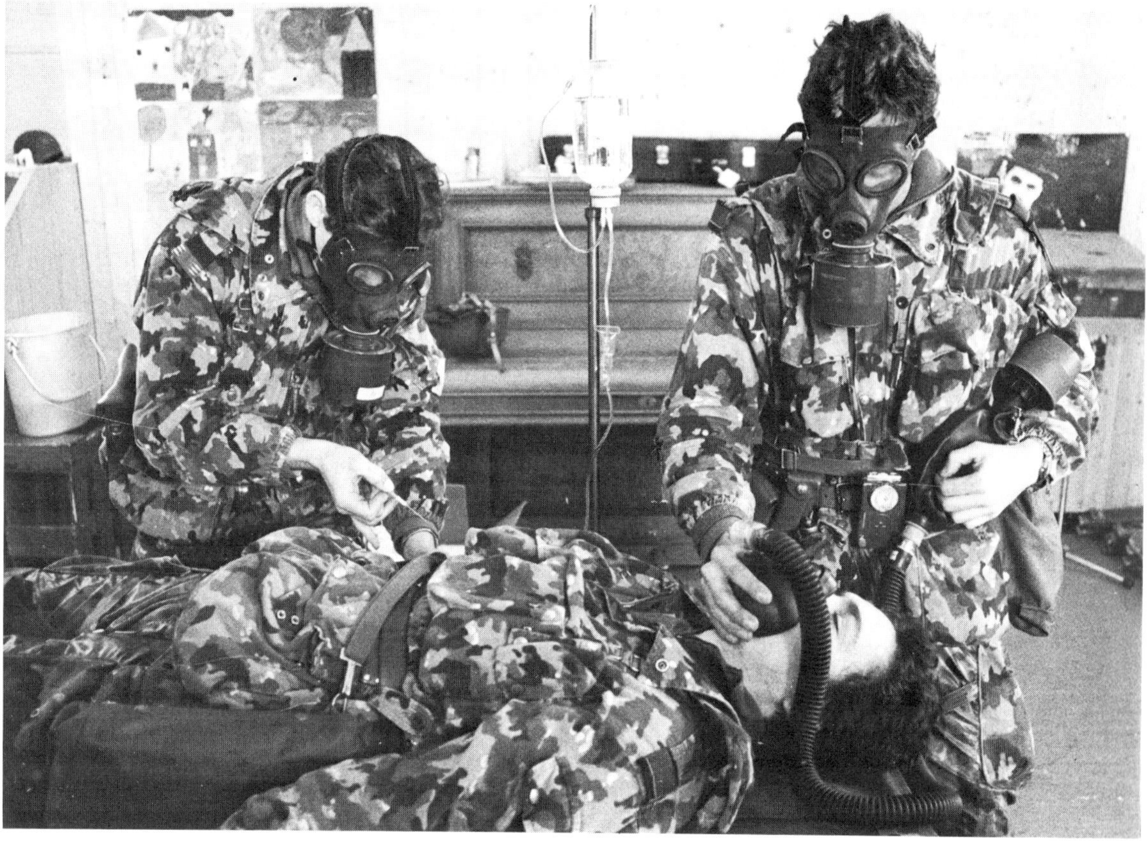

Irgendwann und irgendwo in einer Truppenübung: Sanitätsdienst, unter Bedrohung durch chemische Kampfmittel, an einem «zwangsbelüfteten» Patienten.

fehlsgebung bis Erstellung der Kampfbereitschaft) so zu vereinheitlichen, dass ein in der ganzen Division gleiches Ansteigen der Kampfbereitschaft erreicht würde. So konnten Richtziele für bestimmte Richtzeiten ermittelt und festgelegt werden.

Mit dem Ausbildungsschwergewicht «Kampf im dichtbesiedelten Gebiet» wurden zwei ausführliche Arbeitsgrundlagen (Oberst Merz) erarbeitet. Die Kampfweise eines mechanisierten Gegners, der im dichtbesiedelten Mittelland überall wieder auf Ortschaften stösst, wurde beschrieben sowie der Tätigkeitsbereich des Verteidigers erfasst, bis hin zum Umgang mit der Zivilbevölkerung, den Behörden und den Rechtsgrundlagen.

Nicht zuletzt wegen des Wandels zur F Div 5 musste auch die vorbereitete Befehlssammlung für den Kriegseinsatz auf eine völlig neue Basis gestellt werden. Diese war letztmals Ende 1962 gründlich überarbeitet worden. 1976 versammelten sich in Brugg die Stäbe aller grossen Verbände des 2. Armeekorps, um dieses grosse Werk in sorgfältiger Koordination zu verrichten.

Darüber hinaus wurde eine Fülle von Ausbildungsunterlagen und Nachschlagewerken geschaffen. Offiziere der 5. Division und einer Kampfbrigade schufen «Anleitung für die Nachtausbildung» (Kdo FAK 2, 1964), «Kampfwert der Permanenzen» (1978), «Verteidigung an Gewässern» (1979). Erinnert sei ferner an die vielen erarbeiteten, ständig angepassten und verbesserten Ausbildungsdokumente wie die Stabsanleitungen (1962, 1977, 1982), die Ständigen Weisungen (1962, 1981), den beliebten (heute in der gesamten Armee verbreiteten) «Behelf für die Führung» (1973,

1978, 1984), die Führungsweisungen (1970), die Führungstechnik (1984), die Leistungsnormen (1967, 1982), die Mitteilungsblätter für die Kdt, den Katalog für Ausbildungsunterlagen (mit Angaben über Befehlssammlungen, Anlagen für Stabs- und Truppenübungen, Merkblätter, Unterkünfte, Arbeitsplätze, Übersetzstellen, Ausbildungshilfen usw.), die Gefechtsausbildung für Spezialtruppen (1981), die Sportkonzeption (1973, 1981, 1984), die Weisungen für die Verbindung Volk und Armee «Brückenschlag» (1983) und vieles anderes mehr.

Auch die Regiments-, Bataillons- und Abteilungs-Stäbe scheuten keinen Schweiss, um die Ausbildung zu verwesentlichen und zu verbessern. Unter vielen Werken sei der «Battle drill» des Inf Rgt 23 genannt.

Die grossen Übungen und das Ringen um eine zeitgemässe Manöverkonzeption

Gründe für den Wandel

Nichts zeigt deutlicher den Wandel dieser Armee als die Geschichte der Korpsmanöver und Korpsübungen 1955, 1968, 1973, 1978 und 1983. 1885 war durch General Herzog zur Schulung des Begegnungsgefechtes das Manöver der Divisionen in freier Führung eingeführt worden. Es spricht für die mitreissende Kraft dieses Übungstyps, dass er sich bis in die 60er Jahre halten konnte. Das Ende kam mit den Übungen des FAK 2 1968 und FAK 4 1970, in konsequentester Art 1973. Die Krise ging – ohnehin als Zeichen der Zeit – so tief, dass man sich fragte, ob grosse Übungen noch gerechtfertigt seien. Man begann die Kosten, auch Landschäden, Zeit und organisatorischen Aufwand gegen die Rendite abzuwägen und bezweifelte jeden Gewinn für Soldaten und Kader bis hin zum Subalternoffizier. Die friedensbedingten Auflagen durch den zunehmenden zivilen Luft- und Strassenverkehr, durch zunehmende Überbauungen, Tourismus, Naturschutz, Jagdbanngebiete, durch Schulen und wirtschaftliche Interessen machten grosse Übungen in freier Führung immer schwieriger. Das echte Problem aber war die Darstellung eines neuzeitlichen Gegners; weder taktische A-Einsätze noch die Gewalt des Feuers, weder die Wucht eines Panzerangriffs im grossen Rahmen noch die Zusammenarbeit angreifender Staffeln und mechanisierter Verbände mit Luftlandeverbänden konnten realistisch dargestellt werden. Dennoch konnte nichts darüber hinwegtäuschen, dass die Tauglichkeit eines riesigen Apparates, dass Einsatz- und Führungsprobleme nur in grossen Übungen geprüft und erkannt werden können.

Korpsmanöver FAK 2 1968, 4.–7. 11. «Barbarossa»

Die Übung «Barbarossa» wird an anderer Stelle in diesem Band behandelt. Ich beschränke mich deshalb auf die Wertung dessen, was mit neuen Gedanken zu tun hat. «Barbarossa» war die erste grosse Übung für die Division seit 1961.

Schon im Januar 1968 erhielt die verstärkte Gz Div 5 den ihr Dispositiv betreffenden Planungsauftrag; das Resultat wurde Ende Juli von Korpskommandant Ernst genehmigt. In der ersten WK-Woche wurde das Dispositiv bezogen und teilweise ausgebaut. In der zweiten Woche erhielt der «Gegner», die F Div 8, Gelegenheit, im verlassenen Dispositiv ihre Angriffe einzuexerzieren, damit während der Übung ein

Wie die 54er zum Sunny-Boy-Cup kamen

Oblt Gusti Senn, von 1923 bis 1930 Adj beim Füs Bat 54, war ein begeisterter Skifahrer. Während der Skiferien 1922 in Klosters lernte er den englischen Berufsoffizier Captain C. A. A. Robertson, Kdt einer Kp des 2. Bat der Scots Guards, kennen. Man freundete sich an und besuchte sich mehrere Male. Im Januar 1930 verbrachten die beiden einen Abend in London. Nach der zweiten Flasche Burgunder sagte Senn so zum Spass: «Warum kommst Du nicht einmal mit uns in einen WK?» Es wurde aber weiter nicht mehr davon gesprochen.

Drei Wochen vor dem WK, er fand vom 31. März bis 12. April 1930 in Rothrist statt, erhielt der erstaunte Oblt Senn einen Brief. Darin teilte Robertson mit, das War Office habe seinem Gesuch entsprochen und ihn für einen WK zum Füs Bat 54 abkommandiert. Mit gemischten Gefühlen erwartete Senn die Entwicklung der Dinge. Als Tage später ein Brief des Bat Kdt, Major Wacker, begleitet von einem Schreiben Bundesrat Mingers, eintraf, war es Senn nicht mehr ganz wohl. Minger verlangte nämlich eine Untersuchung und strenge Bestrafung: Es sei nicht die Sache jüngerer Offiziere, fremde Offiziere einzuladen! Dank der Intervention von Oberst Felix Iselin, der mit gesundem Menschenverstand und Sinn für Humor den Herren in Bern den Sachverhalt erklärte und darauf hinwies, dass man sich doch vor dem War Office nicht blamieren könne, wurde Senn nicht bestraft, und Robertson erhielt die Bewilligung für seinen Besuch. Man stellte ihm vom EMD sogar ein gutes Reitpferd zur Verfügung

Robertson nahm seine Aufgabe sehr ernst, wollte alles sehen und kennenlernen. Schon am zweiten Tag schoss er mit dem Lmg lauter Schwarztreffer. Natürlich hatten die Zeitungen nun täglich etwas zu berichten. Bei den 54ern wurde der fröhliche Engländer bald nur noch «Sunny Boy» genannt.

1931 fand der WK der 54er im September statt. Kurz davor sandte Sunny Boy einen Pistolencup mit genauen Übergabevorschriften an Oblt Senn. Dieser sollte den Cup an das Bat weiterleiten. Senn meinte aber, Robertson müsse dies persönlich tun. Prompt erschien er dann am Bat-Essen in Langenthal. Unter seiner Aufsicht fand zum ersten Male die Übergabe nach allen Regeln statt.

Der Zweite Weltkrieg unterbrach dann die Besuchsserie Robertsons in der Schweiz. Aber nach dem Kriege wurde die Freundschaft weitergepflegt, eine Freundschaft, die wohl so einmalig ist wie die Geschichte des C. A. A. Robertson, der bei seinem ersten Besuch im Schottenkilt im Elsässischen Bahnhof auf seine Gastgeber wartete.

Im Herbst 1983 war der Stab des Füs Bat 54 samt Frauen zu Gast in London. Dort wurden sie offiziell von den Scots Guards empfangen und im Headquarter herumgeführt. Die Krönung war ein Empfang beim nun 85jährigen Sunny Boy, wo sich auch die Bat Kdt aus dem Falklandkrieg einfanden.

Maximum an Realistik entstünde. Das Korpsmanöver war aber doch noch ein Manöver und endete für die Gz Div 5 mit der wohl schwierigsten Operation, einem Rückzug kombiniert mit Flussübergang unter Feinddruck.

Der Wandel ist deutlich. Durch den Auftrag an die Gz Div 5 «plant den Einsatz mechanisierter Kräfte in ihrem Kampfraum» nimmt die Kampfform der Abwehr auf Stufe Division Gestalt an. Der Gegner war ein Markeur, der die durch die Übungsleitung festgelegten Angriffe vor den Manövern an Ort und Stelle einexerzierte. Der mechanisierte Gegner und sein schweres Feuer wurden an einzelnen Orten und in einleitenden Gefechtsphasen möglichst realistisch dargestellt («Schall und Rauch»). Dem Korpskommandanten kam es darauf an, dass die Infanterie bei guter Sicht nur im Infanteriegelände sitzt, dass Raum und Kraft ausgewogen sind, dass der Abwehrkampf so lange als möglich vorbereitet und einexerziert wird, dass die Infanterie das Begegnungsgefecht mit dem mechanisierten Gegner meidet. Er sah aber auch überaus deutlich die möglichen Nachteile. In einem selbstkritischen Schlussbericht wies er auf die Gefahren der Erstarrung im Abwehrdenken und der Schemalösungen, so bei der Ausscheidung von Reserven, hin.

Ein heiteres Intermezzo ist zu vermelden. Ein findiger Nachrichtenoffizier besuchte die Unterkünfte des «Gegners» während des Wochenendurlaubs vor Übungsbeginn und fand dort den Einsatzbefehl «Hammer» der F Div 8, der die Gz Div 5 veranlasste, entsprechend zu reagieren. Nur mit Mühe gelang es, den initiativen Nachrichtenoffizier vor einer Strafe zu bewahren.

Korpsübung FAK 2 1973, 8.–17. 11.
«Bubenberg»

Die wohl konsequenteste Abkehr vom herkömmlichen Manövertyp wurde in der Korpsübung 1973 vollzogen. Der neue Gedanke erwies sich als äusserst nützlich. Er ging von der Tatsache aus, dass die erste Operation unserer Armee, die gelingen *muss*, aus Mobilmachung, Befehlsgebung, Erkundung und Aufmarsch, Erstellung der Kampfbereitschaft und sofortiger Ausbildung besteht; dieser komplexe, vernetzte Ablauf ist im Hinblick auf die verkürzten Warnzeiten in einem Minimum an Zeit zu bewältigen («Manöver ohne Feind»). In einer ersten Phase erarbeiteten die Heereseinheitsstäbe ihren operativen Einsatz. In einer zweiten Phase wurden eine kriegsmässige Mobilmachung und der Aufmarsch «Bubenberg» durchgeführt. In einem Grossversuch wurden die Verschiebungen mit Hilfe der EDV programmmiert. Mobilmachung und Aufmarsch wurden durch Luftaufklärung und Luftangriffe, Spionage und Sabotage, AC-Einsätze, Helilandungen und Infiltrationen durch Markeure überprüft. Mit der Mech Div 4, der Gz Div 5, der Ter Zo 2, den Mob Pl und weiteren Verbänden, mit rund 30 000 Mann und 6000 Fahrzeugen, gingen die Schöpfer dieser Übung, Korpskommandant H. Wildbolz und sein Stabschef, Brigadier H. Ruh, wohl an die obere Grenze des Fassungsvermögens des Übungsgeländes. So aber konnten alle vielfältigen Absprachen zwischen den Waffengattungen und Dienstzweigen durchgeführt werden. Nach knapp 48 Stunden wurde die Truppe aus der Übung herausgelöst. Für die Heereseinheitsstäbe dauerte die Übung mit einem Kriegsspiel weiter an, für die Truppenkörperstäbe mit Stabsübungen.

Sommermeisterschaften der Felddivision 5 und Grenzbrigade 5 am 24./25. August 1984 im oberen Freiamt. Div Halter gratuliert der Siegermannschaft aus der Füs Kp II/57. Von rechts: Hptm A. Röthlisberger, Füs P. Müller, Mitr M. Sacher, Füs R. Peter.

Diese Übung erlaubte einmal mehr das Studium ganz bestimmter Themen:

- Einsatz der *EDV* und Überprüfung des *zukünftigen marschtechnischen Verfahrens*
- *Übung «Hamster»:* Abschliessende Prüfung des neuen *Versorgungssystems*, das in vorzüglicher Weise die grossen Kampfverbände von der Logistik entlasten sollte. Ein gewaltiger Schritt auf dem Weg zur F Div 5! Während längerer Dauer basierte die Gz Div 5 auf den Installationen der Ter Zo 2. Für die Kampftruppenkommandanten brachte das die Definition der Versorgungsstaffeln, für die Versorgungs- und Transportformationen die versuchsweise Eingliederung in ein Versorgungsregiment 1 ad hoc. Die Wasserversorgung wurde mit mobilen Trinkwasseraufbereitungsanlangen und mit neuartigen Wassersäcken, die Verpflegung mit Frischhaltebrot und Dauerfleischwaren sichergestellt.
- *Übung «Maulwurf»:* Das auf Sollbestand gebrachte Füs Bat 59 (Kommandant Major W. Frey) mit Kriegsausrüstung wurde während der ganzen WK-Dauer zu Feldbefestigungsarbeiten eingesetzt. Das Bataillon erstellte alle Pläne und baute Stellungen und Unterstände in einem System von Stützpunkten wie im Ernstfall. Es fasste die Versorgungsgüter für die Depotbildung und die neuen Kampf- und Reserveportionen. Daneben bildete es noch aus und überprüfte dann seine Arbeit, indem es in den Stützpunkten lebte. Ein 65seitiger Bericht (ohne Beilagen) zieht die Folgerungen.
- *Übung «Aeskulap»:* Mit dieser bereits erwähnten Übung im Raum Lenzburg–Aarau war die Gz Div 5 nur räumlich und vermittels

der San Abt 5 verbunden. Der Autor dieses Artikels beschrieb ihr Konzept in der Korpszeitung vom Herbst 1973.

«Bubenberg» und «Maulwurf» waren so anregend und wichtig, dass die Gz Div 5 die erwähnten Salida-Übungen schuf.

Truppenübung FAK 2 1978, 20.–24. 11.
«Saturn»

Die Truppenübung FAK 2 1978 mit 22000 Mann (Korpskommandant J. Zumstein, Stabschef Brigadier H. Wanner) war in ihrem Aufbau ähnlich wie diejenige von 1973, ging aber in der «Lösung vom Feind» noch weiter. Da Dispositive bis auf Stufe Kompanie möglichst vor Beginn der Feldbefestigungsarbeiten überprüft werden müssen, wurde das Dispositiv «Saturn» durch Verbände einer *«befreundeten»* Heereseinheit getestet.

Die allgemeinen Übungsziele lauteten «Vermaschung», «aktiv sein», «saubere Gefechtstechnik», «Randprobleme lösen». Für die Führung der Gz Div 5 ergaben sich aufgrund vieler Aufgaben erhebliche Probleme. Die gestaffelte Mobilmachung wurde gestört, so dass Sicherungsdispositive bezogen werden mussten. Zugleich hatte die Division zahlreiche Bewachungsaufträge zu lösen und vorübergehend einen grossen Ausbildungsraum zu beziehen. Schliesslich sollte sie bei währenden ursprünglichen Aufträgen ein Kampfdispositiv belegen. Das Problem wurde durch eine Kombination individueller Abmarschzeiten ins Kampfdispositiv mit straff geführtem Absprachezeitplan bis auf tiefe Stufe recht erfolgreich gelöst.

Auch diese Übung zeitigte wichtige Erfahrungen: (1) Der Kampf der verbundenen Waffen ist erheblich erschwert, wenn der Gefechtsnachrichtendienst nicht ohne Zeitverlust funktioniert. So wurde beispielsweise ein Gegenschlag auf einen Scheinangriff an einer Reizlinie ausgelöst – jedenfalls nicht dort, wo die Übungsleitung und die Attachés den Gegenschlag erwartet hatten. (2) Bewachung und Sicherung müssen mit Ausbildung verbunden werden – und gerade diese Verknüpfung ist schwierig.

Truppenübung FAK 2 1983, 7.–10. 3.
«Feuervogel»

So nützlich Übungen mit dem Thema Mobilmachung, Aufmarsch und Erstellen der Kampfbereitschaft sind, sie weisen die bekannte Gefahr auf: Das Erstarren der Stäbe und Truppen in der Routine der festgelegten Abläufe und Planungen. Geistige Beweglichkeit, Improvisationskunst, die Fähigkeit zum Führen mit Aushilfen und gestaffelter, mündlicher Befehlsgebung und die Aggressivität gehen verloren. Das moderne Gefecht ist aber ultradynamisch, chaotisch, voller Ungewissheit; Stäbe und Truppen unterstehen einer Dauerbelastung unter ständigem Zeitdruck. Darüber hinaus werden die Warnzeiten stets kürzer und strategische Überfälle technisch möglich. Korpskommandant Lüthy und sein Stabschef, Brigadier Sigerist, schufen deshalb mit der allgemeinen Zielsetzung «Lass Dich nicht überraschen», «Sei einsatz- und kampfbereit», «Handle rasch und entschlossen», «Arbeite mit anderen zusammen» für die F Div 5 einen neuen Übungstyp. Verschiedene Kampfformen sollten wieder geübt werden: Der *Angriff* der *Infanterie* unter *geeigneten* Voraussetzungen, um verlorenes Gelände zurückzunehmen und den Gegner zu *vernichten,* um

Pierre-Marie Halter, von Eschenbach (LU) und Visp
1978–1985 Kdt Gz/F Div 5

28.4.1925

lic. iur., Instruktionsoffizier

Grundwaffengattung Infanterie
1963 Major, 1970 Oberstlt, 1972 Oberst, 1975 Divisionär

«Ein Leben für die militärische Ausbildung» – diese Aussage trifft auf die berufliche Tätigkeit von Halter voll zu. Er trat nach Abschluss des Rechtsstudiums in Fribourg dem Instruktionskorps der Infanterie bei und weilte von 1954–1960 als Einheitsinstruktor in Aarau. Hier schlug er die Wurzeln, welche ihn – den gebürtigen Walliser – 20 Jahre später als Divisionskommandanten heimisch werden liessen. Die Zeit davor galt den mannigfaltigsten Einsätzen: als Klassenlehrer an den Offiziersschulen in Lausanne und Bern, als Teilnehmer am Generalstabs-Lehrgang an der Führungsakademie der Bundeswehr in Hamburg, als Kommandant der Infanterieschulen Bern und immer wieder abkommandiert zum Stab der Gruppe für Ausbildung, zuletzt als Unterstabschef Ausbildung und Stellvertreter des Ausbildungschefs. Halter hat während seiner Kommandozeit Stab und Truppe der 5. Division mitgeprägt. Er verfolgte seine Anliegen mit Beharrlichkeit und viel menschlicher Wärme und gewann dadurch sowohl die Achtung seiner Untergebenen als auch ihr Herz. Das Augustinus-Zitat «Halte die Ordnung, und die Ordnung wird Dich halten» war ihm nicht nur Motto für die Ausbildung; es sollte auch Hilfe für den Ernstfall sein.

Halter setzte sich für Verbesserungen ein, wo ihm dies erforderlich erschien. Dazu zählen sein Engagement zugunsten der Schaffung eines zweiten Gegenschlagsbataillons wie auch sein Bemühen, die Feuerführung der Artillerie und deren Gefechtsausbildung zu verbessern. Besonders am Herzen aber lag ihm die Hebung des Ansehens der Infanterie – seiner Infanterie.

Luftlandungen sofort entgegenzutreten oder alle Voraussetzungen für den Einsatz mechanisierter Verbände zu schaffen; *mechanisierte Verbände* sollten gegnerische Kräfte vernichten oder zurückwerfen und die Angriffsziele bis zur *Ablösung* durch die Infanterie halten.

Die F Div 5 erhielt den Auftrag, aus einer gestaffelten Mobilmachung ein Kampfdispositiv «Kondor» im Raum Brugg–Olten–Luzern–Wohlen–Dietikon zu beziehen; in Mobilmachung und Aufmarsch platzte kurz nach der «Kriegserklärung» ein strategischer Überfall (Luftlandungen) ins Wauwilermoos. Das Grundproblem für die F Div 5 lautete: Wie ist der befohlene Gegenangriff ins Wauwilermoos mit den übrigen Aufträgen vereinbar, und wie weit kann «Kondor» bezogen werden? Schon am nächsten Tag erfolgte aus Nordosten ein gegnerischer Stoss ins Mittelland mit Luftlandungen in den Räumen Hirzel, Albis, Arni, Reussübergänge, und die F Div 5 erhielt den neuen Auftrag, im mit Hilfe von Kriegsbrücken zu erkämpfenden Dispositiv «Ikarus» den Gegner östlich der Reuss zu stoppen.

In dieser Übung mit hochaktuellem Thema, in der sogar der Gegner realistisch dargestellt wurde, waren ohne Zweifel die Probleme der Mittelverteilung, der Verbindungen und Nachrichten die schweren Probleme. Auch der Logistik wurde Aufmerksamkeit geschenkt: Die Munitionsgrund- und die Ergänzungsausrüstung sowie die Minenkredite waren zu fassen, und der ordentliche Munitionsnachschub war durchzuführen. Die Sanität testete ihre Neue Organisation, und Luftschutz- und Sanitätsformationen kamen zu Katastropheneinsätzen. Dabei wurden die alte Militärkantine in Aarau (1849) und die «Seifi» in Lenzburg (1857) zerstört.

Der Divisionsstab

Äusserlich gesehen sind die Divisionsstäbe riesige Gebilde. Die Zeiten, da der Stab mit bescheidenen Bedürfnissen in einigen Bauernhäusern genügend Raum im Gefecht fand, sind längst vorbei. Die Anforderungen an die technischen Mittel für Arbeit, Nachrichtenkreislauf und Befehlsgebung sowie für Leben und Überleben sind dauernd gestiegen. Deshalb musste 1981 ein Stabsbataillon mit *zwei* Stabskompanien, einer Aufklärungskompanie, einer Motortransportkompanie und einer Strassenpolizeikompanie geschaffen werden. Übermittlungsformationen kommen dazu. 1977 trat deshalb eine neue Stabsorganisation in Kraft. Dennoch ist das Auffallendste am Stab der 5. Division – angesichts des rapiden personellen Wechsels – die hohe Integrationskraft. Keine nachhaltigen Störungen der grossartigen Kameradschaft sind zu vermelden. Auch dieser Stab wurde von der Hektik der Zeit mitgerissen. So nahm die Zahl der Redaktionswochen von einer auf zwei, ab 1976 wegen der alljährlichen Revision der Kriegseinsätze auf drei zu. Eine Woche dient der abschliessenden Befehlsgebung an die Verbände der Division für die Dienste des folgenden Jahres, und wenigstens eine weitere Woche der Vorbereitung der Übungen. Seit 1962 leitet

Rapport beim Unterstabschef Front im KP H der Felddivision 5 während der Truppenübung Feuervogel, 1983.

Jeder Stabs-WK des Stabes der Felddivision 5 enthält eine 1 bis 2-tägige Übung, welche dem Sport, der Fachausbildung und der Kameradschaftspflege dient. Im Bild: Reussfahrt mit M 4, 1984.

die Division in einem Jahr Stabsübungen mit den Stäben mehrerer Truppenkörper. Divisions- und Brigadestäbe beüben sich gegenseitig in regelmässigem Turnus. Diese Tests werden jeweilen eingeleitet durch eine selbstvorbereitete Übung. Bis 1976 mussten 2 Kampfbrigaden mit Stabsübungen geschult werden. Vor Schaffung des Stabes für operative Schulung waren auch Stabsübungen für den Stab FAK 2 vorzubereiten. So blieb für Musse stets wenig Zeit. Immerhin konnten einige wenige Gelegenheiten ergriffen werden, um Kameradschaft, Sport und Kultur zu pflegen. Die ehemaligen Stabsangehörigen sprechen noch heute von den Tagen im September 1975, da der Stab der Gz Div 5 in Vollbesetzung von Grindelwald aus übers Jungfraujoch zur Stechleralp marschierte. Auch im September 1977 fanden sich einige Tage für einen Marsch vom Uetliberg nach Urdorf in den Bremgartner Wald, eine anschliessende Schlauchbootfahrt bis Bremgarten und einen abschliessenden Orientierungslauf auf dem Gebenstorfer Horn. Sowohl die Waldbiwaks mit Schlafsack wie auch der Empfang im historischen Tagsatzungssaal zu Baden sind in schönster Erinnerung. 1981 marschierte der Stab der F Div 5 von Frutigen nach Brig, um anschliessend grosse Phantasie in einer Übung Kleinkrieg zu entwickeln. Auch ein Stabsball kam hie und da zustande (1966: Schinznach, 1977: Lenzburg, 1978: Aarau, 1980: Schloss Lenzburg). Seither hat sich der Stabsball als jährliches Ereignis eingebürgert.

Lange Jahre war das Fleinergut Sitz des Büros der Gz Div 5 und gemütliche Behausung ganzer Generationen emsiger Offiziere. Das Fleinergut in der Aarauer Laurenzenvorstadt und in unmittelbarer Umgebung der Kaserne verkörperte eine andere Welt. Man schritt durch einen Torbogen vom lärmigen Kasernenplatz in einen alten, etwas verwilderten Garten und in plötzliche Stille hinein – und da war auch das Gebäude, nicht gross und nicht von auffallender Schönheit, und doch Abbild einer stilvollen Zeit. Leider war es nicht geschaffen für die Abwehr moderner Arglist, und so zog denn 1982 das Büro der F Div 5 ins durchaus ansprechende, nahegelegene Säulenhaus um.

Der Erwähnung bedürfen die militärgeographischen Exkursionen (Franche Comté, 1970; Metz, 1977). Der Teilnehmerkreis beschränkte sich naturgemäss nicht nur auf die Angehörigen des Divisionsstabes, die Thematik nicht nur auf militärische Operationen des 2. Weltkrieges. Die Nacht im Bahnhofbuffet zu Metz war jedenfalls so fröhlich, dass der Schreiber das Bett erst erreichte, als sein Divisionskommandant aus den Federn schlüpfte.

Nicht zu vergessen sind die beiden Morschacher Tagungen im Antonius-Haus Mattli. Sie dienten nicht einem militärischen Zweck. Im Kreise der Kameraden sollten, unter Zuzug von Schriftstellern und Wissenschaftern, die Probleme der Zeit erkannt und diskutiert werden (1974: «Geistige Strömungen der Gegenwart»; 1976: «Der Mensch: Aspekte seines Daseins von morgen»). Wir haben keine Probleme gelöst; dennoch waren die Tage in der klösterlichen Stille so anregend, dass wir sie regelmässig wiederholen wollten. Geschenke aber, stellen wir wehmütig fest, entstehen aus der Gunst des Augenblicks und sind nicht wiederholbar.

Feierlichkeiten, Dank und Abschied

Das Jahr 1975 war das Jahr der Jahrhundertfeiern. Ihren hundertsten Geburtstag feierten unter grosser Beteiligung der Ehemaligen und der Zivilbevölkerung das Füs Bat 46 (März, Wohlen), das Füs Bat 57 (August, Aarau), das Füs Bat 55 (August, Zofingen), das Füs Bat 56 (August, Unterkulm), das Füs Bat 59 (September, Frick) und das Füs Bat 60 (September, Endingen). Die Feierlichkeiten wurden eingerahmt von Konzerten, Vorbeimärschen, Wehrvorführungen, Waffenschauen, Tagen der offenen Türe, Jubiläumsschiessen.

Wechsel des Friedens-KP der Felddivision 5, 1980, vom romantisch-unpraktischen Fleinergut (heute Sitz des Schulkommandos) …

… ins feudale Säulenhaus, ehemals Wohnsitz des Kommandanten Grenzbrigade 5, Oberst G. A. Frey. Das Säulenhaus gehört dem Staat Aargau und beherbergt auch den Staatskeller.

Zur Tatsache, dass die durchschnittliche Beteiligung an den Sommer- und Wintermeisterschaften in den letzten Jahren gestiegen ist, mag auch das Vorbild des stets teilnehmenden Divisionskommandanten beigetragen haben.

Nachdem die Armee auf öffentliches Gepränge im «Zeitalter der neuen Sachlichkeit» (ab 1971) mehr und mehr verzichtet hatte, wurden 1978 gleich *zwei Defilees* durchgeführt. Vor 50000 Zuschauern defilierten in Bataillonsblöcken am 21.3.1978 während einer Stunde zwei Infanterieregimenter (22, 105), eine Train-Abteilung und Teile eines Panzerregiments durch die St. Jakobs-Strasse zu Basel. Mirage- und Hunterstaffeln überflogen die imposante Kulisse.

Am 7.12.1978 defilierten die Inf Rgt 23 und 24, die Mob L Flab Abt 5, die Hb Abt 14 und das Pz Bat 25 durch die Bahnhofstrasse zu Aarau im Rahmen der Feierlichkeiten «175 Jahre Kanton Aargau». Mirages und Hunters begleiteten den einheitsweisen Vorbeimarsch, und 30000 Zuschauer waren dabei.

Am 24.5.1982 konnten nach langer Leidensgeschichte die renovierte Infanterie Kaserne Aarau und das General-Herzog-Haus eingeweiht werden.

Werner Frey, von Mellingen
ab 1.1.86 Kdt Felddiv 5

24.8.1934

Aarg. Lehrerpatent,
Eidg. Turn- und Sportlehrerdiplom,
Turnlehrer an der Bezirksschule Baden,
1965 Eintritt in den Instruktionsdienst

Grundwaffengattung Infanterie
1972 Major, 1979 Oberstlt, 1981 Oberst,
1986 Divisionär

Verabschiedung von Divisionär Pierre-Marie Halter nach 8 Jahren Kommandozeit, am 21. November 1985 auf dem Aarauer Kirchplatz.

Auch Abschied nehmen mussten wir von Verbänden und Menschen; 1969 von Divisionär K. Walde, der sich später in grosser Frische der Bearbeitung historisch-biographischer Themen zuwandte (Guderian, 1976; Jakob Huber, 1983). Divisionär H. Trautweiler hatte sein Kommando am 1. 5. 1969 angetreten; auf dem Aarauer Kirchplatz verabschiedeten wir ihn am 3. 12. 1977 mit 27 Fahnen und Standarten als Kommandant, ohne zu wissen, dass der endgültige Abschied uns so bald (1. 5. 1980) bevorstand. Divisionär P.-M. Halter hatte sein Kommando am 1. 1. 1978 übernommen; 1985 verliess er uns und wurde am 21. 11. 1985 vor und in der Stadtkirche Aarau verabschiedet, um Divisionär W. Frey Platz zu machen. Möge der Vierzeiler, den er gerne zitierte: «Klär auf, Soldat, erkunde, sieh munter in die Runde; tarne, sichere, melde gleich, dann kommst Du nicht ins Himmelreich» noch lange verwendet werden, und auch die hässliche Abkürzung «Hadio udio

Der neue Divisionskommandant, Div Frey, im Einsatz: Taktischer Kurs in Bremgarten, Frühjahr 1986.

widiha» seines schönen Motos von Augustinus: «Halte die Ordnung, und die Ordnung wird Dich halten.» Auf Ende 1976 traten die bewährten Mat Bat 5 und Ns Bat 5 nach 15 Jahren aus dem Divisionsverband aus; Ende 1978 die Mot Trsp Abt 5 nach 17 Jahren. Sie wurde auf dem Landenbergplatz ob Sarnen verabschiedet. Zur gleichen Zeit wurden die Infanterie-Fliegerabwehr-Kompanien den Mobilen Leichten Flab-Abteilungen unterstellt. Ende 1979 wurde im Schloss Hallwyl das Aufkl Bat 5 feierlich entlassen.

Die Sanitätsabteilung 5 wurde 1982 am 7. Mai in Interlaken verabschiedet. Dieser Verband bestand seit 1912 und war seit 1939 organischer Bestandteil der 5. Division. Ab 1983 wurden die Sanitätskompanien den Infanterie-Regimentern unterstellt.

Dank gebührt vielen, die mit ihrer Begeisterung zahlreiche, kaum erwähnte Dienste geleistet haben. Ich erwähne die Kurse für Sekretärinnen, die regelmässigen Sommermeisterschaften an verschiedenen Orten im Kanton Aargau und die Wintermeisterschaften in Kandersteg, den Truppeninformationsdienst und die Divisionsnachrichten. Ohne diese Zeitung im besten Sinn des Wortes wäre dieser Beitrag nicht möglich gewesen. Sie erschien erstmals am 23./24. 10. 1968 vor «Barbarossa» und zog erste kritische Bilanz in Nr 38/1977, da ihre Gesamtauflage 100000 Exemplare erreicht hatte. Sie stellte zu Recht fest, dass Vertrauen von seiten des Auftraggebers und Enthusiasmus, Initiative und Zähigkeit im Rahmen einer klaren Zielsetzung beim Beauftragten Erfolg gewähren müssen. 1979 erschien schon Nr 50. Heute bestehen drei stattliche Bände (1968–1975; 1976–1979; 1980–1985).

Auch der Chronist nimmt nun Abschied vom Leser – und wohl auch bald von der Armee – und erbittet sich ein wohlwollendes Nicken oder ein ablehnendes Kopfschütteln. Es liegt in der Natur der Zeitgeschichte, dass sie nicht nur verarbeitete, sondern auch erlebte Geschichte ist und dass Tatsachenbericht und Interpretation ineinanderfliessen.

Truppenordnung 1981
(Stand 1. 1. 1986)

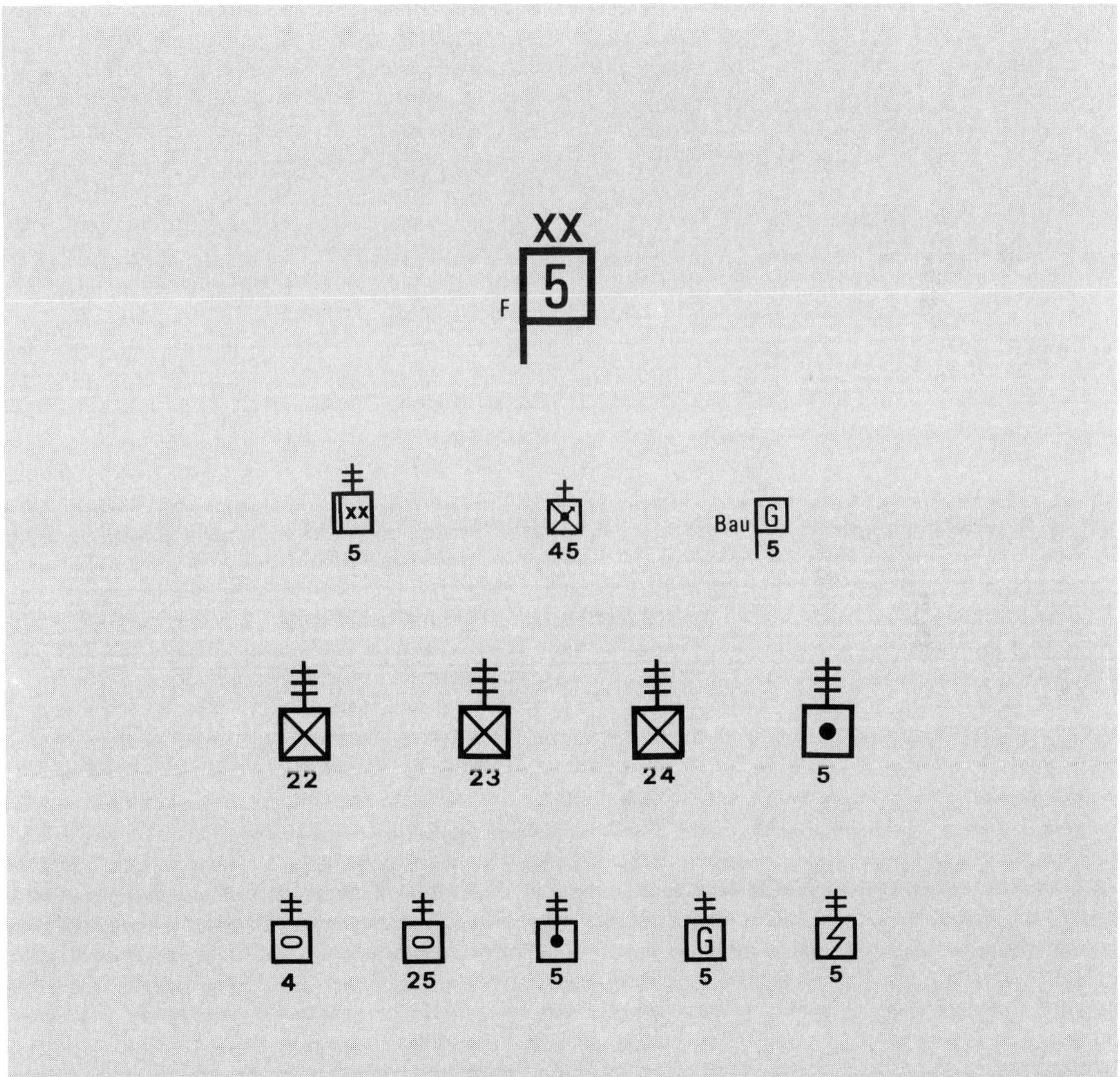

Hans Jörg Huber

Bürger und Soldat

Ein Exkurs über die Miliz

Milizarmee – ein überaus aktuelles Thema

Wer die militärpolitische Szene aufmerksam verfolgt, stellt fest, dass in den letzten Jahren das Milizsystem schweizerischer Prägung immer mehr zur Diskussion gestellt wurde:
– in unserer Armee selber, in der ausserdienstlich und dienstlich von Wehrmann und Kader viel verlangt und viel geleistet wird, kommt häufig die Diskussion über «die Grenzen der Miliz» auf
– ein Divisionskommandant und ein Universitätsrektor erstellen, natürlich im Milizsystem, eine tiefgreifende Studie zum Thema «Die ausserdienstliche Belastung von Milizoffizeren»[1]
– anlässlich des 150jährigen Jubiläums einer einflussreichen Offiziersgesellschaft findet ein Symposium statt – die Beiträge liegen unterdessen gedruckt vor – zum Thema «Die Zukunft der Milizarmee»[2]
– ein deutscher Politiker, selber Spezialist in sicherheitspolitischen Fragen, erstellt eine Studie zum Thema, wie die deutsche Bundeswehr in ein Milizheer nach schweizerischer Art umzugestalten wäre.
Man erkennt rasch: über die Miliz nachzudenken ist in hohem Masse zeitgemäss.

Was ist das, «eine Milizarmee»?

Der schweizerische Militärpublizist Hans Rudolf Kurz beschreibt in seinem eben erschienenen Buch «Die Geschichte der Schweizer Armee» die Fundamente des Schweizerischen Wehrwesens. Dabei hat er einen Abschnitt über das Milizsystem formuliert, der mir das Wesentliche zu enthalten scheint:

Das Wesen der Miliz liegt einerseits in einem praktischen Fehlen des Berufsmässigen. Der Schweizer Soldat erfüllt mit verschwindend kleinen Ausnahmen seine militärischen Pflichten nicht in einem lebenslangen oder zeitlich befristeten militärberuflichen Hauptamt, sondern neben seinen zivilberuflichen Verpflichtungen, aus denen er auch bei längerdauernden aktiven Diensten nie ausscheidet.

Zum zweiten wird die Miliz charakterisiert durch den besonderen Ablauf der militärischen Ausbildung der Milizsoldaten – diese besteht in einer im Spezialverband der Rekrutenschule geleisteten Grundausbildung und später in den in regelmässigen Abständen immer wieder mit dem Kriegsverband geleisteten Wiederholungs- und Ergänzungsdiensten. In diesen Dienstleistungen, die neben der zivilberuflichen Arbeit stehen, steht ein Soldat während seines Lebens im Frieden ziemlich genau 1 Jahr im Militärdienst, der jedoch nicht an einem Stück geleistet wird, sondern der in zahlreichen kürzeren Einzeldiensten erfüllt wird, die sich über das ganze «militärische Leben» aufteilen. Der Schweizer Milizsoldat ist darum nicht «Reservist» im Sinne ausländischer Wehrordnungen. Auch wenn er Waffenrock und Waffe – die er bei sich zu Hause aufbewahrt – vorübergehend in den Schrank gestellt hat, bleibt er zeitlebens Soldat; er ist stets Bürger und Soldat zugleich. Die schweizerische Armee ist nicht eine neben dem Volk stehende besondere Grösse mit eigenen Anschauungen und Gesetzen; sie ist das waffentragende Volk selber.[3]

Die massgeblich militärpolitischen Dokumente unseres Wehrwesens, nämlich der «Bericht des Bundesrates an die Bundesversammlung über die Konzeption der militärischen Landesverteidigung» vom 6. Juni 1966 und der «Bericht des Bundesrates an die Bundesversammlung über die Sicherheitspolitik der Schweiz (Konzeption der Gesamtverteidi-

Hut ab vor der Armee; der Gruss des Zivilisten gilt gleicherweise dem Menschen Soldat wie der Institution Armee.

gung)» vom 27. Juni 1973 gehen von diesem Begriff des Milizsystems aus und bejahen es. Gerade das System der Gesamtverteidigung umgibt das Milizheer mit helfenden Diensten, wie den Zivilschutz und den Koordinierten Sanitätsdienst, die ebenfalls im Milizsystem arbeiten.[4, 5]

Dabei ist nicht zu übersehen, dass das Milizsystem im Wehrwesen nur ein besonderer Ausdruck einer Organisationsform ist, die in vielen Bereichen unseres staatlichen und gesellschaftlichen Lebens ihren Platz hat. Ich denke an unsere Milizparlamente, an die Mitarbeit von Bürgerinnen und Bürgern in unzähligen Kommissionen bei oft ungenügenden Entschädigungen, ich denke an das Milizsystem in der Justiz, in der Führung unserer Kommunen. Historisch gesehen haben sich das Milizsystem im politischen und im militärischen Bereich wohl parallel ausgeprägt. Insofern bildet das Milizsystem eine besondere Form der Partizipation des Bürgers am Staat, eine besondere Form des Zugriffs des Staates auf den Bürger und zugleich eine Begrenzung bürokratischer Macht. War der Militärdienst in früheren Zeiten noch ein das Patriarchat stützendes Element, so stellt sich heute, nach der Einführung des Gleichheitsartikels von Mann und Frau in der Bundesverfassung und der Einführung des partnerschaftlichen Eherechtes, sehr wohl die Frage der vermehrten Partizipation der Frau im Rahmen der Gesamtverteidigung.[6]

Vorteile der Miliz

Ein Staat, der eine aggressive Aussenpolitik betreiben will oder einer solchen Nation direkt gegenübersteht, der kann sich kaum auf eine Miliz beschränken. Wer – wie die Schweiz – in einem, dazu noch besonders günstigen Gelände, eine defensive, zudem neutrale Sicherheitspolitik betreibt, der kann sehr gut mit der Wehrform der Milizarmee seine Unabhängigkeit bewahren. Ein Staat, der so auf der weltpolitischen Bühne agiert, zeigt deutlich,

Die Aarauer Kaserne, gebaut 1848, nach der Gesamtrenovation im Frühjahr 1982. Die unter Heimatschutz stehende Fassade blieb unverändert …

dass er seine Ziele nicht mit Waffengewalt erreichen will, mithin keine Bedrohung darstellt. Damit ist ganz klar, dass für den neutralen Kleinstaat die Miliz Vorteile nach aussen bringt.

Nach innen ist das Milizsystem die Verschmelzung von Armee und Volk, besonders wenn die Miliz, wie in der Schweiz gemäss Artikel 18 der Bundesverfassung, mit dem System der allgemeinen Wehrpflicht verbunden ist. Über weite Strecken gilt der Satz: «Die Schweiz hat keine Armee, sie ist eine Armee.» Allerdings ist sie, eben gerade wegen der Miliz, auch noch vieles andere; etwa ein Handelspartner von Qualität oder ein Touristikzentrum von grosser Schönheit. Im Innern führt das Milizsystem Staat und Bürger zusammen. Häufig bedeutet die Aushebung, der Beginn der Erfüllung der Wehrpflicht, die erste Bekanntschaft mit dem Staat. Unser Wehrsystem bietet aber auch Gelegenheit, verschiedenartige Menschen einander näher zu bringen. Gerade der Kanton Aargau, meist in zentrifugalen Tendenzen lebend, hat das erfahren und erfährt es immer wieder. Die gemeinsame Infanterierekrutenschule in Aarau, der Hauptstadt, führt nicht selten zu lebenslangen, unerschütterlichen Freundschaften zwischen Bürgern aus verschiedenen Kantonsteilen und sozialen Schichten. Es ist daher sehr zu verstehen, dass erfahrene Bürger seinerzeit alles daran setzten – auch im politischen Rahmen –, dass Aarau allgemeiner Infanteriewaffenplatz blieb und nicht Waffenplatz für eine Spezialität wurde, die wohl Schweizer, aber nicht Aargauer, zusammengeführt hätte. Und als es nach langen Auseinandersetzungen gelang, das Rekrutenspiel teilweise in Aarau zu erhalten, ging ein Aufatmen durch den Kanton.[7, 8, 9]

Ein unübersehbarer Vorteil der Miliz liegt in der Möglichkeit zur geschickten Ausnützung der Fertigkeit, der Bildung und der körperlichen Ertüchtigung aus dem Zivilleben. Als eine neue Panzerabwehrwaffe in unserer Armee

... während auf der Südseite (Kasernenhof) sogenannte Annexbauten mit Büros, Putzhallen und zwei Treppenhäusern die alten «WC-Türme» ersetzten.

eingeführt wurde, waren erste Simulationsgeräte in englischer Sprache beschriftet. Wer meinte, unsere Rekruten, Auszüger oder Landwehrmannen seien dem Verwirrspiel mit «hit» und «miss» nicht gewachsen, der sah sich getäuscht. Ein weiterer Vorteil der Miliz liegt zweifellos darin, dass ein Grossteil unserer Bürger die Armee von innen her kennt. Manche Diskussion wird so auf kundigerem Boden betrieben, als wenn es nach dem berühmten «mer het gseit» geht.

Schliesslich wollen wir den dissuasiven Wert einer Milizarmee nicht übersehen: mancher Staatsbesucher aus verschiedensten Kontinenten und politischen Systemen hat sich davon überzeugt, dass eine gut ausgebildete Miliz mit einem gesunden Selbstvertrauen es einer Berufsarmee sehr schwer machen kann. So wissen wir, dass während des Zweiten Weltkrieges ein Angriff auf die Schweiz nicht zuletzt deswegen unterblieb, weil das Gelände, die materielle Kriegsbereitschaft und das Können der Weltkriegsgeneration den Eintrittspreis zu hoch angesetzt hätten.

Nachteile der Miliz

Ein erster Nachteil der Miliz besteht gerade heute darin, dass ihr bei einem «Überfall» nach dem Prager Muster oder wie in Kabul etwelche Schwierigkeiten entstehen können. Das ist durchaus erkannt und es sind Massnahmen getroffen worden, die Bereitschaft zu erhöhen. Zudem gibt es auch im schweizerischen Milizsystem Berufssoldaten: ich denke an das Überwachungsgeschwader, an das Festungswachtkorps. Ihnen gibt die Notwendigkeit, die Vorwarnzeit mehr und mehr zu verkürzen, besondere Aufgaben. «Milizarmee und technischer Fortschritt» ist ein weiteres Problem. Ich teile die Auffassung derer, die eine Lösung sehen in «kundengerechten» Geräten, entsprechend der technischen Fähigkeit der jun-

Über die Belastung der Milizoffiziere ist schon viel geschrieben worden. Das Bulletin Nr. 1/84 des Schweizerischen Arbeitskreises Militär + Sozialwissenschaften enthält eine detaillierte Untersuchung über die ausserdienstliche Belastung von Offizieren der Grenzdiv 7 im Jahre 1979. Eine Umfrage unter 40 Offizieren der Felddiv 5, bezogen auf das Jahr 1985, ergab folgende Durchschnittswerte (weil 1985 kein taktischer Kurs stattfand, liegen die mehrjährigen Mittelwerte um ca. 4 Tage höher):

Anzahl Diensttage gemäss Dienstbüchlein	34
Anzahl Tage für ausserdienstlichen Einsatz	10
Total	44

Befragt wurden Offiziere vom Hauptmann bis zum Oberst, verteilt auf die Funktionen Kommandant und Stabsoffizier. Kommandanten weisen mehr Tage auf als Stabsoffiziere, Einheitskommandanten infolge der Beförderungsdienste am meisten.

gen Generation. Jeder Krieg beweist es immer wieder: nur das Einfache hilft und kommt zum Tragen. Ausgeklügelte Geräte im «Gefecht der verbundenen Waffen» erfolgreich zum Einsatz zu bringen hat auch schon Berufsarmeen überfordert. Weit gefährlicher als technisches Ungenügen scheint mir eine geistige Haltung zu sein, die da meint, das Kriegsgenügen der Miliz werde an ihrem Können gemessen. Diese Überlegung ist grundfalsch. Massstab für das eigene Können sind die Möglichkeiten des Feindes, und zwar die gefährlichsten; wer als Grossmacht einen neutralen Kleinstaat mit Milizheer angreift, der braucht einen raschen Erfolg, um sein Renommee nicht zu beeinträchtigen. Er wird also massiv angreifen, um den Sieg in kurzer Zeit an seine Fahne heften zu können. Doch hier liegt auch unsere Chance: eine gut ausgerüstete und kampfbereite Milizarmee in einem für die eigene Kampfführung günstigen, mit massiven Verstärkungen hergerichteten Gelände kann das professionelle Heer abhalten, weil es keine Situation vorfindet, die seinen Kriterien entspricht.

Eine Schwäche der Miliz sehe ich darin, dass wegen der Belastung im «Zweitberuf Soldat» eine Konkurrenzsituation mit der zivilen beruflichen Karriere entsteht. Die Zahl der Dispensationsgesuche hat nicht abgenommen, und der Druck der Arbeitgeber auf die Wehrpflichtigen ist auch nicht schwächer geworden, um es nobel zu formulieren. Andererseits sei zugegeben, dass die Armee von der Lebenserfahrung, dem Verantwortungsbewusstsein und beruflichen Können des Soldaten profitiert. Zugleich steht fest, dass manche zivile Führungslaufbahn in der militärischen Führungsschulung ihren Anfang nahm.

Eine letzte Bemerkung zum Thema «Nachteile des Milizsystems». Im System von «Bürger und Soldat in einem» ist der Transfer von Erkenntnissen und Verhaltensweisen vom Zivilen hin in die Armee und umgekehrt besonders intensiv. Viele besorgte Bürger sehen «Weichheit und Lässigkeit» in die Armee einziehen und befürchten den gekonnten Umgang mit Sprengmitteln am falschen Ort. Aber obwohl es schwieriger geworden ist, formelle

Das Milizsystem ist für unsere Armee eine conditio sine qua non. Der mit einer Berufsarmee verbundene Verzicht auf das geschichtsverankerte, für den Erhalt des Wehrwillens so entscheidende «Bürger und Soldat»-Sein würde über kurz oder lang zu einer Entfremdung zwischen Volk und Armee führen.

Korpskommandant Eugen Lüthy, Generalstabschef

Elemente etwa und den unerlässlichen Waffendrill durchzusetzen, erweist es sich, dass Kameradschaft in der kleinen Gruppe und Verantwortungsbewusstsein obsiegen. Anders gesagt: auch heute noch und gerade heute wieder gelingt es einer vernünftigen Didaktik und einer kundigen Führung, aus wehrbereiten Bürgern gute Soldaten zu machen.

Versuch einer Synthese

Ein sorgsames Abwägen von Pro und Contra zeigt mir, dass die Milizarmee eines neutralen Kleinstaates mit einer langen Tradition auch heute durchaus tauglich ist, den Verteidigungsauftrag zu erfüllen. Allerdings braucht es einige Voraussetzungen, und nicht nur die Meinung, die Miliz sei «billiger». Der Bürger als Soldat muss bereit sein, alles, auch sein Leben, für die Verteidigung der Unabhängigkeit der Gemeinschaft in Freiheit einzusetzen. Die militärischen Chefs aller Grade müssen die Bereitschaft beweisen, ständig Neues hinzuzulernen und die daraus resultierenden Belastungen im Zivilleben auf sich zu nehmen. Die Anerkennung ihrer Truppe ist ihr bester und schönster Lohn. Der Bürger und seine politischen Vertreter müssen dem Soldaten das geeignete Werkzeug in die Hand geben, damit er viele Chancen hat, eine militärische Auseinandersetzung zu bestehen. Dabei kommt es weniger darauf an, was man sich leisten will, sondern was man, in Ansehen der Bedrohung, sich leisten muss. Die zivilen Behörden auf allen Stufen haben den Kontakt zur Truppe zu pflegen und ihr so zu zeigen, dass die Leistungen des Bürger-Soldaten anerkannt werden. Letztlich hängt auch das Funktionieren des Milizsystems von geistigen Überzeugungen ab: dem entschlossenen Willen, mit der Klammer des Milizsystems die Willensnation Schweiz noch enger zusammen zu halten, dem Willen der Bürger, die Verteidigung der Heimat selber in die Hand zu nehmen und sie nicht zu delegieren, und schliesslich die Übereinstimmung zwischen militärischer Führung und politischer Führung: diese setzt die Ziele und gibt die Mittel, mit denen die Milizarmee ihre Aufgaben erfüllen kann.

Dominique Brunner

Anstelle eines Nachwortes

Unsere Armee an der Jahrtausendwende

Solschenizyn schreibt im «Roten Rad. August 14» von einer seiner Gestalten, deren Gedanken hätten immer häufiger um Vergangenes gekreist. Das sei das Zeichen, dass man den Höhepunkt überschritten habe und alt werde. Einiges, was auf das Individiuum zutrifft, gilt auch für Gemeinschaft und Volk. Alte Kulturvölker wenden den Blick gern, gelegentlich sehnsüchtig zurück, vor allem wenn die Vergangenheit glorreich war oder scheint, sich jedenfalls in rückblickender Verklärung vorteilhaft abhebt von der Gegenwart mit all ihren greif- und spürbaren Unzulänglichkeiten und Herausforderungen. Armeen oder Teile derselben entgehen diesem Phänomen nicht. Im gegenwärtig militärisch nicht eben imposanten Österreich gedenkt man gern der militärisch besseren Zeiten; die französische Armee fand mehrmals, wenn sie geschlagen worden war oder auch nach der Liquidierung des Kolonialreiches, als sie Bestände und Bedeutung hatte dahinschmelzen sehen, in der Erinnerung an 1792–1815 sowie 1914–1918 Halt und Trost.

Diesem Reflex entspringen die in letzter Zeit erschienenen Gedenkbücher, «Geschichten» oder Rückblicke schweizerischer Heereseinheiten oder Truppenkörper zum Teil sicher auch, aber eben nur zum Teil. Weder ist unsere Armee vor kurzem geschlagen worden, noch steht sie – was immer ein paar Wirrköpfe auf dem Initiativweg zu betreiben suchen – vor der Abschaffung. Aber, wie beim älter werdenden Menschen Solschenizyns, erscheint unsere Armee als eine alte Institution. Sie ist so alt wie der Bundesstaat, und in ihrem Aufbau und ihrem Organisationsprinzip etwa so alt wie die gültige Bundesverfassung, seit 1874 also am Leben. Welche andere Armee hat ihr Wesen im Verlauf von mehr als einem Jahrhundert so wenig grundsätzlich verändert? Welche andere Armee hat eine vergleichbare Konstanz, Kontinuität über nun mehr als ein Jahrhundert aufzuweisen? In Europa jedenfall keine; innerhalb der betrachteten Zeitspanne führte Grossbritannien die allgemeine Wehrpflicht erstmals ein, baute sie ab, nutzte sie voll aus und schaffte sie wieder ab; Frankreich ging vom Millionenheer der ersten Hälfte des Jahrhunderts zur heutigen «Armée de Terre» von rund 300000 Männern und Frauen über, davon bloss knappe zwei Drittel Wehrpflichtige, während Deutschland – mit 7 Millionen Soldaten Ende 1944 – als westdeutsche Bundesrepublik nunmehr gerade eine halbe Million Soldaten – ohne Reservisten – zählt und sich mit dem Problem der «Wehrgerechtigkeit» herumschlägt.

Die einmalige Konstanz der Institution schweizerische Milizarmee könnte zum bildhaften Vergleich mit einem Menschen verleiten, der ein hohes Alter in ungewöhnlich guter geistiger und körperlicher Verfassung erreicht hat, der seinen Weg konsequent ging, dem berauschender Erfolg ebenso fremd ist, wie ihm schlimmstes Leid erspart blieb – obwohl er seine Sorgen und Gebresten hatte. Der Vergleich würde sehr hinken, weil die Schweiz zwar an sich ein ehrfurchtgebietendes Alter erreicht hat, in ihrer neuesten und gültigen Staatsform des demokratischen Bundesstaates seit bald 140 Jahren existiert, indessen keinesfalls auf dem Sterbebett liegt, sondern ein vitales, modernes, von einem sehr breiten, an der Urne häufig genug bewiesenen Konsens des Volkes getragenes Staatswesen bildet.

Die Neigung zum Rückblick erklärt sich also primär aus einer anderen Gemütslage, der Rückblick erfolgt zu anderem Zweck, namentlich in der vorliegenden Schrift. Will der Einzelne wie der Staat die Zukunft meistern, muss er wissen, woher er kommt, muss er sich über seine Identität im klaren sein. Erst dann wird er seine Möglichkeiten richtig ab- und einschätzen können. Das gilt in besonderem Masse bei ausgeprägt stabilen Verhältnissen, der erwähnten Konstanz. Wer über unsere Armee um die Jahrtausendwende nachdenkt, wie es im folgenden geschehen soll, muss sich stets diese Konstanz und die Konstanten der schweizerischen Landesverteidigung vergegenwärtigen. Er liefe sonst Gefahr, ins wilde Spekulieren zu geraten und an der helvetischen Realität vorbeizuschreiben oder vorbeizureden. Der kühne geistige Entwurf, in politischen wie militärischen Dingen, mag anregen, daher dann und wann gerechtfertigt sein, hat aber in unserem Land wenig Aussicht, rasch in die Tat umgesetzt zu werden, und droht entsprechend, Enttäuschung und Verwirrung zu hinterlassen.

Damit ist wohl zur Genüge dargetan, dass unsere Armee in fünfzehn Jahren, unter bestimmten Vorbehalten, mehr grundsätzliche Gemeinsamkeiten als Trennendes mit der heutigen Armee aufweisen wird. Die Vorbehalte: Kein grosser Krieg bis zur Jahrtausendwende, in den wir hineingerissen und besiegt würden, kein Verlust unserer Unabhängigkeit und keine grundlegenden Umwälzungen in Staatsaufbau und Staatsform. Nur die Katastrophe des grösseren Krieges – es braucht nicht der atomare Vernichtungsschlag zu sein –, und zwar insbesondere des verlorenen Krieges, könnte nach menschlichem Ermessen die Grundlagen unserer Milizarmee erschüttern. Hier wird davon ausgegangen, dass die blosse Drohung, zum Beispiel die atomare Erpressung einer in einer ersten Phase eines europäischen Krieges ausgesparten, dannzumal isolierten Schweiz, nicht hinreichen würde, uns auf die Knie zu zwingen. Das entspricht auch dem Geist des bundesrätlichen Berichtes von 1973 über unsere Sicherheitspolitik, in welchem unsere Strategie dauerhaft definiert wird. An den Regierenden liegt es, so – auch unter äusserstem Druck – zu handeln!

Die Frage drängt sich freilich auf, ob nicht Wandlungen des Kriegsbildes, beschleunigt hervorgerufen durch den rasanten technischen Fortschritt, uns innerhalb des hier ins Auge gefassten Zeitrahmens zu einschneidenderen Eingriffen in die Struktur der Armee, zu weitergehenden Modifikationen ihrer Aufgabenstellung, Anlass geben könnten. Die Frage lässt sich im Lichte der Erfahrung verneinen. Und das aus *einem* Grund vor allem. So eindrücklich sich der kriegstechnische Fortschritt ausnimmt, von der «Erfindung», dem oft beschworenen «technischen Durchbruch», bis zur Umsetzung desselben in einen militärisch relevanten Faktor vergeht auch heute noch überall Zeit, und zwar viel Zeit. Selbst dort, wo man, wie im sowjetischen System, hemmende Faktoren wie den Einfluss der öffentlichen Meinung, ein zähes parlamentarisches Seilziehen um Militärkredite nicht kennt, vergeht viel Zeit, bis völlig neue Waffen wirklich operationell sind. Wohl zündete die Sowjetunion, die Amerikaner damit offenbar überraschend, bereits im Sommer 1949 eine atomare Fissionsladung, und 1953, kurz nach dem ersten amerikanischen Versuch vom 1. November 1952, eine thermonukleare Waffe. Doch erst ab 1956/57 wäre die Sowjetunion in der Lage gewesen, mit einer bescheidenen Anzahl Bomber das amerikanische Territorium atomar anzugreifen. «In den frühen 60er Jahren besassen die USA mehr als 7000 strategische Atomwaffen ... Die Sowjetunion hatte weniger als 500 strategische Sprengkörper.»

(US-Verteidigungsministerium, 1.2.1983). Anfangs der 70er Jahre hatten die Sowjets nach groben Kriterien die USA nuklearstrategisch eingeholt; bis sie die noch heute bestehende Situation geschaffen hatten, die durch ein markantes, teilweise auswertbares sowjetisches Übergewicht in bezug auf die Atomwaffen interkontinentaler Reichweite gekennzeichnet ist, dauerte es bis zum Beginn der 80er Jahre. Und die Schlagzeilen liefernde sogenannte SDI, «Strategic Defense Initiative» der USA stellt fürs erste ein reines Forschungsprogramm dar, dessen Ergebnisse im einzelnen ungewiss bleiben, ein Programm, das die Grundlagen für politische Entscheidungen in den frühen 90er Jahren schaffen soll. Daraus folgt, dass eine wirkungsvolle, vorwiegend raumgestützte Verteidigung gegen ballistische Lenkwaffen bestenfalls in rund eineinhalb Jahrzehnten voll einsatzfähig sein kann. Und auch dann wird sie das nukleare Damoklesschwert nicht beseitigen!

Für den konventionellen Bereich, der uns vor allem interessiert, gilt diese Feststellung, wonach die kriegstechnischen Realitäten in der Praxis, über das ganze Spektrum betrachtet, nicht schlagartig ändern, erst recht. Der letzte mit Blick auf einen grösseren Waffengang in Europa schlüssige Erkenntnisse vermittelnde Krieg, der israelisch-arabische Krieg vom Oktober 1973 (Yom Kippur), wurde mit Panzern ausgefochten und entschieden, die in den 40er oder 50er Jahren entwikkelt worden waren: Diese – kampfwertgesteigerten – Centurion bilden nach wie vor mehr als ein Viertel des israelischen Panzersortiments, die amerikanischen M-48 und M-60 machen die Hälfte des israelischen Panzerbestandes aus, vom modernen Merkava gibt es ein paar hundert. Von den 12000 Kampfpanzern, über welche die USA 1984 verfügten, waren nur 1500 neueste M-1. Und selbst im Fall der hochgerüsteten Sowjetunion, die mit 51000 Kampfpanzern über die grösste Panzerflotte aller Zeiten verfügt, waren 1984 rund 70 Prozent Panzer der Modelle T-54 bis T-62, die sich in allen Nahostkriegen als unterlegen erwiesen haben.

Im Jahre 2000 wird somit – vorbehältlich der genannten katastrophalen Entwicklungen –, in der Annahme also, dass die Schweiz als unabhängiger Staat mit demokratischen Institutionen und einem föderativen Aufbau fortbesteht, das Milizprinzip weiter gelten, die Armee zahlenmässig vergleichsweise stark sein, ihre uns heute vertraute Grundgliederung Realität sein. «Hausgemachte» politische Fehlentscheide werden dabei natürlich ausgeschlossen, zum Beispiel die Annahme der Initiative auf Abschaffung der Armee oder ein Ja des Volkes zu einer Neuauflage der am 26. Februar 1984 massiv verworfenen Zivildienstinitiative, die die Miliz in ihrem Lebensnerv bedrohte.

Mit der Erarbeitung eines zeitlich nicht limitierten «Armeeleitbildes», über welches der Bundesrat 1985 zuhanden der eidgenössischen Räte ausführlich berichtete (Bericht über das Armeeleitbild, vom 29. Mai 1985), ist die generelle Entwicklungsrichtung – bei Wahrung der notwendigen Flexibilität – festgelegt worden. Der strategische Auftrag der Armee ist im Bericht des Bundesrates über die Sicherheitspolitik vom 27. Juni 1973 so grundsätzlich umschrieben, dass es vernünftig erscheint anzunehmen, er werde essentiell auch noch in mehr als zehn Jahren gelten. Die Konzeption allerdings der militärischen Landesverteidigung, wie sie im bundesrätlichen Bericht vom 6.6.66 dargelegt ist, wird angesichts progressiver Veränderungen der Bedrohung Anpassungen erfahren müssen, aber das geschieht ja auch.

Daraus lässt sich ableiten, dass es im Jahre 2000 bei uns noch Armeekorps, Divisionen, Brigaden und Regimenter geben wird. Es ist also zu erwarten, dass es auch eine 5. Division geben wird, ob sie nun Felddivision oder sonstwie heissen wird. Die operative Doktrin der Abwehr – aus Verteidigung, Gegenangriff und Gegenschlag gemischt – wird wohl noch gelten, weil es dazu von den strategischen und geographischen Voraussetzungen her keine Alternative gibt. Je nach Perzeption des Kriegsbildes und nach Einschätzung der eigenen Möglichkeiten durch politische Führung und Armeeführung wird der Akzent etwas mehr auf dem «Verteidigen» oder der offensiven Kampfführung, auf taktischer oder operativer Stufe, liegen.

Die Mittel, über die die Milizarmee, insbesondere das Feldarmeekorps, verfügen wird, sind zu einem guten Teil voraussehbar. Die mechanisierte Division wird mit zwei Panzerregimentern zu 60 Leopard-Kampfpanzern, 120 leistungsfähigen Panzern also, einem Panzerartillerieregiment und Lenkwaffenflab ein wirkungsvoller Verband für Gegenschlag und Gegenangriff sein. Noch nicht erkennbar ist, wie die Panzergrenadiere ausgerüstet sein werden. Lässt sich bis dahin kein neuer Kampfschützenpanzer einführen, so müssen die heute verfügbaren M-113, genau genommen «gepanzerte Mannschaftstransportwagen», erheblich kampfwertgesteigert werden.

Die Felddivision wird wohl unverändert eine Masse von Infanterie umfassen, dannzumal mit Panzer 68 ausgestattet, deren Ablösung zu jenem Zeitpunkt vorbereitet oder eingeleitet sein sollte. Mit dem Entscheid auf Lizenzbau des Leopard II haben wir uns die Option gesichert, die mit der Zeit ratsame Kampfwertsteigerung des neuen Panzers vorzunehmen und allenfalls weitere zur Ablösung der Panzer 68 herzustellen. Vielleicht wird das die Lösung sein, vielleicht aber wird die Lösung darin bestehen, sich in der Felddivision mit *einem* kampfstarken Panzerbataillon zu begnügen (also Ausstattung mit Leopard II), während an die Stelle des zweiten Panzerbataillons – zurzeit Centurion – ein Jagdpanzer-Verband träte. Die Frage, ob Kanone oder Lenkwaffe, müsste dann sehr sorgfältig abgewogen werden. Die vorgenannte Infanterie wäre dann mit neuen Kurzstreckenpanzerabwehrmitteln ausgerüstet, wie sie sich gegenwärtig erst abzeichnen.

Als Schlüsselbereiche – von den Beschaffungskosten und vom Einfluss auf die Erfüllung des Auftrages her – erscheinen die Artillerie, alles was mit Luftverteidigung zu tun hat und die Luftmobilität sowie die Übermittlung, dies auf allen Stufen. Unsere Artillerie muss – und zwar noch vor dem Jahre 2000 – endlich befähigt werden, das entscheidende Mögliche zur Entlastung der Erdtruppen beizusteuern, nämlich im konventionellen Kampf eines der zwei Hauptkampfmittel des potentiellen Gegners niederzuhalten oder zu zerschlagen: die enorme gegnerische Artillerie. Dazu muss zunächst die Zielaufklärung in der Tiefe ermöglicht werden – Drohnen, man denkt jetzt daran –, dazu muss die nunmehr in Verbesserung befindliche Feuerleitung weiter technisch verbessert werden – Ermittlung der Wetterunstimmigkeiten, Übermittlung –, und überdies muss die Möglichkeit geschaffen werden, in grösserer Tiefe massive Schläge zu führen. Das letztere bedeutet Mehrfachraketenwerfer, die wohl auf Stufe Korps einzugliedern wären.

Ende Feuer!

Dass ein neues Kampfflugzeug in den 90er Jahren fällig ist, bestreiten nur wenige. Gerade die Bedeutung der Neutralitätsschutzphase zur Abwendung des Schlimmsten lässt ganz einfach keine Alternative zum bemannten Abfangsystem zu. Die heute ausserordentlich starke Kanonen-Fliegerabwehr bedarf der Ergänzung durch moderne Lenkwaffen. Der Streit zwischen dem Bedürfnis nach vielen Waffen – Einmann-Lenkwaffe – und dem Bedürfnis nach einem leistungsfähigeren, weiter reichenden Lenkwaffensystem ist unvermeidlich. Er sollte im Sinn des uralten militärischen Grundsatzes der Schwergewichtsbildung entschieden werden. Die Forderung nach Luftmobilität wird auch bei uns seit geraumer Zeit zu Recht erhoben. Fest steht bei dem hier gewählten Zeithorizont nur, dass dieses eminente Bedürfnis wenigstens partiell befriedigt sein muss.

Wenn oben postuliert wurde, dass unsere Armee in ihrer Grundstruktur um die Jahrtausendwende fortbestehen werde, so ist damit noch nichts über ihren Gesamtumfang ausgesagt. Auch wenn sie nur acht oder zehn Divisionen umfasste, wäre sie zahlenmässig überdurchschnittlich. Statt angesichts eines Geburtenrückganges sich den Kopf darüber zu zerbrechen, wo man noch allerletzte Reserven zusammenkratzen könne, täte man besser daran, im Rahmen von Milizorganisation und allgemeiner Wehrpflicht mehr eine qualitative denn eine quantitative Verbesserung anzustreben.

Eine im Jahre 2000 nach wie vor ernstzunehmende, ihrem Doppelauftrag der Dissuasion und der Verteidigung gewachsene Armee setzt neben Einsicht und Wehrwille in Volk und Truppe namentlich auch eines voraus, und das mehr als in der Vergangenheit: die Bereitschaft zu finanziellen Opfern.

Anhang

Tabelle der Divisionskommandanten

Rothpletz Christian Emil
1875–1883

Zollikofer Ludwig Arnold
1884–1888

Müller Eduard
1889–1890

Rudolf August Carl
1891–1895

Schmid Wilhelm
1913–1918

Sonderegger Emil
1918–1920

Sarasin Charles
1920

Biberstein Arnold
1920–1925

Wacker Paul
1944–1950

Frick Robert
1951–1955

Küenzy Fred
1956–1962

Walde Karl
1963–1969

Keller Arnold
1896–1898

Scherz Alfred
1899–1904

Iselin Isaak
1905–1912

Audéoud Alfred
1912

Favre Guillaume
1926–1931

Miescher Rudolf
1931–1934

Bircher Eugen
1935–1942

von Erlach Rudolf
1942–1944

Trautweiler Hans
1969–1977

Halter Pierre-Marie
1978–1985

Frey Werner
ab 1986

Tabelle der Brigade-/Regimentskommandanten

5. Armeedivision (1874–1911)

Kommando	Grad	Name	Wohnort
Infanterie-Brigade 9			
1874	Brigadier	Frei Emil	Basel
1883	Brigadier	Bischoff Wilhelm	Basel
1891	Brigadier	Scherz Alfred	Bern
1899	Brigadier	Iselin Isaak	Basel
1905	Brigadier	Schiessle Paul	Solothurn
1910	Brigadier	Immenhauser Gottfried	Bern
Infanterie Brigade 10			
1874	Brigadier	Saxer Adolf	Niederlenz
1883	Brigadier	Marti Franz	Othmarsingen
1894	Brigadier	Gutzwiller Stephan	Bern
1896	Brigadier	Siegfried Fritz	Aarau
1899	Brigadier	Bertschinger Otto	Lenzburg
1905	Brigadier	Irmiger Heinrich	Lenzburg
1909	Brigadier	Belart Wilhelm	Olten
Artillerie Brigade 5			
1874	Brigadier	von Greyerz Walo	Lenzburg
1883	Brigadier	Perrochet Edmond	La Chaux-de-Fonds
1893	Oberstlt	Erismann Max	Brestenberg
1895	Oberstlt	Buser Jakob	Sissach
1898	Oberstlt	Müller Armin	Thun
1899	Oberstlt	Frey Julius	Zürich
1900	Oberstlt	Knecht Jakob	Zürich
1905	Oberstlt	Müller Gustav	Hottingen
1910	Oberstlt	Garonne Alexis	Liestal

4. Division (1912–1937)

Kommando	Grad	Name	Wohnort
Infanterie Brigade 10			
1912	Oberst	Pfyffer Hans	Luzern
1918	Oberst	Staub Hans	Luzern
1923	Oberst	Renfer Hermann	Basel
1927	Oberst	Schmid Peter	Basel
1932	Oberst	Spinnler Paul	Liestal
Infanterie Brigade 11			
1911	Oberst	Oegger Fritz	Luzern
1918	Oberst	Jecker Hans	Solothurn
1924	Oberst	Meyer Hermann	Zürich
1927	Oberst	von der Mühll Karl	Basel
1932	Oberst	Ranus Paul	Basel
1937	Oberst	Stüby Alfred	Bern
Infanterie Brigade 12			
1912	Oberst	Belart Wilhelm	Olten
1915	Oberst	Feldmann Markus	Thun
1918	Oberst	Senn Otto	Basel
1920	Oberst	Roost Heinrich	Luzern
1921	Oberst	Meyer Ludwig	Luzern
1925	Oberst	Bircher Eugen	Aarau
1935	Oberst	Renold Karl	Aarau
Artillerie Brigade 4			
1912	Oberst	Imboden Karl	Murgenthal
1916	Oberst	Lohner Emil	Bern
1921	Oberst	Pfister Hans	Bern
1923	Oberst	Walty Fritz	Genf
1930	Oberst	Labhart Jakob	Bern
1932	Oberst	Bandi Hans	Bern
1934	Oberst	Marcuard Daniel	Muri b. Bern

Neue 5. Division (1938–1948)

Kommando	Grad	Name	Wohnort
Inf Rgt 4			
1938	Oberstlt	Schmid Karl	Aarau
1941	Oberst	de Muralt Pierre	Muri b. Bern
1943	Oberst	Rathgeb Charles	Bern
1944	Oberst	Frey Gustav Adolf	Aarau
1945	Oberst	Döbeli Walter	Schönenwerd
Inf Rgt 23			
1938	Oberstlt	Reber Albert	Basel
1941	Oberstlt	Gattiker Walter	Zürich
1945	Oberstlt	Rickenbacher Hans	Aarau
1948	Oberstlt	Kistler Ernst	Brugg
Inf Rgt 24			
1938	Oberstlt	Strauss Jean	Liestal
1940	Oberstlt	Wagner Ernst	Bern
1941	Oberst	Büttikofer Otmar	Urtenen
Art Rgt 5			
1938	Oberstlt	Kramer Hans	Basel
1942	Oberst	von Sury Ulrich	Zürich
1945	Oberst	Felber Karl	Aarau

Nachkriegsdivision 5 (1948–1961)

Kommando	Grad	Name	Wohnort
Inf Rgt 23			
1948	Oberst	Kistler Ernst	Brugg
1951	Oberst	Kuenzy Fritz	Bern
1953	Oberst	Siegwart Benno	Aarau
1957	Oberstlt	Gebhard Fritz	Hallwil
1960	Oberst	Walde Karl	Aarau
Inf Rgt 24			
1948	Oberst	Frey Gustav Adolf	Aarau
1949	Oberst	Widmer Ernst	Bern
1953	Oberst	Burckhardt Peter	Bern
1957	Oberst	Rengel Heinrich	Zürich
Inf Rgt 27			
1948	Oberst	Friedli Friedrich	Zürich
1949	Oberst	Fischer Ernst	Münsingen
1952	Oberst	Streit Karl	Zürich
1955	Oberst	König Fritz	Zürich
1960	Oberstlt	Brunner Walter	Zürich
Art (Hb) Rgt 5			
1948	Oberst	Felber Karl	Aarau
1949	Oberstlt	Barrelet Charles	Zofingen
1956	Oberstlt	Wettstein Rudolf	Zürich
1959	Oberst	Jaberg Hans	Magadino

Grenz-/Felddivision 5 (1962–1985)

Kommando	Grad	Name	Wohnort
Inf Rgt 22			
1962	Oberst	Gürtler Hans	Liestal
1964	Oberst	de Smit Gottfried	Basel
1967	Oberst	Huber René	Liestal
1971	Oberst	Wamister Emil	Reinach BL
1975	Oberst	Wyss Paul	Biel-Benken
1979	Oberst	Wetzel Gerhard	Ettingen
1983	Oberst	Jeker Robert	Bottmingen
1986	Oberst	Brunner Dominique	Küsnacht ZH
Inf Rgt 23			
1962	Oberst	Walde Karl	Aarau
1963	Oberst	Röthlisberger Fred	Aarau
1966	Oberst	Senn Hans	Wettswil
1969	Oberst	Eichenberger Kurt	Aarau
1972	Oberst	Trachsel René	Leutwil
1976	Oberst	Knüsel Fritz	Zofingen
1979	Oberst	Biland Hans-Rudolf	Gelterkinden
1983	Oberst	Wolf Peter	Bülach
1986	Oberst	Zoller Rudolf	Oberentfelden
Inf Rgt 24			
1962	Oberst	Hemmeler Hans	Aarau
1965	Oberst	Baumgartner Richard	Küsnacht
1969	Oberst	Stutz Alfred	Baden
1973	Oberst	Ursprung Rudolf	Zofingen
1976	Oberst	Wittlin Felix	Ennetbaden
1979	Oberst	Huber Hansjörg	Zurzach
1982	Oberst	Schwammberger Eugen	Luzern
1984	Oberst	Nöthiger Fritz	Aarau
Art Rgt 5			
1962	Oberstlt	Hauser Ernst	Schaffhausen
1965	Oberstlt	Ruh Hans	Frauenfeld
1968	Oberst	Häfliger Bernhard	Basel
1970	Oberstlt	Wettstein Georg	Küsnacht
1973	Oberst	Gsell Pierre	Morges
1977	Oberstlt	Marzetta Bernardo	Riehen
1980	Oberst	Zwimpfer Gottlieb	Riehen
1984	Oberst	Lenz Peter	Basel

Tabelle der Stabschefs

1875–76	Rudolf August	1932–35	Gübeli Alfred
1877	Colombi Enrico	1936–37	von Albertini Hugo
1878	Fahrländer Karl	1938–39	Wagner Ernst
1879–85	Fahrländer Eugen	1940–42	Werder Wilhelm
1886–90	Wassmer Gottlieb	1943–44	Stöcklin Ernst
1891	Weber Robert	1945	Germann Otto
1892–94	Markwalder Traugott	1946–48	Widmer Ernst
1895–98	Köchlin Karl	1949–50	Küenzy Fred
1899–1904	Ringier Rudolf	1951–53	Huber Emmanuel
1905–08	Wieland Alfred	1954–56	Bircher Heinrich
1909–10	Feldmann Markus	1957–59	Walde Karl
1911	Füglistaller Bernhard	1960–62	Röthlisberger Fred
1912	Dormann Leo	1963–65	Senn Hans
1913–14	Mercier Philipp	1966–68	Stutz Alfred
1915–18	Wille Ulrich	1969–71	Trachsel René
1919	Häusermann Emil	1972–75	Wittlin Felix
1920	Juchler Hans	1976–78	Koblet Hans
1921–25	Schué Alfons	1979–81	Schwammberger Eugen
1926–28	Hartmann Robert	1982–83	Nöthiger Fritz
1929	Constam Herbert	1984–85	Frey Werner
1930–31	Marty Erich	1986–	Jeker Robert A.

Verzeichnis der Signaturen und Abkürzungen

Hierarchische Gliederung

- Division (Div)
- Brigade (Br)
- Regiment (Rgt)
- Bataillon/Abteilung/Schwadron (Bat/Abt/Schw)
- Kompanie/Batterie/Kolonne (Kp/Bttr/Kol)
- Detachement (Det)
- Stab
- Stabsformation (Stabs Fo)

Kampftruppen

Infanterie (Inf) →

- Nachrichten (Na)
- Grenadier (Gren)
- Panzerabwehr (Pzaw)
- Panzerabwehrlenkwaffe (PAL)
- Fliegerabwehr (Flab)
- Train (Tr)

Mechanisierte und Leichte Truppen (MLT) →

- Dragoner (Drag)
- Panzer (Pz)
- Aufklärung (Aufkl)
- Radfahrer (Rdf)
- Panzerabwehrkanone (Pak)

A	Typ A	IK	Infanteriekanone	Mw	Minenwerfer
B	Typ B	Kan	Kanone	Pf Sst	Pferde Sammelstelle
Beob	Beobachter	Kp	Kompanie	S	Schützen
F	Feld	L	Leichte	Sch	Schwer
Fk	Funk	Laz	Lazarett	Tg	Telegraph
Geb	Gebirge	Mitr	Mitrailleur	Verw	Verwaltung
Gz	Grenze	Mob	Mobil		
Hb	Haubitze	Mot	Motorisiert		

Unterstützungstruppen

- Artillerie (Art) →
  - Panzerhaubitzen (Pz Hb)
  - Gezogene Artillerie (Gez Art)
  - Schwere Minenwerfer (Sch Mw)
- Fliegerabwehr (Flab)

Technische Truppen

- Genie (G)
- Übermittlung (Uem)

Logistische Truppen

- Sanität (San)
- Sanitätstransport (San Trsp)
- Veterinär (Vet)
- Versorgung (Vsg) →
  - Verpflegung (Vpf)
  - Material (Mat)
  - Reparatur (Rep)
  - Motortransport (Mot Trsp)
  - Strassenpolizei (Str Pol)
  - Munition (Mun)
  - Feldpost (FP)

Anmerkungen und Quellen

A. Linder

Schweizergeschichte

- Bucher Erwin, Die Bundesverfassung von 1848.
- von Greyerz Hans, Der Bundesstaat seit 1848, in: Handbuch der Schweizer Geschichte, Band 2, Zürich 1977.
- Hilty Carl, Die Bundesverfassung der Schweizerischen Eidgenossenschaft, Bern 1891.

Militärgeschichte Schweiz

- Bundesblatt der schweizerischen Eidgenossenschaft 1874–1912, betr. Militärgesetzgebung, Schultableau.
- Bericht des schweizerischen Bundesrates an die Bundesversammlung über seine Geschäftsführung, Jahre 1874–1912, betr. Militärwesen.
- Reglemente:
  - Exerzierreglemente ... 1891 ...
  - Notizen über Organisation und Stabsdienst ... 1893.
  - Verwaltungsreglemente 1882, 1885.
  - Verzeichnis der Reglemente und Dienstvorschriften, 1901.
  - Liederbuch des schweizerischen Wehrmannes 1883.
- Aversano Cido, 12 Grenzbesetzungen seit 1815, SA aus ASMZ ...
- Egli Karl und Feldmann M., Schweizer Heereskunde, Zürich 1912.
- Feiss Joachim, Das Wehrwesen der Schweiz,
  - 2. Auflage, Zürich 1850.
  - 3. Auflage, Zürich 1895.
  - 4. Auflage, neu bearbeitet von Isler Johann, I. Band: Zürich 1914, II. Band: Zürich 1915.
- Balmer und Wieland (Hrsg), Illustriertes Jahrbuch der Schweizerischen Armee, Bern und Biel 1893, Bern 1894.
- Kurz Hans Rudolf, Das Schweizer Heer, von den Anfängen bis zur Gegenwart, Dietikon-Zürich 1969.
- Kurz Hans Rudolf, Hundert Jahre Schweizer Armee, Thun o. J.
- Kurz Hans Rudolf, Die Geschichte der Schweizer Armee, Frauenfeld 1985.
- Rapold Hans, Strategische Probleme der schweizerischen Landesverteidigung im 19. Jahrhundert, Zürich 1951.
- Stab der Gruppe für Generalstabsdienste Abteilung Mobilmachung (Hrsg), Die Mobilmachung der Schweizer Armee in den letzten 100 Jahren, o. O. 1985.

Truppengeschichte

- Hofer Viktor, Der schweizerische Generalstab, Band II, Basel/Frankfurt a. M. 1983.
- Kommando FAK 2 (Hrsg), Das Feldarmeekorps 2 in der 100jährigen Geschichte der Schweizer Armee, Derendingen-Solothurn 1975.
- Ritschard Paul (Hrsg), Die Berner Division, Bern 1985.
- Centre d'Histoire ..., Eidg. Militärbibliothek ... (Hrsg), Die 7. Division, Zur Geschichte der Ostschweizer Truppen, Lausanne 1981.
- Zschokke Rolf, Die Infanterie-Brigade 12, SA aus der «Festschrift Eugen Bircher», Aarau 1952.
- Stammbach W. u. a. (Hrsg), Denkschrift des Füsilier-Bataillons 55 1874–1924, Zofingen 1925.
- Wolf Peter u. a., 100 Jahre Füs Bat 55, Zofingen 1975.

1) Hand- und Faustfeuerwaffen, S. 86.
2) Hofer, S. 118 ff.
3) Quellenangaben bei Hofer, S. 129 f, Anm. 105–118.
4) vgl. die entsprechenden Jahrgänge der verschiedenen Militärzeitschriften, ferner Hofer, S. 24 ff.
5) «Das Bundesheer begreift neben dem Generalstab und den Stäben der einzelnen Heeresteile folgende Truppengattungen in sich:
   a. Infanterie: (Füsiliere und Schützen);
   b. Kavallerie: (Dragoner und Guiden);
   c. Artillerie: (Kanoniere, Trainsoldaten, Parksoldaten und Feuerwerker);
   d. Genie: (Sapeure, Pontonniere, Pioniere);

e. Sanitätstruppen;
f. Verwaltungstruppen.»
Militärorganisation 1874, Art. 7.
6) a. a. O., Art. 103 ff., 107 ff., 113 ff., 120 ff., 125 ff., 131 ff. ev: vgl. Tabelle, S. 28.
7) BBl (Bundesblatt) 1874/3, S. 368.
8) Staatsarchiv Aarau, Tagebuch Arnold Keller, 28. Mai 1883.
9) a. a. O., 29. Juli 1878, 31. August 1897.
10) Prozessakten des Divisionsgerichts V vom 18. September 1890 und vom 10. Februar 1894, BAr, E 27, 8940.
11) BAr, E 27, 7357.
12) BAr, E 27, 7385, Instruktionsplan für den Vorkurs.
13) Berichte über die Truppendienste, 1885, BAr, E 27, 7385.
14) 10. November 1895, EMD an die Waffen- und Abteilungschefs, BAr, E 27, 4486.
15) a. a. O.

- Erne Victor u. a., 100 Jahre Füs Bat 46, Notizen zur Bat Geschichte, (Zeitungsausschnitt) Wohlen 1975.
- Major Ruf u. a., 100 Jahre Füs Bat 56, Geschichte, Erinnerungen, Veränderungen, Reinach 1975.
- Gelzer Thomas, Geschichte des Schützenbataillons 5, Liestal 1966.
- Walliser Otto, Das Bataillon 49 im Manöver des II. Armeekorps Herbst 1910, Arlesheim 1910.

Wiederholungskurse und Manöverübungen

- Akten des Bundesarchivs zu den Truppenzusammenzügen der entsprechenden Jahre, Bestände BAr, E 27, 7377 ff.
- Ballmer W. und Lang C., Erinnerungen an den Truppenzusammenzug 1877, Liestal o. J.
- Farner Ulrich, Die III. und V. Armeedivision im Felde, Eidgenössischer Truppenzusammenzug vom 1.–9. September 1885, Zofingen o. J.
- Divisions- und Brigade-Übungen 1889, III. und V. Armeedivision. ASMZ 1889, S. 431 ff. und ASMZ 1890, S. 194 ff.
- Sandreuter Hans, Skizzen aus schweiz. Truppenzusammenzügen 1891 und 1893, Basel o. J.
- Borel, Lt Colonel, Les manœuvres du IIe corps d'armée en 1897, Revue Militaire Suisse 1897/98.
- Keller Arnold, Erinnerungen an mein interimistisches Kommando des II. Armeekorps beim Truppenzusammenzug vom 27. August bis 17. September 1897, Staatsarchiv Aargau, Nachlass Arnold Keller, Tagebuch 55.
- Polygraphisches Institut, Die Manöver des II. Armeecorps (Herbstübung vom 1.–18. September 1901), Zürich o. J.
- Die Manöver des 2. Armeekorps 1910, Als Manuskript gedruckt, Bern 1911.
- Walliser Otto, Das Bataillon 49 im Manöver des II. Armeekorps Herbst 1910, Arlesheim 1910.

Biographisches

- Jaun Rudolf, Das eidgenössische Generalstabskorps 1804–74, Band 3, Eine kollektiv-biographische Studie, Basel/Frankfurt a. M. 1983
- Jaun Rudolf, Das eidgenössische Generalstabskorps, Eine kollektiv-biographische Studie, Manuskript.

Bewaffnung, Ausrüstung und Uniformierung

- Lichti J., Die schweiz. Feld- und Positionsartillerie in der zweiten Hälfte des 19. Jahrhunderts, in: Neujahrsblatt der Feuerwerker-Gesellschaft Zürich 1909.
- de Montet Jean, Les bouches à feu de l'artillerie suisse 1819–1939, Lausanne 1980.
- Reichel Daniel u. a., Das Feuer (III), Studien und Dokumente, Schweizerische Armee, Historischer Dienst, Bern 1983.
- Müller Hans u. a., Pontonniere, Fünfzig Jahre Schweizerischer Pontonnier-Fahrverein 1893–1943, Bern 1945.
- Schneider Hugo, Vom Brustharnisch zum Waffenrock, Frauenfeld 1968.
- Schweizerischer Schützenverein (Hrsg), Hand- und Faustfeuerwaffen Schweizerische Ordonnanz 1817–1967, Frauenfeld 1971.

J. Stüssi

1) Gaius Iulius Caesar, Commentarii Belli Gallici, I. 2, Editiones Helveticae, Series Latina I, Frauenfeld 1968^{7}.
Übersetzung: «Es gelang Orgetorix um so leichter, sie in dieser Richtung zu beeinflussen, als das helvetische Gebiet auf allen Seiten an natürliche Grenzen stiess. Auf der einen Seite war es der ausserordentlich tiefe und breite Rhein, der die Grenze zwischen dem helvetischen und germanischen Gebiet bildet, auf der andern Seite erhob sich zwischen den Helvetiern und den Sequanern das steile Gebirge des Jura, und endlich grenzten auf der dritten Seite der Genfer See und die Rhône das helvetische Gebiet gegen unsere Provinz ab.»
Gaius Iulius Caesar, Der Gallische Krieg, übersetzt von Marieluise Deissmann, Stuttgart 1981^{2}, 4.
2) Staehelin Felix, Die Schweiz in römischer Zeit, 3. Auflage, Basel 1948, 84–90.
3) Gaius Iulius Caesar, Commentarii Belli Gallici, I. 28.
4) Staehelin, a. a. O., 91–95.
5) Laur-Belart Rudolf, Führer durch Augusta Raurica, Basel 1978^{5}, 10, 11.
6) Filtzinger Philipp, Limesmuseum Aalen, 3. Auflage, Stuttgart 1983, 24.
7) Hartmann Martin, Das römische Legionslager von Vindonissa, Archäologische Führer der Schweiz 18, Brugg 1983, 5–6.
8) «vetera imperii munimenta»
Cornelius Tacitus, Historiarum Libri, IV. 26, Oxford 1982^{12}.
9) Hatt J. J., Strasbourg des origines à l'invasion des Huns, in: Histoire de Strasbourg, Strasbourg 1980, 86, 87.
10) ebenda und Filtzinger Philipp, Die Römer in Baden-Württemberg, Stuttgart und Aalen 1976^{2}.
11) Bögli Hans, Aventicum, Archäologische Führer der Schweiz 20, Avenches 1984, 41–47.
12) Burgenkarte der Schweiz, Blatt 2, Beschreibung der Objekte, Wabern 1978, 80.
13) Burgenkarte der Schweiz, Blatt 1, Beschreibung der Objekte, Wabern 1976, 21.
14) Beck Marcel u. a., Königsfelden, Olten und Freiburg im Breisgau 1980^{2}.
15) 5. Aufzug, 1. Szene
Schiller Friedrich, Wilhelm Tell, Stuttgart 1971, 101, 102.
16) Anshelm Valerius, Berner Chronik, Band I, Bern 1825, 140. Anshelm beruft sich ausdrücklich auf Caesar.
17) Schweizer Paul, Geschichte der Schweizerischen Neutralität, Frauenfeld 1895, 351–367.
18) ebenda, vgl. auch zum Beispiel:
Bessire Paul-Otto, Histoire du Jura bernois et de l'ancien Evêché de Bâle, Moutier 1977^{3};
Amiet Bruno und Sigrist Hans, Solothurnische Geschichte, Solothurn 1976;
Stritmatter Robert, Die Stadt Basel während des Dreissigjährigen Krieges, Europäische Hochschulschriften, Reihe III, Band 84, Bern/Frankfurt/Las Vegas 1977.
19) Mündliche Auskunft von Pestalozzi-Schäfer Martin, dessen Dissertation über das Schweizer Militärwesen in ausländischer Sicht im 18. Jahrhundert in Vorbereitung ist.
Vgl. dazu Heuberger Dagmar, Das Bild des Schweizer Wehrwesens im Urteil des Auslandes 1798–1815, Aarau 1982;
Barudio Günter, Der Teutsche Krieg (erscheint demnächst) und Wehrli Edmund, Schweiz ohne Armee – eine Friedensinsel?, Heft Nr. 3 der Schriftenreihe der GMS, Zürich 1985, 33, 47 (Anm. 113).
20) Hentznerus Paulus, Itinerarium Germaniae, Galliae etc., Noriberga 1629, 44.
21) Stelling-Michaud Sven (Hrsg), Unbekannte Schweizer Landschaften aus dem XVII. Jahrhundert, Zürich und Leipzig 1937, 58.
22) ebenda, 58, 59, 83.
23) Kunstführer durch die Schweiz, Band I, Bern 1971^{5}, 724.
Vgl. für die Kriegführung im Gebirge wäh-

rend des Zweiten Villmergerkrieges etwa Kurz Gottlieb und Lerch Christian, Geschichte der Landschaft Hasli, Meiringen 1979, 216–228.

24) Mittler Otto, Geschichte der Stadt Baden, Band I, Aarau 1962, 349, Band II, Aarau 1965, 29–38.

25) Stettler Michael und Maurer Emil, Die Kunstdenkmäler des Kantons Aargau, Band 2, Die Kunstdenkmäler der Schweiz, Band 29, Basel 1953, 264, 266.

26) Merz Walther, Zur Geschichte der Festung Arburg (sic), Aarau 1893.

27) Amiet Bruno und Sigrist Hans, Solothurnische Geschichte, Solothurn 1976, 427 ff.

28) Gutzwiller Hellmut, Geheime Nachrichtenübermittlung zwischen Luzern, Freiburg und Solothurn im konfessionellen Zeitalter, SA aus: Jahrbuch für Solothurnische Geschichte, Band 53, 1980.

29) Peter Gustav Jakob, Ein Beitrag zur Geschichte des zürcherischen Wehrwesens im XVII. Jahrhundert, Zürich 1907, 72, 73.
Vgl. dazu die Wachtfeuerkarte des alten Staates Bern, Beilage zu: Grosjean Georges, Berns Anteil am evangelischen und eidgenössischen Defensionale im 17. Jahrhundert, Bern 1953.

30) Bundesverfassung der Schweizerischen Eidgenossenschaft vom 29. Mai 1874, Art. 15 und Art. 16.

31) Imhof Eduard, Karte des Kantons Zürich aus dem Jahr 1667 usw., Dietikon-Zürich 1967.

32) Im Ausschnitt abgebildet bei Baumann Max, Geschichte von Windisch, Windisch 1983, 211.

M. Matter

Ungedruckte Quellen

- Bundesarchiv, Bestand E 27, Landesverteidigung 1848–1950
  13 501, Akten 4. Division 1914–1918
  13 549, Aufmarsch in der Nordwestschweiz 1914/1915
  13 560, Angriffsgefahren und Kriegsbereitschaft, 1914–1918
  13 530, Truppenaufgebote usw., 1914–1918
  14 109, Tagebücher von Einheiten und Stäben 4. Div.
  7 420/21, Manöver 2. Armeekorps 1914 und 1915
  7 354, Ausbildung, Allgemeines, WK
- Universitätsbibliothek Basel, Tagesberichte der 4. Division vom 3. 4.–16. 6. 1915.

Gedruckte Quellen

- Wille Ulrich, Bericht an die Bundesversammlung über den Aktivdienst 1914–1918, Zürich 1919.
- Wille Ulrich, Die Dienstfreudigkeit, Bern 1917.
- Sprecher von Bernegg Theophil, Einige Bemerkungen über die heutige militärpolitische Lage der Schweiz, SMH 1921, 145 ff.

Darstellungen

- Gedenkschrift über die Grenzbesetzung, Füs Bat 60, Aarau 1923.
- 1914–1919, Bataillon 59 im Aktivdienst, Aarau 1920.
- Denkschrift zum 50jährigen Bestehen des Füs Bat 55, Zofingen 1925.
- Erinnerungen des Füs Bat 56 an die Grenzbesetzung 1914–1918, Aarau 1937.
- Füs Bat 46, Erinnerung an die Aktivdienste 1914–1919, Aarau 1922.
- Füs Bat 43 im Aktivdienst 1914–1919, Luzern 1920.
- Füs Bat 45 im Grenz- und Ordnungsdienst 1914–1919, Luzern 1921.

- Aus den Tagen unserer Grenzbesetzung 1914–1918, Erinnerungen eines Unteroffiziers der Füs Kp I/52, Sissach 1924.
- IV/52 im Grenz- und Ordnungsdienst 1914–1919, Basel 1920.
- Infanterie-Regiment 22, Grenzbesetzung 1914–1917, Basel 1917.
- Bataillon 99 1915–1935, Ein Soldatenbuch, Basel 1935.
- Erinnerungen an die Grenzbesetzung 1914–1918, Artillerieregiment 8, Aarau 1920.
- 25 Jahre Sappeur-Bataillon 4 1912–1937, Basel 1937.
- Grenzbesetzung 1914–1919, TG.Pi.Kp 4, Baden 1924.
- 100 Jahre Füs Bat 45, SA «Vaterland», 18./20./21.11.1975.
- 100 Jahre Füs Bat 46, Wohlen 1975.
- 100 Jahre Füs Bat 55, Zofingen 1975.
- 100 Jahre Füs Bat 56, Reinach 1975.
- Zschokke Rolf, Die Inf Br 12, in: Festschrift für Eugen Bircher, Aarau 1952, 290ff.
- Das Feldarmeekorps 2 in der 100jährigen Geschichte der Schweizer Armee, Luzern 1975.
- Etter Jann F., Armee und öffentliche Meinung in der Zwischenkriegszeit 1918–1938, Diss. Bern 1972.
- Gautschi Willi, Geschichte des Kantons Aargau 1885–1953, Baden 1978.
- Kurz Hans Rudolf, Hundert Jahre Schweizer Armee, Thun 1978.
- Kurz Hans Rudolf, Dokumente der Grenzbesetzung 1914–1918, Frauenfeld 1970.
- Lezzi Bruno, 1914, General Ulrich Wille und die Kriegsbereitschaft der Schweizer Armee, Diss. Osnabrück 1975.
- Isler Johann, Das Wehrwesen der Schweiz, Band II, Die Militärorganisation der Schweizerischen Eidgenossenschaft vom 12. April 1907, Zürich 1915.

H. Rauber

1) Handbuch der Schweizer Geschichte II, Zürich 1977, S. 1158.
2) Böschenstein Hermann, Bundesrat Scheurer Karl, Bern 1971.
3) Bundesbeschluss betreffend die Organisation des Heeres (TO) vom 18. Dezember 1924. Allgemein: Greminger Thomas, Heller Daniel, Krise und neuer Konsens, die Armee im Anschluss an den Ersten Weltkrieg 1920–1925, in ASMZ 11/1985.
4) Das Feldarmee-Korps 2, Luzern 1975, S. 48.
5) Nach Amez-Droz Jules, Handbuch für Schweizerische Unteroffiziere und Soldaten, Winterthur 1930², S. 94f.
6) LVK an der Sitzung vom 7./8. April 1925.
7) FAK 2, Luzern 1975, S. 49.
8) Vortrag von Oberst Bircher Eugen, Kdt J. Br. 12, vor der Generalversammlung der Aargauischen Offiziersgesellschaft am 3. Juni 1928, Separatdruck beim Aargauer Tagblatt, Aarau 1928.
9) Gautschi Willi, Geschichte des Kantons Aargau, Band 3, Baden 1978, S. 276ff.
10) Manövergeschichte der 4. Division, Aarau/Winterthur 1932.
11) Siehe z. B. Etter Jann, «Armee und öffentliche Meinung in der Zwischenkriegszeit 1918–1938», Diss. Bern 1972.
12) Diente als Grundlage für den Divisions-Rapport vom 28. Februar 1932.
13) Die Übungen im Nach- und Rückschub bei der 4. Division, mitgeteilt von der Generalstabsabteilung, Bern 1932.
14) Siehe etwa Minger Rudolf, Der Kampf um die Aufrüstung in den 30er Jahren, in Festschrift Eugen Bircher, Aarau 1952, S. 56ff.
15) Gautschi Willi, Geschichte des Kantons Aargau, Band 3, Baden 1978, S. 335ff.
16) Siehe z. B. «40 Jahre 8. Division 1936 bis 1976», Luzern 1976, oder Lüönd Karl, Schweizer Soldaten im Einsatz, Zürich o. J., S. 75.

17) Bericht unter den Akten Bundesarchiv BAr, E27, 4534/1.

H. Hemmeler

1) Ernst Alfred, Die Konzeption der Schweizerischen Landesverteidigung, 1815–1966, Verlag Huber, Frauenfeld 1971, S. 230ff., Der Kampf um die Truppenordnung. 1951.
2) BBl 1950, Band III, S. 122.
3) BAr, E27, 5560, Band 294 (enthält eine Serie von Karten zum Manöververlauf).
4) Ernst Alfred, siehe oben.

H. Koblet

- Ernst A., Die Konzeption der schweizerischen Landesverteidigung 1815–1966, Huber, Frauenfeld 1971.
- Kdo FAK 2, Luzern, Das Feldarmeekorps 2, Habegger, Derendingen 1975.
- Ritschard P., Die Berner Division 1875–1985, Stämpfli, Bern 1985.
- Kdo Gz Div 7, St. Gallen, Die 7. Division, Schläpfer, Herisau, 2. Auflage 1980.
- Stutz A., Raumverteidigung, Verlag NZZ, Zürich 1982.
- Divisionsnachrichten der Gz/F Div 5.
- Divisionsrapporte.
- Auswertung von und Schlussberichte zu Übungen.

H. Huber

1) Div Meyer Werner und Oberstlt Riklin Alois, «Die ausserdienstliche Belastung von Milizoffizieren», publ. in SAMS-Informationen, Bulletin des Schweiz. Arbeitskreises Militär- und Sozialwissenschaften, 8. Jahrgang, Nr. 1, S. 3, Bern 1984.
2) «Die Zukunft der Milizarmee», Kant. Offiziersgesellschaft Zürich, Beilage zur ASMZ, Heft 2, Frauenfeld 1985.
3) Kurz Hans Rudolf, «Geschichte der Schweizer Armee», S. 15f., Verlag Huber, Frauenfeld 1985.
4) Bericht des Bundesrates an die Bundesversammlung über die Konzeption der militärischen Landesverteidigung vom 6. 6. 1966, BBl 1966, I, 853.
5) Bericht des Bundesrates an die Bundesversammlung über die Sicherheitspolitik der Schweiz (Konzeption der Gesamtverteidigung) vom 27. 6. 1973, BBl 1973, II, 112.
6) Dazu etwa «Mitwirkung der Frau in der Gesamtverteidigung», Vernehmlassung von 1983, Zusammenfassung der Vernehmlassungsergebnisse, Januar 1985, Bern.
7) Interpellation Dr. Hans Hemmeler, Prot Gr, 1955, S. 574. Antwort des RR vom 21. Juni 1955, Prot Gr, 1955, S. 635.
8) Postulat Dr. Urs Peter Frey, Prot Gr, 1973, S. 176. Stellungnahme des RR vom 28. Januar 1974, sep. Vorlage 750, 1.
9) Waffenplatz Aarau; Renovation und Ausbau der Kasernenanlagen; Projektgenehmigung und Kreditbewilligung. Vorlage des RR vom 27. August 1979, sep. Vorlage.

Bildverzeichnis

(Die Zahlen bedeuten Seitenangaben)

Die im folgenden aufgeführten Ausschnitte aus Blättern der Neuen Landeskarten wurden mit Bewilligung des Bundesamtes für Landestopographie vom 2.7.86 reproduziert: 14, 97 (Tafel), 136, 144 (beide), 145 (Tafel), 149 (Tafel).

Alber H., Auenstein, Briefmarken: 105 (Tafel); Album 2. Division 1915 (Archiv F Div 5): 54; Armbruster P., Basel: 168; Archiv Aargauer Tagblatt (H. Fröhlich): 4 oben, 7, 166 links, 167 links oben und unten, 177 unten, 181, 185, 195 rechts, 211; Archiv Divisionsnachrichten F Div 5: Umschlagbild, 2, 3, 4 unten, 5, 6, 157, 164, 167 unten, 170, 171 oben und Mitte, 172/173, 174, 175 links, 177 oben, 178, 179, 186, 188, 190, 193, 195 links, 196 oben, 197 oben, 201, 202, 203; Archiv F Div 5: 97, 121 (Tafel); Archivphoto Rolf Jeck, Basel (Aufnahmen Lothar Jeck): 93, 94, 95, 96, 102, 103, 105, 107, 112/113 (beide), 115 (alle), 116, 119, 121, 125, 126; Armeefilmdienst Bern. 51, 55 unten, 59, 62, 63, 64, 182, 183; Bataillon 59 im Aktivdienst 1914–1919, Aarau: 66; Bayerisches Hauptstaatsarchiv München: 100; Bild + News AG Zürich: 159; Bircher Heinrich: 24; Bundesamt für Artillerie Bern: 89 (Tafel); Denkschrift des Füs Bat 55 1874–1924, Zofingen 1925: 19 unten, 30 oben; Die Manöver des II. Armeekorps vom 1.–18. Sept. 1901 (EMB): 23 (beide); Eidgenössisches Bundesarchiv Bern: 45, 55 oben, 56, 74, 83; Eidgenössische Militärbibliothek Bern (EMB): 9 (Tafel), 30, 60/61; Erinnerungen an den Truppenzusammenzug 1874, Liestal, (EMB): 17, 18/19 (obere Reihe); Erinnerungen an die Aktivdienste 1914–1919 Füs Bat 16, Aarau 1922: 67; Erinnerungen des Füs Bat 56 an die Grenzbesetzung 1914–1918, Aarau 1937: 69; Fischer Bernhard, Hägglingen: 175 rechts; Frey Urs Peter, Aarau: 166 rechts unten; Frey Werner, Baden: 196 unten; Gelzer Thomas, Geschichte des S Bat 5, Liestal 1966: 1, 92 (beide); Gruppe für Rüstungsdienste Bern: 171 unten; Hartmann Daniel, Riehen: 194; Hausherr Paul, Feldgraue Tage, Baden 1975: 118; Hemmeler Hans, Aarau: 49, 53, 57 (beide), 134, 142 (beide), 149, 185, 167 rechts oben; Jecker Robert A.: 71; La Mobilisation 1939, Morat 1939: 81 (Tafel, Aquarell v. Elzingre), 131; Lehmann Photo, Lenzburg: 166 rechts Mitte; Liederbuch des Schweiz. Wehrmannes, 1883 (EMB): 40; Merz-Zgraggen, Frau, Menziken: 58; Müller Ernst, Aarau, Album: 99, 102; Neue Zürcher Zeitung: 140, 143; Nüsperli Bruno (Aufnahme): 10, 11, 98; Peer Andri, Der Aktivdienst, Zofingen: 111 (beide), 127; Photographien Ski-Kurs Füs Bat 99, 1933, Album: 85 (beide); Photopress, (Soldaten Kameraden, Zürich 1939/41): 109; Presdok AG Zürich: 162; Putzger, Historischer Atlas, Aarau 1981: 9; Sandreuter H., Skizzen aus Schweiz. Truppenzusammenzügen 1891 & 1893, (EMB): 23 (beide); Schibler Johann Oskar, Nachlass, (Aarg. Staatsarchiv Aarau): 43, 46 (Tafel), 48, 49 (Tafel), 50; Schweizer Kriegsgeschichte, Heft 8 (EMB); 13 (Tafel); Schneider Hugo, Vom Brustharnisch zum Waffenrock, Frauenfeld 1968, (EMB): 25 (Tafel), 33 (Tafel); Sidler M., Fahrwangen: 75, 76, 77, 78, 79, 82 (oben), 84, 86/87, 106; Siegrist S., Egliswil: 166 rechts oben; Siegwart Benno, Aarau: 167 Mitte; Steiner H., Bern, (Soldaten Kameraden, Zürich 1939/41): 97 oben; Trautweiler Léonie Ruth, Aarau: 176; Volmar Theodor, Oelbild, (Schweiz. PTT-Museum Bern): 41 (Tafel); Wetter Ernst, Bern: 20, 21 oben, 25, 28, 32, 33 (alle), 34 (alle), 35, 36, 37, 39, 52, 65, 68 (beide), 80, 82 unten, 123, 124, 138, 148, 192; Widmer Richard, Aarau, Briefmarken: 105 (Tafel); Zum Gedenken an den Aktivdienst 1939–1945 Ter Bat 181, Menziken 1947: 97 unten.

Die Fünfte
Geschichte der 5. Division
Donatorenliste

Aare-Tessin AG, Olten
Aarewerke AG, Aarau
Aargauische Hypotheken- & Handelsbank, Brugg
Aargauische Kantonalbank, Aarau
Aargauisches Elektrizitätswerk, Aarau
Advokatur- u. Notariatsbüro Binder, Stutz, Stieger und Partner, Baden
Aktiengesellschaft Steinbruch Heimann, Egerkingen
Allgemeine Aargauische Ersparniskasse, Aarau
Allg. Plakatgesellschaft, Basel
AMAG, Schinznach-Bad
ARFA Röhrenwerke AG, Basel
Autophon AG, Solothurn
Badenia Verwaltungs AG, Baden
Bank in Menziken, Menziken
Bank Sarasin A. & Cie., Basel
Basellandschaftliche Hypothekenbank, Liestal
Basler Versicherungsgesellschaft, Basel
Bell AG, Basel
Bragtank AG, Basel
Brauerei Feldschlösschen, Rheinfelden
Brauerei H. Müller AG, Baden
Brodtbeck Wilhelm AG, Pratteln
Brown, Boveri & Cie, Baden
Bucher & Guyer AG, Niederweningen
Byland & Cie AG, Hendschiken
Carloff, Hägendorf
Cellulose Attisholz, Luterbach
Chemische Fabrik G. Zimmerli AG, Aarburg
Chemische Fabrik Schweizerhall, Basel
Ciba Geigy AG, Basel
Cigarrenfabrik A. Wuhrmann & Cie AG, Rheinfelden
COOP Schweiz, Basel
Danzas AG, Basel
Dietschi AG, Olten
Disch AG, Othmarsingen
Demuth, Ing. AG, Baden
EKO Hypothekar- und Handelsbank, Olten
Elektra Birseck, Münchenstein
Elektrizitäts-Gesellschaft Laufenburg AG, Laufenburg
Elektrowatt AG, Zürich
Emil Frey AG, Zürich
ETA SA Fabriques d'Ebauches, Grenchen
Farner, Rudolf Dr., Zürich
Fides Treuhandgesellschaft, Basel
Fischer, F. B. Dr., Hägglingen
Franke AG, Aarburg
Frey Arthur AG, Wangen/Olten
Gemeinderat Frick
Gemeinderat Möhlin
Gemeinderat Othmarsingen
Gemeinderat Wohlen
Genossenschaftliche Zentralbank, Basel
Georg Fischer AG, Brugg
Glas Trösch AG, Bützberg
Göhner AG, Zürich
Granella AG, Würenlingen
Gruber, Paul, Aarau
Gürtler, Oberst, Liestal
Gunzenhauser J. & R. AG, Sissach
Gysi AG, Aarau
Habegger, Hans Ulrich, Derendingen
Hämmerli AG, Lenzburg
Hauser, M. Dr., Rechtsanwalt, Muri/AG
Haveg AG, Baden
Herba-Plastic AG, Nunningen
Hero Conserven AG, Lenzburg
Hoffmann-La Roche & Co. AG, Basel
Huber + Anacker AG, Aarau
INJECTA AG, Teufenthal
Intertime AG, Endingen
Ilco, Lüthi J. & Co., Burgdorf
Jura-Cement-Fabriken, Aarau-Wildegg
Kabelwerke Brugg AG, Brugg
Kern & Co. AG, Aarau
Kernkraftwerk Gösgen-Däniken, Däniken
Kernkraftwerk Leibstadt AG, Leibstadt
Kieswerk Boningen AG, Boningen
Kieswerk Hauser AG, Mülligen
Knecht, Max Dr. iur., Wettingen
Kraftwerk Laufenburg, Laufenburg
Krummenacher, W., Aarau
Kyburz AG, Endingen
Lauber, C. AG, Hallwil
Lehman AG, Oftringen
Lenz, Peter Dr. iur., Binningen
Lindt & Sprüngli AG, Kilchberg

Lista Mellingen AG, Mellingen
Mäder, W. AG, Killwangen
Meier & Co. AG, Niedergösgen
Meto-Bau AG, Würenlingen
Meyer, Josef AG, Rheinfelden
Meyer, Victor AG, Olten
Migros Genossenschaft AG/SO
Migros Klubschulen AG/SO
Möbel-Pfister AG, Suhr
Motor-Columbus, Baden
Müller AG, Münchenstein
Nordostschweizerische Kraftwerke AG Baden
Notter, Otto AG, Wohlen
Nussbaum R., AG, Aarau
Oswald, Peter, Architekt, Bremgarten
PATRIA, Basel
PAX-Leben, Aarau
Papierfabrik Biberist, Biberist
Plüss Staufer AG, Oftringen
Realit Treuhand AG, Lenzburg
Regierungsrat Aargau, Aarau
Regierungsrat Baselland, Liestal
Regierungsrat Baselstadt, Basel
Regierungsrat Bern, Bern
Regierungsrat Luzern, Luzern
Regierungsrat Solothurn, Solothurn
Richner AG, Aarau
Rivella AG, Rothrist
Röthlisberger, F.+A. Dr., Aarau
Rosenmund AG, Liestal
Rothpletz, Lienhard & Cie. AG, Aarau
Sandoz AG, Basel
Sauerländer AG, Aarau
Schäfer Ad., & Cie. AG, Aarau
Schenker Maschinen AG, Schönenwerd
Schoeller-Textil AG, Derendingen
Schweizerische Bankgesellschaft, Olten
Schweizerische Bankgesellschaft, Zürich
Schweizerische Kreditanstalt, Aarau
Schweizerische Kreditanstalt, Baden
Schweizerische Kreditanstalt, Basel
Schweizerische Kreditanstalt, Zürich
Schweizerische Mobiliar Versicherungs-gesellschaft, Bern
Schweizerische Sprengstoff-Fabrik AG, Dottikon
Schweizerischer Bankverein, Aarau
Schweizerischer Bankverein, Basel
Schweizerischer Bankverein, Breitenbach
Schweizerischer Bankverein, Grenchen
Schweizerischer Bankverein, Olten
Schweizerischer Bankverein, Solothurn
Scintilla AG, Solothurn
SIG Schweizerische Industrie-Gesellschaft, Neuhausen a/Rh.
Solothurner Handelsbank, Solothurn
Solothurner Kantonalbank, Solothurn
Spaeter, Carl, AG, Basel
Spirig Dr. AG, Egerkingen
Sprecher+Schuh AG, Aarau
Stadtrat Aarau
Stadtrat Baden
Stadtrat Bremgarten
Stadtrat Mellingen
Stadtrat Wettingen
Stanzwerk AG, Unterentfelden
Stebler-Saner AG, Nunningen
Stoll, Albert, Giroflex AG, Koblenz/Aarau
Stolz AG, Baden-Dättwil
Stuag, Aarau
Sulzer, Gebrüder, AG, Aarau
Sunlight/Elida AG, Olten
Suter & Suter AG, Basel
Suter, Hans Dr., Rombach
Thomi & Franck AG, Basel
Tonwerke Keller AG, Frick
Transport Hägendorf AG, Hägendorf
Trüb AG, Aarau
UNION Handelsgesellschaft AG, Basel
USEGO-Trimerco Holding AG, Volketswil
Visura Treuhandgesellschaft, Aarau
Vock Dr. AG, Basel
Von Rohr Max, AG, Muttenz
Weibel Möbel AG, Endingen
Weinkellereien Aarau, Aarau
Wenk, Wilh. AG, Hägendorf
WISA-Gloria Werke AG, Lenzburg
Wiedmann-Dettwiler AG, Balsthal
Winterthur Versicherungsgesellschaft, Aarau
Zehnder Gebrüder, AG, Gränichen
Zürich Versicherung, Basel